风景园林与观赏园艺系列丛书

园林经济管理

(修订版)

主　编　黄　凯
副主编　张祥平
参编者　马　亮　侯利军
　　　　陶联桢　刘桂林
　　　　陈之欢　肖　武
　　　　杨晓红　安　旭

气象出版社

内 容 简 介

本书根据我国风景园林行业适应社会主义市场经济新环境的需要，系统全面地介绍了经济与管理方面的知识。包括风景园林经济学和风景园林管理学两大部分内容，既注重理论的完整性、准确性，又注重实践的操作性和应用性，并采用例题、图表、实际案例帮助读者理解理论、学会方法、掌握技巧，成为既懂园林专业知识又懂经济管理的T型人才。本书可供风景园林业在职人员自学使用或作为在校学生教学参考。

图书在版编目(CIP)数据

园林经济管理/黄凯主编. —2版(修订本). —北京：
气象出版社，2004.9(2012.12重印)
ISBN 978-7-5029-3192-6

Ⅰ. 园… Ⅱ. 黄… Ⅲ. 园林-经济管理
Ⅳ. TU986.3

中国版本图书馆 CIP 数据核字(2004)第 098327 号

气象出版社出版
(北京市海淀区中关村南大街 46 号　邮编：100081)
总编室：010-68407112　　发行部：010-68409198
网址：http://www.cmp.cma.gov.cn　E-mail:qxcbs@cma.gov.cn
责任编辑：方益民　许鸿祥　　终审：周诗健
封面设计：刘　扬　责任技编：陈　红　责任校对：赵玲玲

*　*　*

北京奥鑫印刷厂印刷
气象出版社发行　全国各地新华书店经销

*

开本：787×960　1/16　印张：18.5　字数：358 千字
2004 年 9 月第 2 版　2012 年 12 月第 9 次印刷
印数：26001—28000　定价：36.00 元

本书如存在文字不清、漏印以及缺页、倒页、脱页等，
请与本社发行部联系调换

出 版 说 明

《风景园林与观赏园艺系列丛书》在原《园林建设管理丛书》的基础上经过再次修订终于与读者见面了,这是一件值得庆贺的事。

北京农学院与中国花卉报社联合举办了24期园林花卉函授班,9期面授,9期园林规划设计与工程培训班及5期林业站长培训班,为我国园林花卉行业培训了1万余名学员,遍及全国各省市、自治区及港澳特别行政区及台湾地区。自1992年出版第一套油印教材开始,先后经历了中国建筑工业出版社、气象出版社三次修订再版,参加编写的人员涉及到北京农学院、北京林业大学30余名专家教授,不断有新的内容充实,新的课程教材增加,有新人加入编写队伍,向全国推广普及数万套,近百万册的教材,不能不说这是一个历经10年的巨大工程。总结10余年所走过的道路,深感再次系统修订出版这套教材的重大意义。此次修订再版特别新增了《园林工程概预算》、《草坪与地被植物》、《植物造景》、《风景区规划》、《园林树木栽植养护学》、《花坛、插花与盆景艺术》、《景观设计初步》7部新教材,以便让更多的园林工作者、生产第一线的干部、工人、农民选择更适合自己的教材。

这套丛书较系统地阐述了园林花卉专业的基本理论、基本技能,又有最新的研究成果和新的应用技术,参考了大量的国内外较有价值的文献资料,在编写中注意由浅入深,程度适中,是一套易于推广使用的普及型丛书。由于其内容较丰富,特别是配有大量的黑白图及彩色照片,直观丰富,也适于园林、城市林业、园艺等专业的科技人员及农林院校的师生作为参考用书及教材用书。

由于编者水平有限,多有不足,望得到园林界的同仁批评指正。

本丛书在出版过程中得到了气象出版社方益民同志的大力支持,在此表示深深谢意。

《风景园林与观赏园艺系列丛书》
编委会
2004年3月30日

《风景园林与观赏园艺系列丛书》编委会

主　任：刘克锋
副主任：冷平生　赵和文　刘建斌
编　委：(以姓氏笔画为序)
　　　　于建军　马晓燕　王文和　王树栋　付　军　石爱平　田晔林　卢　圣
　　　　关雪莲　江幸福　李　征　李月华　刘克锋　刘建斌　刘悦秋　闫晓云
　　　　陈　戈　陈之欢　陈改英　冷平生　肖　武　杨晓红　张　克　张克中
　　　　张红梅　张维妮　郑　强　郝玉兰　侯芳梅　柳振亮　赵　群　赵和文
　　　　赵祥云　高润清　贾　秖　贾月慧　曹　娟　黄　凯　巢时平　窦德泉

前　言

21世纪中国的社会主义现代化建设，需要大批高素质人才。新型的园林绿化技术专门人才，不仅必须掌握本学科和相关学科的专业理论知识、技术知识，而且必须懂经济、善决策、会管理，才能满足人才竞争、企业竞争和国际竞争的客观需要，才能适应技术、经济、社会全面可持续发展的客观趋势。为了培养新型T型人才，我们对2001年出版的《园林经济管理》进行了修订，使其更适应本学科发展的需要。

本书由三编十四章构成。第一编介绍风景园林经济学基础，包括园林需求、园林供给、经济效益等内容；第二编介绍风景园林行业部门管理，包括设计、施工、公园、风景名胜区和花木经营等部门的管理内容；第三编介绍风景园林经营与业务管理即微观层面的管理，包括质量数量、物质金钱、人力资源、信息和计算机管理内容。

本书可供风景园林绿化技术人员自学经济管理知识使用，也可供园林专业教学使用。本书既考虑到内容的全面又注意突出重点，既注重理论的系统性、准确性，又注重内容的实用性、可操作性，并纳入近年来理论研究和改革实践的最新成果。

本书由黄凯主编，张祥平副主编，参加编写的有马亮（第十三章）、侯利军（第十四章）、陶联桢、安旭（第六章）、刘桂林（第七章）、陈之欢（第十四章部分内容）、肖武、杨晓红、冯茳、卢圣、于建军等同志参加部分工作。本书编写出版过程中得到北京农学院园林系领导和气象出版社方益民同志的关心和支持，在此表示感谢，限于编者水平，书中难免有缺陷，敬请读者指正。

编者

2004年6月

目 录

第一编 风景园林经济学基础

第一章 绪论 …………………………………………………………… (3)
  第一节 园林与园林行业、经济与经济管理 ………………………… (3)
  第二节 几个数量指标 ………………………………………………… (5)
  第三节 园林经济管理的特点 ………………………………………… (12)

第二章 经济发展与园林需求 ………………………………………… (14)
  第一节 分工与分层(城堡)、交流与整合(城市) ………………… (14)
  第二节 工业革命与城市环境的变迁 ………………………………… (19)
  第三节 城市的园林需求 ……………………………………………… (22)
  第四节 利用古白诗提高园林需求 …………………………………… (33)

第三章 经济决策与园林供给 ………………………………………… (40)
  第一节 决策 …………………………………………………………… (40)
  第二节 决策者与园林供给 …………………………………………… (40)
  第三节 决策指标与园林供给 ………………………………………… (41)
  第四节 决策程序与园林供给 ………………………………………… (45)
  第五节 决策参照与园林供给 ………………………………………… (49)
  第六节 多目标评价简介 ……………………………………………… (51)

第四章 经济效益与园林规划 ………………………………………… (56)
  第一节 经济效益 ……………………………………………………… (56)
  第二节 规模效益 ……………………………………………………… (64)
  第三节 结构效益 ……………………………………………………… (66)
  第四节 生产要素效益 ………………………………………………… (69)
  第五节 资金财务效益 ………………………………………………… (74)

第二编　风景园林行业部门管理

第五章　管理基础理论 (81)
第一节　管理的含义 (81)
第二节　管理的性质 (82)
第三节　管理的职能 (83)
第四节　管理学的形成和发展 (84)

第六章　园林设计管理 (89)
第一节　设计团队中的人 (89)
第二节　设计团队的工作环境 (92)
第三节　谈谈园林设计中的兴奋点设计 (93)
第四节　设计者的"体验设计" (94)
第五节　其他提高创造力的方法 (95)
第六节　"讨论"的力量 (97)
第七节　设计团队在设计中统一 (99)
第八节　设计过程中的管理 (101)

第七章　园林建设施工管理 (113)
第一节　园林工程施工管理的基本知识 (113)
第二节　园林建设工程的招投标 (115)
第三节　园林工程的施工组织与管理 (123)

第八章　公园管理 (142)
第一节　公园的主要功能 (144)
第二节　公园管理工作的特点 (145)
第三节　公园管理的主要内容 (147)

第九章　风景名胜区管理 (151)
第一节　风景名胜区的概念 (151)
第二节　风景名胜区的管理特点和要求 (153)
第三节　风景名胜区管理的主要内容 (155)

第四节　风景名胜区资源开发利用……………………………………(156)
第十章　花木经营管理……………………………………………………(158)
　　第一节　花木商品的固有特点……………………………………(158)
　　第二节　品种时空交错……………………………………………(159)
　　第三节　经营场所…………………………………………………(160)
　　第四节　门点设计…………………………………………………(161)
　　第五节　营销渠道…………………………………………………(162)
　　第六节　服务主体…………………………………………………(164)
　　第七节　营销策略…………………………………………………(165)

第三编　风景园林经营管理与业务管理

第十一章　质量数量管理………………………………………………(169)
　　第一节　经济管理…………………………………………………(169)
　　第二节　质量管理…………………………………………………(171)
　　第三节　数量管理…………………………………………………(180)
　　第四节　管理机构(组织)…………………………………………(185)
第十二章　物质金钱管理………………………………………………(190)
　　第一节　经营………………………………………………………(190)
　　第二节　物资管理与产品管理……………………………………(192)
　　第三节　设备管理…………………………………………………(195)
　　第四节　活物管理…………………………………………………(197)
　　第五节　基础设施管理……………………………………………(198)
　　第六节　财务管理…………………………………………………(199)
　　第七节　生产与经营………………………………………………(218)
第十三章　人力资源管理………………………………………………(233)
　　第一节　人力资源概况……………………………………………(233)
　　第二节　人力资源规划……………………………………………(238)
　　第三节　人力资源吸收——员工招聘……………………………(241)

第四节　绩效考评……………………………………………………(250)
　　第五节　企业员工的培训与发展………………………………………(256)
第十四章　信息管理与计算机应用………………………………………(261)
　　第一节　信息管理概述…………………………………………………(261)
　　第二节　档案(数据库)管理……………………………………………(261)
　　第三节　园林经济管理信息系统简介…………………………………(266)
参考文献……………………………………………………………………(283)

第一编

风景园林经济学基础

第一章 绪 论

第一节 园林与园林行业、经济与经济管理

一、园林

园林是依靠植物改善居住环境和休憩环境的区域。园林行业是以建设、维护和调整园林并提供服务为主要技术构成(兼文化构成)的从业人员及相关物资的集合。

20世纪初,"园林"一词主要用于行政管理,只是"公园和路树"的简称。当时,由于专业上不使用"园林"这个词,所以国立北平图书馆编印的目录上将有关著述列入"风景园艺"类。日本和我国先后使用"造园"一词。直到1956年,我国只有造园专业,而无园林专业,但在各大城市政府机构中,则设园林局或处。

现在,我国在专业上越来越普遍地使用"园林"这个词。

"园"的早期含义是非农耕公地,处于村落的边界上,在《诗经·郑风·将仲子》中,某女子对其恋人唱的第三段歌就是"无逾我园……畏人之多言",而第一、二段则是范围较小的"里"和"墙",只"畏我父母"和"畏我诸兄"。"园林"连用则最早出现于陶渊明的诗句:"阶除旷游迹,园林独余情"、"静念园林好,人间良可辞"等。"公园"一词是在南北朝时期开始使用,但其含义与现代不同——不是表示公共的游览娱乐区域,而是表示尚未被私人占用的非农耕公地。自战国时期就有了被私人占用的"园"——只为一个家庭提供非粮食作物的农副产品和柴草等。到了南北朝时期,这种情况更加普遍,有的园姓公,有的园姓私,所以在涉及产权的郑重场合,就必须清楚地加以区分,以掌握政策界限。

环境改善包括生态和美化两个方面。一般说来,改善生态必然要依靠植物;但是美化可通过建筑、种植和绘画等方式完成。其中,单纯依靠植物而美化了的居住和休憩环境,仍应属于园林。园林不限于城市,但应与居住或休憩环境相关,因为依靠植物改善大环境和生产环境,如荒山造林和农田防护林,不属于园林。用于生产目的的人工薪炭林、用材林、果林等,也不属于园林。应该注意,在工厂区绿化应属于园林——那些植物并不服务于厂内设施,而是服务于厂内人员,改善了厂内人员的休憩环境。

二、园林行业

园林行业或园林业起源于逐渐从农林业分工而独立的花卉业和苗圃业,后来增加

了绿地和庭园建设,目前已发展为包括养护管理及其他服务在内的综合的技术经济系统。与园林业相关的技术及经济行业除农林渔业、交通建筑业之外,还有制造业(园林机具、游乐设施)、商业(花卉销售、小卖部、物资站)、饮食业(餐厅)、服务业(旅馆、招待所、照相)、公用事业(公园、公共绿地管理)、外贸业(进出口、承建项目)、科学教育文化业(科研所、大专院校园林专业、中专、技校、杂志社)等,对于现代的城市来说,园林业是基础建设的重要构成之一,也是日常管理的重要子系统之一。

从改善生态环境的角度来看,园林业以技术行为为主;从美化环境的角度来看,园林业还涉及文化行为(艺术),参见图 1-1。总的来看,园林业以技术行为为主。

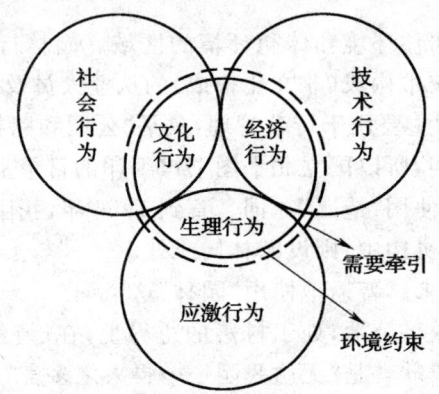

图 1-1 人类行为与需要牵引及环境资源约束的关系

技术是以获取(含创建)或控制一定形式的物质(包括技术设备和技术成果)、能量、信息为目的的,具有确定程序的人类行为(以下简称程序行为)。文化则是人类在一定的环境条件下形成的相对稳定的语言文字、思维方式、价值观念及相关行为模式和物化形态的有机构成。文化行为的目的可以不是获取或控制物质、能量或信息。

应该指出,虽然信息的传输、加工、接收都离不开物质和能量,但是"信息就是信息,不是物质也不是能量"。信息可通俗理解为物质或能量的内在秩序,或事物及现象的区分,因此"信息量"这个测度与热力学中的"熵"只差一个符号。总之,信息是与物质及能量并列的三种客观存在形式之一,其中"物质"如地球既有质量又有能量;而"能量"如阳光只有能量,其静止质量为零;至于信息,既无质量,又无能量,但有"负熵"。信息不等于知识,正如物质不等于生物。知识是以语言为基础、以时空为纽带而形成的有机的信息结构,正如生物是以细胞为基础、以基因为纽带而形成的有机的物质结构。

文化行为可以不具有确定程序,例如艺术创作。由于这类文化行为缺少确定程序,可教育性有限,所以高等教育中所传授的园林知识主要是技术性的,而不是艺术性的。

不过,园林业的特点要求学生学会如何通过技术手段实现艺术构思。

三、经济和经济管理

由于技术行为受到环境资源及人类需求的约束,所以艺术构思及园林技术的实现通常都离不开经济管理(参见图1-1)。

经济是在资源有限的条件下,人们所进行的获取(含创建)或控制一定形式的物质、能量、信息来满足社会成员或集团福利需要的程序行为。经济管理是为了达到特定的经济目的,在群体中对人类行为所进行的程序制定、执行和调节。

也就是说,经济是在比较严格的条件下(资源有限),增加了目的(社会福利需要)的技术或程序行为。这样,相关程序就更复杂了,既不仅包括生产,还要包括经营、分配和配置,甚至包括广告、咨询等等。而经济管理,通常是在数量相对稳定的专业群体中进行的较规整的程序制定、执行和调节。

园林经济系统的流程图如下:

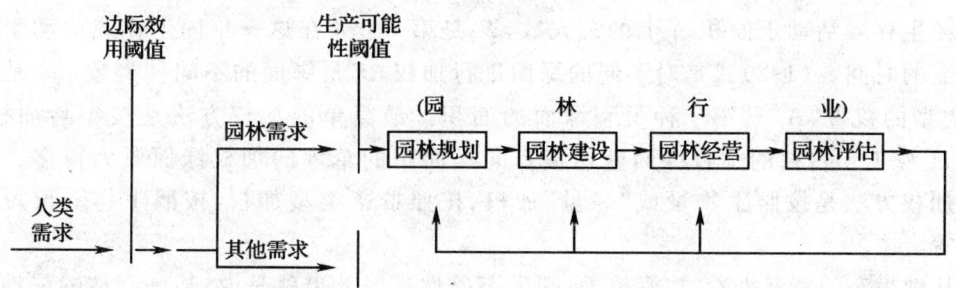

图1-2　园林经济及技术系统流程图

园林经济管理这门课,将使人们对社会大系统中的一个综合性子系统有所了解和认识,以便能够更好地运用自己的专业知识,达到依靠植物来改善居住环境和休憩环境的目的。从图1-2中可以看出,其中"园林规划"之前的部分与"经济"关联较密切,而"园林建设"和"园林经营"的部分与"管理"的关联较密切,最后的"园林评估"则起着全系统各环节相关的系统权衡及误差调节的作用。

第二节　几个数量指标

一、绿面时间比

园林业为人们提供较好的有植物的居住环境和休憩环境,正如住房建设业为人们提供舒适宽敞的庇护性居住环境一样。因此,正像住房建筑业使某城市到达一定的人均居住面积这样的客观指标一样,园林业也有本行业的经济技术指标。

环境是否得到改善,既有客观指标,也有主观指标,前者不以人群的不同而不同,后者则有可能因为不同的人群而出现不同的值,下面主要介绍客观指标。

最简单的生态环境的客观指标是人均绿地或水生面积,以及一个城市的人均公共绿地面积。但是具体到园林生态环境来说,则应采用适于对公园及其他园林绿地加以评价的绿面时间比,即在一年之内,绿地及水生面积与该面积上的人的生存及活动时间总和之比,公式如下:

$$L = A / \sum_{i=1}^{n} T_i \tag{1-1}$$

或

$$\begin{cases} L = \sum_{j=1}^{m} \omega_j A_j / \sum_{i=1}^{n} T_i \\ \sum_{j=1}^{m} A_j = A \end{cases} \tag{1-2}$$

以上(1-1)式中,L 是绿面时间比,A 是某一园林的绿地及水生面积,n 是在一年内曾经生存或活动于面积 A 上的总人数,T_i 是第 i 个人在这一年内生存或活动于该面积上的时间。(1-2)式是对不同的绿面进行加权,m 是绿面的不同种类数,w_j 是第 j 种类型的权重,A_j 是第 j 种类型绿面的面积。最简单的加权方法是按年龄加权。这样,1 株千年古树的加权绿面就比覆盖同样面积的草坪的加权绿面要大得多。其他的加权方法是按照生物量或"绿量"加权、按照群落类型加权、按照生物链长短加权等等。

从纯生态的意义来看,L 值越大,则生态条件越好。也就是说,某一园林的绿地及水生面积越大,而经常光顾的游人越少,则生态指标就越高。应该指出,客观指标与主观指标并不一定完全吻合,因为有些人可能并不喜欢过于空旷的、少言寡语的生态环境。然而,公式(1-1)作为客观指标,对于大多数涉及园林业的场合都不会与主观感受相背离——园林业往往是在人口比较集中的城镇地区比较发达,如果某城市 L 值太小(园林太少,游人太多),就应考虑增建园林。

二、类别面积复合比

环境美的客观指标是类别面积复合比,即综合地、整体地评价与美化环境相关的复杂性和敏感度水平。类别面积复合比公式如下:

$$F = \begin{cases} k/A & \text{当 } k = 1 \\ \dfrac{k}{mA} \sum_{j=1}^{m} \dfrac{A_j}{A} \left[\left| \dfrac{A_{j+1}}{A_j} - 0.618 \right|^{-1} \right] & \text{当 } k \geqslant 2 \end{cases} \tag{1-3}$$

$$(A_1 \geqslant A/2, A_j \geqslant A_{j+1} \geqslant A_j/2, k \text{ 与 } m \text{ 是整数})$$

式中 F 是类别面积复合比,k 是某一园林区域内的不同类面积的类别数,A 是该园林区域的总面积，m 是二歧式分类的层次数（在同一次测算中，各园林区域的 m 为事先确定的同一个数值），A_1 是第 1 个层次的面积，A_{j+1} 是 A_j 分为两类之后的较大类别的面积。如果在小于 m 的某层次中，较大面积不可分为二类，则对于下一层次的计算取较小的面积；如果较小面积也不可分为二类，则对于下一层次的计算仍取较大的面积（下一层次出现零项）。如果从第 r 层起，某一大类永不可分，则第 r 层之后取面积较小的类别。

公式(1-3)的运用以下表为例：

表 1-1　园林：62.7hm²（＝A＝A1）

陆面:34(=A2)						水域:28.7					
平地:34(=A3)			山地:0			静水:28.7				动水:0	
绿地:32(=A4)		非绿地:2	绿地:	非绿地:		绿面:0	镜面:28.7			涌流:	注流:
自然:	人工:	自然:0 人造:2	自然:	人工:	自然: 人造:	出水面——荷、苇、红树林:	不出水面——浮萍、海带等	全露:	非全露:	天然泉:	人工喷泉:
立体:?	平面:?					同左				河:	瀑:
建筑2	雕塑0	广场	道路?								

公式(1-3)中的 ∑ 是求和符号，从 1 开始到 m 为止，一个一个地替换 j，第一次替换的时候，$j=1$，$A_j=A1$，就是表 1-1 中的 62.7；$A_{j+1}=A2$，是上表中第二行较大的数，也就是 34，把 62.7 和 34 代入 ∑ 后面的那个式子，就得到第一个数。这时，再用 2 替换 j，$j=2$，$A_j=A2$，也就是前边那个 34，$A_{j+1}=A3$，是上表中第三行左边较大的数，即 32，把 34 和 32 代入 ∑ 后面的那个式子，就得到第二个数。然后，再用 3 替换 j……得到第 3 个数。如果事先约定 $m=3$，那么，把上面得到的三个数加起来，公式中的 ∑ 就计算完了。接下去计算 ∑ 前面的式子：用上述 3 个数的和乘以类别总数 $k=2$（即平地和静水），除以 $m=3$，再除以总面积 62.7，就得到了类别面积复合比。如果事先约定 $m=5$，那么，在计算 ∑ 前面的式子之前，要利用上表先算出 5 个数，最后除的时候 $m=5$。所以，公式(1-3)所利用的计算知识比较简便，只是简单的加减乘除。

为了客观评价环境美,需要将园林区域分为水、陆两类。再将水分为静、动两类,陆分为平地、山地两类;静水分绿面(如荷塘、苇塘)、镜面两类;动水分为涌流(如喷泉、温泉)、注流(如河流、瀑布)两类,等等;而平地分为绿地、建筑两类,山地也分为绿地、建筑两类等等,一般称为园林区域类型的二歧式分类(图1-3)。

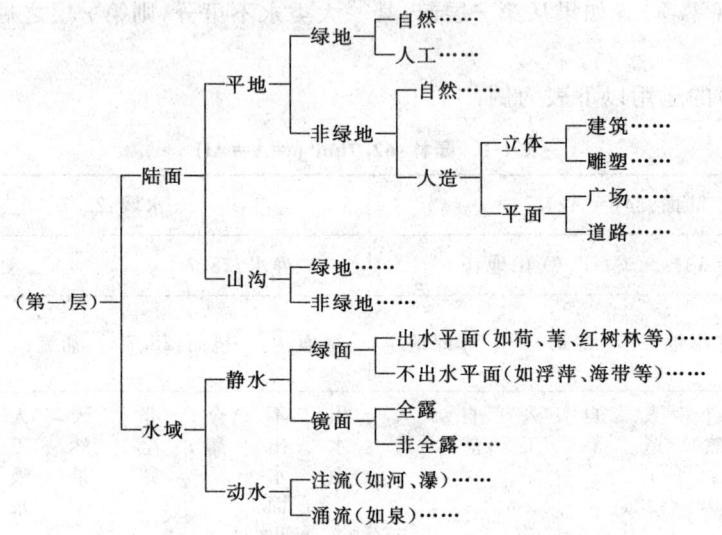

图1-3 园林区域类型的二歧式分类

对于同样大小即同面积园林来说,某一园林包括的类别数越多,美化效果也就越好。此外,美化效果还与不同类别之间的协调有关,即越是符合黄金分割的配置,美化效果越好。美化指标还与不同类别相关。例如,同是 $10hm^2$ 且同样包含 4 类面积的园林,尽管配置都很协调,但含有静水、动水、绿地及假山的园林,就比含有绿地、假山、回廊、小亭的园林更具美化效果。

三、有效生产量

为了达到一定的绿面时间比或类别面积复合比,人们必须采用一定的技术及管理来进行建设、维护和调整。关于这些技术或管理,有一个综合性数量指标,即有效生产量。有效生产量的公式如下:

$$Y = \int_0^{A_k} \sum_{i=1}^n W_i C_i T_i L(A) dA \qquad (1-4)$$

式中 Y 是有效生产量,A_k 是被开发的资源面积,n 是工具种类数,W_i 是第 i 种工具的权重数(工具按木、石、玉、铜、铁、钢等顺序,以及按照人力、畜力、机械动力、仪器、电脑的顺序和功率大小加权),dA 是使用各种工具的单位面积,$L(A)$ 是该面积的立地质量(对于非农林矿业的加工制造来说,立地质量取决于原料及后勤供应),T_i 是一年内在

该面积上使用第 i 种工具的总时间(有可能大于 365 天或 365×24 小时),C_i 是第 i 种工具的时空符合度。例如,1 箭射中 1 只野鸡,$C_{弓箭}=1$;两箭射中 1 只野鸡,$C_{弓箭}=0.5$。又如,在华北秋天播种冬小麦,$C_{播种机}\approx1$,在华南春天播种小麦,$C_{播种机}\approx0$。在实际计算中,C_i 取统计平均值,该值标志劳力技能和组织管理的技术水平。也可以把 C_i 分成两部分,即

$$C_i = C_{1i} \cdot C_{2i} \tag{1-5}$$

前一部分(C_{1i})表示某一生产环节与其他相关环节之间的时空符合度,即用来标志管理水平,而后一部分(C_{2i})用来表示生产者与生产对象之间的时空符合度,即主要用来标志技术操作水平。

有效生产量,如一片绿地,常要通过一定的经营行为才能被利用来满足人们的福利需要,相应的数量指标是实现效益量,即

$$S = Y_1 - Y_2 - X = Y - 2Y_2 - X \tag{1-6}$$

式中 $Y=Y_1+Y_2$ 即有效生产量,Y_1 是有益生产量,Y_2 是有害生产量(园林业中有害生产量较小,常忽略不计,如施工机械造成的空气污染和土壤板结),X 是无效消耗量。无效消耗量是以下 4 类消耗量之和:积压消耗量(如公园建成后迟迟不对游人开放,或游人不愿光顾)、小用(大材小用和超标闲置)消耗量(如多功能高档设备作为单功能低档设备使用)、非灾害淘汰消耗量(如更新换代)和灾害消耗量。"灾害"包括霉烂、腐蚀、雷火风沙水旱虫等,以及人为事故和破坏(含战争破坏)。对于非全损性设备事故,消耗量等于原有效生产量乘以减寿系数(不含正常折旧)之积加上维修期间的有效生产量。

四、保障比积

生产和经营还不是人类进行经济活动的最终目的。因此,对于经济发展水平,还应该有一个综合性指标,即经济系统的保障比积,公式如下:

$$B = (G_0/G) \cdot (Z/R_0) \cdot (U/U_1) \tag{1-7}$$

式中 B 是保障比积,G_0 是临界供养系数,G 是实际供养系数,Z 是综合覆盖度,R_0 是游离覆盖度,U 是有益生态率,U_1 是有害生态率。也就是说,B 是供养比、覆盖比和生态比之积。

临界供养系数是在一定的生态、资源、人口和技术条件下,一年内某社会全体成员生存时间的总和与为维系社会所必需的最少生产经营时间之比。实际供养系数是生存时间总和与实际生产经营时间总和之比。综合覆盖度是经济系统全体成员在一年内受整合因子(知识分子与官员、商人与资产者、军警等)影响的行为时间与全体成员生存时间之比。"覆盖"是指排他性的作用,如:《诗经·大雅·生民》说,鸟翅覆盖的婴儿较少受寒,《孟子·离娄上》说,森林覆盖的土地较少受晒,良种覆盖的农田较少受灾,仁义覆

盖的社会较少动乱。文化覆盖是用知识学养信念感化其他人；经济覆盖是用财力物力招控其他人；生理武力覆盖是用警力体力胁迫其他人。游离覆盖度是个人覆盖度中违背整合的部分，而个人覆盖度是一年内受到覆盖主体排他性占有的其他个体的时间与全体成员的生存时间之比。有害生态率是在一年内社会成员生存于有害生态环境中的时间与总的生存时间之比。有益生态率是在一年内社会成员生存于有益生态环境中的时间与总的生存时间之比。一般说来，有益和有害生态环境都包括生态生理环境和社会心理环境两方面，如大气污染或煤气中毒是生理方面的，而人际紧张或担心被害是心理方面的。欧美式的市场竞争社会不仅大规模制造污染和毁坏森林、水生植物，导致生理环境下降，而且大规模刺激需求和鼓励竞争从而导致心理环境下降，如在美国，几乎各种争端都会变成法律问题。

临界供养系数正比于单位时间的实现效益量（其值愈大，必须生产经营时间愈少，G_0 愈大）；反比于社会分层强度（层次愈高的受养人愈多，维持其基本经济社会行为的必须生产时间愈多，G_0 愈小）。在正常情况下，供养比大于1，并且反比于人口总数而正比于实现效益量。综合覆盖度则与秩序结构及群体管理水平相关，而游离覆盖度更多地相关于文化结构及群间竞争格局。

以一个3口之家为例（注意：此例与宏观经济系统有所不同，但可有助于理解宏观经济系统的综合性指标）：如果必须每天工作10小时才能维系这个家庭，那么其临界供养系数为 $3\times 24/10=7.2$；如果这个家庭的夫妇2人一年内每天每人平均工作6小时，那么实际供养系数是 $3\times 24/12=6$；供养比是 $7.2/6=1.2>1$。如果秩序结构是父系或母系，形成父—母—子（女）或母—父—女（子）的级差，同时父或母的管理水平较高——整合因子（父或母）对其他成员（母、子女或父、子女）的直接或间接影响时间较长，那么综合覆盖度就较高；如果文化结构中"协调、自重"的观念价值所占比例较大，而且群间竞争格局中的这个家庭比其他许多家庭占据一定优势，那么这个家庭的游离覆盖度就较小，于是，其覆盖比也就较大。

覆盖比较大的系统比较稳定，即使供养比下降到略低于1，其成员也可能共度难关（如我国1959—1961年自然及人为灾害时期）。除了供养比和覆盖比之外，上述家庭是否稳定祥和，还与生态比相关——如由于污染中毒导致家庭成员重病或死亡，又如，由于人际关系紧张导致家庭成员出现精神疾患，对于任何一个家庭来说都将是莫大的不幸。

对于经济管理来说，为了保证一定的保障比积，或为了达到更高的保障比积，管理者不但要进行权衡与决策，而且要把决策落实成经济行为，最后的环节是供养人的操作行为。各级管理人员排他性地占有供养人的时间越多，管理人员的覆盖越大，经济决策越有可能落实成经济行为；上级管理人员的覆盖越大，排他性地占有下级管理人员的时间越多,宏观决策越可能落实成经济行为。

应该指出,真实生活中的覆盖总是相互的,不可能是绝对单向的,只有在理想状况中,例如下级都是大公无私的人,上级说出任何一项指令,下级都会无条件执行,在这种情况下,覆盖才是绝对单向的。只要下级不像一个大机器上的螺丝钉,上级就必须花费时间监督下级,这样,上级的时间就被下级排他性地占有了,因此覆盖是相互的。如果下级完成任何指令都需要上级来监督,覆盖不但是相互的,而且是对称的。也就是说,上级被下级排他性占有的时间,与下级被上级排他性占有的时间一样多,在真实的经济管理之中,这种情况很少出现,除非上级是个只能动脑不能动手脚的老人或残疾人。

真实经济管理中的覆盖大多数是相互的,但不是对称的,也就是上级只用较少的时间就能排他性地占有下级较多的时间。如果下级不愿意被占有,就会失去工资、失去职位。如果不限于经济管理,下级甚至失去更多的时间,如军队中关禁闭和军法审理。

也就是说,真实社会中的多数成员,都会采取一定的行为来使自己获得温饱和增大覆盖,俗称算计,在经济学中称为均衡或博弈均衡,或"对现有的行动计划进行微小的增量调整"。(参见曼昆:《经济学管理·上册》,三联书店,北京大学出版社,1999,第7页)

每个人在调整的时候,通常都会自觉或不自觉地考虑到许多与自己(我)有关的因素,可以归纳为4类(图1-4):正供给(生我)、正效果(我生)、负供给(我克)和负效果(克我)。

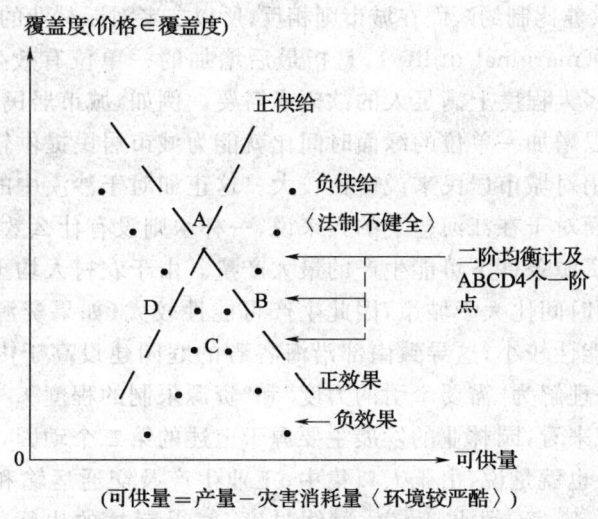

图1-4 在可供量和覆盖度为坐标中的"二阶均衡"示意图

"一阶均衡"只计及图 1-4 中的 A 点,即只考虑正供给和正效果。横坐标只计产量,不考虑灾害;纵坐标以价格标度,不考虑非价格的排他性占有时间的方式,因此 A 点被称为均衡价格。在这种简化的分析框架中,正供给简称为供给,正效果称为需求。需求之中包括被满足了的需求,也包括没有被满足的需求。(参见张祥平:《从一阶均衡到二阶均衡——经济分析框架的扩展和若干结论》,载《中国社会科学季刊(香港)·夏季卷》1998 年 5 月,第 79~95 页)

第三节 园林经济管理的特点

一、城市是园林业的主要载体

依靠植物来改善居住环境和休憩环境,归根结底出于两个动因:一是人类需要增长,原有环境不能满足人类需要;二是人类破坏了原有环境,或生态人口条件发生变化,被破坏或恶化了的环境也不适于居住和休憩,即人类受到环境约束(参见第一章第一节图 1-1),从而必须加以改善。

如果仅仅考虑第一个动因,那么园林业在农村地区和城市的被需要程度就取决于园林的边际效用和生产可能性。由于园林的生态效果在农村地区的边际效用较小(因为植物较多)、生产可能性较大(人均土地较多),而在城市则相反,因此二者对园林业的需求也大致持平。另一方面,园林的美化效果在农村地区边际效用较大(因环境较单调)、生产可能性较小(资源人才受供养比制约),而在城市则相反,所以二者对园林业的需求也大致持平。

所谓边际效用(marginal utility),是指最后增加的一单位有效生产量所具有的效用,即该生产量在多大程度上满足人的欲望或需要。例如,城市居民的绿面时间比通常小于农村居民,所以增加一单位的绿面时间比就能为城市居民提供较大程度的满足,因此,园林的边际效用对城市居民来说就比较大。这正如对于沙漠中的旅行者来说,一杯水的效用就很大,而对于在江河边上的人来说,一杯水则没有什么效用。所谓生产可能性,是指在一定的资源条件下可能生产的最大产量。由于农村人均土地多于城市,可能建设及维持的绿面时间比大于城市,因此生产可能性较大(如果资源条件很差,水旱灾害太多,则这种可能性较小,这导致南部沿海各省的庭园建设高于内地)。边际效用和生产可能性可通俗理解为"需要牵引的力度"和"资源限制的程度"。

从发展中国家来看,园林业的发展主要源于上述的第二个动因,由此使得城市成为园林的主要载体。也就是说,由于人口集中、工业生产及交通运输和广播通讯集中,环境受到破坏,烟尘、废气、污水、噪声、射线过度,使得园林的边际效用大大提高。据 1983 年的统计资料显示,我国城市中人口密度每平方公里在 1.5 万人以上的有 55 个城市,占全国城市总数的 18.4%。其中,上海每平方公里平均人口达到 3.585 4 万人。

全国城市人口占总人口中的比例已由1952年的7.4%上升到10.2%。因此,园林经济管理的第一个特点就是:城市是园林业的主要载体。

二、园林既可能是公共产品,也可能是法人产品

园林经济管理的第二个特点是:园林区域作为一个行业的"产品",正像教育和卫生保健一样,既可能是公共产品,也可能是法人产品。因此,相关产品的生产数量、质量及分配既可能是独占性、垄断性的,也可能是市场性、竞争性的。对发展中国家来说,主要是前者,而不是后者,因为与其他的产品相比,园林的边际效用往往是靠后的。也就是说,如果产品供给不足,消费者首先愿意用较高的价格去购买其他产品,然后才考虑园林。这个特点使得园林业的效益不能简单地以金钱化的利润成本之比来衡量。也就是说,不宜笼统地提倡"以园养园",这不但对于绝大多数公园来说办不到,而且也与园林业的特点不相容,因为公共产品之所以存在,就是由于公众产生了要"养"它的需求,它不可能也不应该自己养自己。

所谓公共产品,是政府向居民提供的各种服务的总称,诸如国防、警察、司法、宏观经济调节、教育、卫生、城建等等。与公共产品不同的法人产品,则是依法注册的集团(单位)或个人通过市场所提供的合法产品与劳务。法人产品如能赢利,则存在具体的受益个人或实体;亏损也是这样。公共产品则不同,即受益人是泛化的,而失误也会转嫁到公众之上。

法人产品往往受到市场调节,公共产品则可以不受市场调节。但二者都受到需要牵引和资源约束,也都与有效生产量、实现效益量及保障比积相关。区别在于,对于市场来说,有效生产量和实现效益量往往披上价格的外衣,变成"生产总值"及"利润成本比"等,从而体现为"金钱";而对于经济系统来说,公共产品的社会效益可以金钱化,也可以不金钱化。例如,提高绿面时间比所得到的生态效益和提高类别面积复合比所得到的文化(美化)效益,就不一定要金钱化。

三、活物管理

园林经济管理的第三个特点是:活物管理把生产建设(提供有效生产量)的过程和园林经营(提供实现效益量)的过程紧密衔接在一起。由于园林业要借靠植物(参见第一章第一节"园林"概念),所以在基本建设中涉及绿地规划、设计及植物栽植养护;而在园林服务中也涉及植物(以及动物)养护及布局调整。这与一般的产品生产和供销之间界线分明的情况有所不同,也与一般的基建和服务(如旅店、博物馆及其他文化设施等)之间界线分明的情况十分不同。因此,一个优秀的园林经济管理人员应该具有比较宽的知识面,对于园林经济及技术系统应具有比较全面的理解。

总之,城市是园林业的主要载体;园林业的"产品"往往兼有公共性(非市场性)和法人性(市场性);以及涉及活物管理。这是园林经济管理的三个重要特点。

第二章 经济发展与园林需求

第一节 分工与分层(城堡)、交流与整合(城市)

一、均分所得与同域分层

从考古发现和人类学资料来看,原始社群的基础经济需求不只是食物以及获取食物的工具与火,也不限于住宿(洞穴或房屋)及衣、船等适应不同气候、地理环境的物品,而是还包括与信仰、婚丧相关的物质需求。食宿衣行等主要用来保证个体生存和繁衍,信仰习俗等则用来保证群体凝聚和延续(如祭宴、仪式、集会等)。

为了满足这些基本需求,早期社群建立了群内调剂的社会,即任何人都无权完全占有食物或动产,必须与社会内的其他人分享消费品。这对于每个人都是一种保障,因为一个人在某个余年把自己的食物分给他人,也就有权在另一个歉年向他人索取。在这样的系统中,分工很不发达。某些工具制造者也要兼营农牧业。部落首领也必须参与生产,并与其他成员平均分享所得。

在群内调剂社会中,"均分所得"是仅次于"共有图腾"的氏族(部落)凝聚力。因此,在早期社群中,完全不存在分化出园林业的条件。不仅如此,虽然原始社群中往往出现了竞技歌舞绘画娱乐等文化行为,它们也不像信仰婚丧习俗等文化行为那么基本,因为这一类需求可多可少,可有可无。相反,对于祭仪、婚丧的消费品数量和质量的要求往往较严格,必要时倾家荡产也在所不惜。直到近代和现代,还可见到某些遗存现象。例如中国在1950年前不少农民破产是因为借债埋葬亲人或借债完婚。再如印度尼西亚不少人为了去麦加朝圣而沦为无地农民,等等。

然而,在某些原始文化中,人们常在集居地内较大的树下集会,个别部落甚至保留某些林地作为悼念亡魂及其他非物质性需求的活动场所。这些,可以看作为借靠植物改善居住和休憩环境的行为;或者说是园林的萌芽。

人类经济需求的第一次重要变迁是受环境约束而导致社群中出现"同域分层"的需求。它促使群内调剂型的经济系统转变为封建城堡社会(含城堡及其辖区),即在同一区域内的社群成员分为受养人和供养人。

受养人是在一年内使用各种工具从事生产和服务于他人的时间明显小于劳动力平

均生产时间的具有正常生产能力的人。供养人是一年内实际生产时间大于或接近于劳动力平均生产时间的人。劳动力平均生产时间是全体劳动力一年内生产时间的总和（即$\sum T_i$）除以劳动力的总人数。早期的受养人主要是历象测算员、财务保管员、水利工程人员和组织首领，后来增加了士兵、作为医生的巫师、商人和其他文职人员，以及征服者群落的其他成员。

封建城堡社会比群内调剂社会能够更好地掌握农事农时、储存食品、抵御灾年。然而，同域分层瓦解了群内调剂社会的原有凝聚力，因此，发达的封建城堡社会（如中国的商、西周和春秋战国，南欧的古希腊以及后来的中世纪欧洲）都以城堡为中心，其中居住着区域首领家族及其仆从（武士、家臣、打手或军队，有的还包括文职人员及艺术竞技等各方面的"门人"）。这也就是经典意义上的"封建系统"（从经济形态来看，蓄养奴隶与蓄养畜力没有任何不同，但从人道主义来看，二者有本质区别）。城堡的主人是有关区域上的封建主，他们将其区域中的土地交给仆从控制或交给供养人耕种、放牧，并向后者索取物质和劳力回报。劳力回报主要用于兵役（对其他区域作战）及建设仓库、道路、城堡或其他私人设施。

由于早期的城堡规模有限，再加上周围都是植被覆盖的区域，因此，封建城堡社会往往不需借靠植物来改善居住和休憩环境，也就是说，并不具有发展园林业的需求。然而，由于受养人，尤其是封建主的闲暇增多，财富积累，使得在室内摆设花卉具有一定的边际效用和生产可能性，所以随着城堡的发展，有可能出现早期的园林花卉生产。

二、异域整合与城市发展

人类经济需求的第二次重要变迁是因人口流动和城堡之间的战争而导致"异域整合"（把不同区域纳入同一个经济实体）的需求。它促使各据一方的封建城堡社会整合为更大的政治经济系统。在这样的社会中，不仅存在受养人和供养人，而且出现了作为整合因子的官吏、军队、士绅、商人资产者及相应的征收分配子系统。例如中国的秦帝国及汉之后的皇权社会，又如古罗马军事帝国及文艺复兴之后的产权社会。其中，军事帝国或战场竞争社会的主要整合因子是军队和官吏，皇权社会或科举竞争社会的主要整合因子是官吏士绅，产权社会或市场竞争社会的主要整合因子是商人资产者（次要整合因子为官吏和军队）。

异域整合社会能够比封建城堡社会更好地避免战争灾害和自然灾害，在减小供养系数的同时提高创造能力和组织能力。

异域整合过程削弱或剥夺了封建主征敛财力的权力和自建军队的权力，代之以更为复杂的分配系统和秩序结构，使得"城市"取代城堡而逐渐成为具有凝聚力的居住、交流中心。

"科举竞争社会"是指汉武帝独尊儒术之后,通过各地举贤、策论考试、中央录用等程序来选拔组织管理人才,从而形成管理主结构的社会系统。其作用是维护统一,消弭分封而建的地方势力。后来,"各地举贤"发展为面向整个社会的分科考试,称为"科举"。汉代之后的统一王朝,除较短的西晋和元代之外,都是科举竞争社会。近代有人对于"封建"一词的使用,不符合中国国情,即使元代,也不是"封建"王朝,元代以蒙古人或色目人中的贵胄、军警、商人作为管理主结构。

"市场竞争社会"是指英国"光荣革命"及独尊英国国教之后,通过确认所有权、法律保护公平交易、具有一定财力的商人资产者投票等程序来选出组织管理人才,从而形成管理主结构的社会系统。其效果是促进分封而建的区域走向整合。后来,"资产者投票"发展为传媒操纵下的全体公民的普选,有人称之为"民主"。

三、城市的产生

早期城市是人类抵抗自然灾害的产物。考古发现的3 000年以上(公元前1 000年之前)的古城全都位于北半球的中纬度地区,全都存在"春播夏长,秋收冬藏"的季节变迁,都需要储粮过冬以度过饥荒时期。储粮的地点是被袭击的目标,为了抵抗入侵,人们构筑起具有防卫功能的城墙,这样就产生了"城"——在甲骨文中,城的构型是"武力保卫口粮"即"或(國)":左边一个口,右边一个戈;古巴比伦的"城"字是一个长方形,内有两竖;或一个L形的密闭图形,上有一小凸起,表示城墙环围、防守线及屯兵之处。这与金属铭文中的"国"含意相同:方形内有一个"或"(也就是简化之前的汉字"國")——矩形城墙在技术上较易构造,也便于守城布署。尼罗河流域的北面和东面都是海洋,不像黄河流域及底格里斯河与幼发拉底斯河流域那样易于遭到抢劫和掠夺,因此古埃及城市在防卫功能的发展上有所不同。(参见刘易斯·芒福德:《城市发展史,起源、演变和前景》,中国建筑工业出版社,1989年,第50、61~68页)

考古发现的早期城市遗址中没有市场。例如,1992—1995年发掘的公元前3 300~2 800年的郑州西山古城,发现了城墙、大量的房基、窖穴(供存储用)、灰坑(烧煮食品与取暖,尤其在冬季)和墓葬,却没有市场。与此类似,公元前1 500年之前的巴比伦古城尼普尔,有城墙、城门、河渠、庙宇、园林,却没有市场,巴比伦城也没有市场。

早期的城市布局,是更早期村落布局的放大。早期村落布局是人类与一定的环境气候条件互动(适者生存)的产物——对于中国来说,由于黄河流域的环境气候条件比较严酷,所以人们不得不与地形和风向相适应,按照南北布局。例如,郑州西山古城,呈南北布局,略近圆形。这说明当时的城市还是初创,带有因地而建的性质。1974年发掘出的公元前1920—1625年的河南偃师二里头商代古城,在布局上更为规整:南北长1 700m,东西宽740~1 215m;发现北城门一座,东、西城门各三座。(周文:《郑州发现华夏第一城》,载《郑州晚报》。又《北京晚报》1995.9.15 第17版;朱铁臻,张载伦编:

《中国城市手册》,经济科学出版社,1987年第6～9页)

  这些发掘结果与早期文献的记载也是一致的——在我国最早的历史文献《尚书·尧典》中记有:向南和向北建房(宅)是"伸",而偏离了南北中轴线的新建房,则是"分"。这种布局在中原各城市中都是大同小异——一个城市的建设,首先就是要确定方位;城市一般按照四方形布局,主建筑(城堡主人的宫宅)都是南北走向,向南是正面,辟有较大的用于人员集会的广场;向北是背面,设有较大的用于物资交流的市场,东面是祖庙,西面是土地庙。主要的街道也是经纬分明。城市的四周有城墙,各有三个城门。

四、城市的两次大发展

  城市规模的第一次大发展是在军事帝国时期,即东方秦帝国的咸阳和西方罗马帝国的罗马,凭借各地的人力、物力和其他城市的参照,建成为较大规模的城市。

  咸阳城的规划,在最初以参照其他城市为主。秦击破其他的封建诸侯国之后,派人把那些小城市的建筑素描下来。回到咸阳后,按图放大,在咸阳的东面和北面进行建设,逐渐扩展到泾河与渭河;并且把各地的富豪12万户(约40～60万人)迁到咸阳。咸阳的后期规划是与环境直接互动:随着城市规模扩大,人口加密,生态条件逐渐降低,秦始皇渐渐感到咸阳的人口太多。过去的建筑显得狭小拥挤;所以模仿天上的银河与北极星的关系,在渭河南面本来不住人(只有宗庙和祭台)的上林苑中营建阿房宫,它的北门用磁性材料制作,出北门向北渡过渭河,就是咸阳旧城。

  罗马城的扩建与此类似。古罗马的尤利乌斯·凯撒与中国的秦始皇相当,但是,由于南欧环境气候条件较为宽松,凯撒的崛起带有暴发户的性质,他不具备秦始皇的管理知识,也不需要李斯那样的学者参与决策。所以,在统一罗马世界(公元前48年)之后不久(公元前44年),他就被刺杀。因此,罗马城的扩建是由过继给他的奥古斯都·凯撒,即屋大维开始的。屋大维经过一番权力争夺之后,在位时间较长(公元前27～公元14年)。他自称把泥砖的罗马换成了大理石的罗马。罗马城的扩建过程与咸阳城十分类似——也与对外征服有关。城中建有许多凯旋门、纪功柱和神庙;又如,最著名的哥罗赛姆大圆形剧场,是为了纪念对犹太人的征服而建,等等。(崔连仲主编:《世界史·古代史》。人民出版社,1985年第414～415页)

  现代意义上的城市规划始于汉初,即长安城的兴建。它是汉初的相国(俗称"丞相")萧何接受了秦的教训之后开始的。长安地处咸阳南面的上林苑区域,在西汉建立之初,既没有城墙,也缺少各种基础设施,只有秦末被破坏的宫殿残垣。汉高祖派人兴建首都,大约用了两年才修好了长乐宫。这时的长安,还不是城市,只是政府办公楼与公务员宿舍。在此期间,萧何对长安城进行了相当有水平的城市规划。因此,第一期工程刚一结束,就开始了第二期工程——修建未央宫。未央宫的设计参照阿房宫,开设北门,旁设东门,没有西门和南门。萧何在进行规划时已经有了比较明确的指导思想:一方面,要吸收秦代扩建咸阳的经验教训,不搞奢华的郊区建设,把长安郊区的上林苑区域分给老百姓种田,不用来养野兽;另一方面,首都是政治中心,如果不建设得壮丽一些,就体现不出它的重要性;而且,作为新建的城市,事先规划得好,后人就不必再搞重复建设。因此,长安城的规模,远远大于不含城外郊区部分的秦代咸阳城。

出于减少重复建设的考虑,汉高祖六年(公元前207年)就允许各地的县政府修筑城墙。而长安城的城墙,直到13年之后(公元前194年,惠帝元年)才开始建设,用了5年才筑好。在此期间,长安城完善了基础设施的建设,主要是宫室房屋、城内道路(当时咸阳属于长安,外围道路系统尚未大建)和供水系统——在城内分为暗渠和明渠,城外使用了"飞渠引水入城"的技术。这一技术比罗马城的高架渠早了约200年。

城市规模的第二次大发展是在较长期的大一统社会出现之后,即中国的科举竞争社会和欧美的市场竞争社会。

在中国,是汉武帝开始扩建的长安城。这一次扩建,首先是完善以长安城为中心的道路系统。由于交通发达,从汉武帝开始,长安城不再需要把咸阳隶属于长安,所以将其分治,并改称为渭城。其次,是以道路的发展为基础,在城郊的上林区域进行开发——造桥穿越昆明池、营建建章宫和渐台、修筑墙垣,周长几百里(至少有100多公里)。当时,这种"圈地运动"是全国性的——各地都出现了圈占公地,据为己有的现象,也就是现代所说的"确认所有权",在汉代的中国称为"名田":被占前无名,被占后以某一家的姓来命名。中国的"圈地运动"没有像后来的西欧那样被社会接受,是因为环境气候条件比较严酷,圈地后导致了"天下虚耗,人复相食";所以汉武帝末年取消了私人占有的所有权,把名田改为"代田"——有多余劳力的人可以多种,但是不具有永久性,通常只适用于一代人,后人种不了就给别人去种。

在西方,工业革命之后,城市的功能发生了变化,规模迅速膨胀。欧美的现代城市规划是工业城市所造成的负面结果"逼迫"出来的——1832年春天在巴黎爆发了严重的霍乱流行,导致1.8万人死亡,人们不得不采取措施来寻找原因和对策。(参见唐小兵:《建筑现代的幻景——雷毕诺《法国现代》评介》,载:《二十一世纪》,1990年创刊号(十月))

据联合国1985年的数据,世界各国的城市人口比例都是稳步增长的,2025年发达国家将占85.4%,发展中国家也将占57.5%。

一般说来,城市区域是指人口较密且分层明显、物品集中且流量较大、小群体约束较弱而公共约束较强的一定的地理范围。因此,城市经济主要体现在土地规划及管理、公共产品及服务、交通住房及环境、秩序结构、规模效益等5个方面。

随着城市规模的扩大,人们越来越疏远了植被覆盖的土地,甚至隔离了人—植被的关联,由此而逐渐产生了园林需求,即借靠植物来改善居住环境和休憩环境。最初是花卉业萌生,随后便是庭园建设——城市中的大户在自己的居住区域内建设人造的生态环境。

第二节 工业革命与城市环境的变迁

一、工业革命与森林毁损

工业革命是指从手工业到机器大工业的转变,也就是人类的技术行为不再止于"化物为奴"和"化畜力为奴"(以及"化同类为奴"),而是加上了"化能量为奴"——工业革命中所说的"机器",已不是依靠人力或畜力驱动的简单机械,而是由热机或电动机驱动的动力机械。动力机械的能源是燃料(如木材、煤炭、石油、核燃料等)和水力(如水力发电)。

工业革命之前的商业运输业,以及工业革命之后的服务业,与工业革命本身一起,对以森林为主的绿地生态系统产生了巨大的破坏作用。

工业革命之前的商业运输业因车、船等交通工具多为木制,以及货栈旅店薪柴等木材消耗而大量毁林。由于中国的环境约束较紧,历代常推行"重农抑商"的政策,所以这一次经济增长的规模有限,由此导致的毁损森林的规模也有限。但是,对于欧洲来说则十分明显,荷兰、英国、德国等先后崛起的商贸大国,在工业革命之前就大规模地毁损了森林(先于荷兰的商贸中心威尼斯只是一个城邦,缺乏森林资源数据)。其中,德国从17世纪中叶开始发展商贸运输,车、船、器具、玻璃、薪材等的兴隆形成了所谓的"木材时代",到18世纪初就出现了第一次"木材危机"。至于荷兰和英国,至今仍是少林国家。

以动力机器为主要特征的现代工业所带来的更大的经济增长,导致了更大数量级的森林毁损,动力机器所需的燃料直接或间接(采矿坑木及工具等)需要大量木材,制造机器的工艺过程(如冶金、铸模等)、交通设施(如枕木)和城市化过程(动力机器所提供的交通能力和加工能力使得旧城市迅速膨胀,新城市不断涌出)中的基本建设也需要大量木材。动力机器还使得人们较易于进入荆棘丛生甚至偏远难行的原始林区。于是,"伐木"就具有了前所未有的规模。现代意义上的"林业",就是以工业规模毁损森林开始的。

例如,德国在工业革命之前的18世纪初,森林覆盖率尚有12%,19世纪30年代开始工业革命,到20世纪初,森林覆盖率降为5%。再如中国,第一个五年计划(1952—1957)的第二年,林业战略就从"防护林为主"转为"用材林为主"。10年之后,小兴安岭林区的木材已不敷应用,于 1964 年和 1965 年相继开发大兴安岭和金沙江林区,到 1989 年,国家下达的木材生产计划(6 528万 m^3)已无法完成(只完成 89%),全国每年森林资源赤字高达 1 亿 m^3。1979—1989 年间,国有林区 131 个木材采运企业的成、过熟林面积从 2 000万 hm^2 下降到 1 000万 hm^2。虽然 1989 年的清查结果显示,森林覆盖率从 1981 年的 12% 提高到 1988 年的 12.98%,但是在 7 年多的间隔期内,用材林中的成、过熟林蓄积量已消耗掉 1/3,年均赤字 1.7 亿 m^3。森林质量也越来越差,从统计数字上看到的那些森林面积上,只覆盖着简单稀疏的次生林和人工林。

二、服务业与森林毁损

服务业为人类社会带来的经济增长通过"刺激需求"或"鼓励消费"来实现,因此也就导致了不限于本国的、前所未有的、大数量级的森林毁损——高级家具、玩具、仿制古董、工艺美术品、游艇、广告纸张、包装用纸(盒、箱),甚至鲜花运输等都要大量消耗木材。至于金融保险业中的办公用具、纸张印刷、室内装修等等,也都增大了对木材的需求。美国服务业人数的增长自 20 世纪 70 年代初期开始快于全社会就业人数的增长,1975—1980 年增长最快(1980 年比 1975 年高出 12%)。联邦德国 1980 年第三产业占国内生产总值的比重比 1970 年高出 9.5%,日本服务业以"技术立国"的科研经费猛增(1983 年约为 1979 年的 2 倍)为先导,也在 80 年代初迅速增长。与此同步,全世界热带木材的出口额在 1979—1980 年达到最高峰,超过了 80 亿美元(1979 年约为 31 亿美元,1983 年为 53 亿美元)。日本原木进口在 1979 年达到需求量的 69%,比 1969 年提高 19%,此后一直保持这一水平。

三、环境问题日益严重

正是在 1980 年,热带森林的毁损问题引起国际社会的广泛重视,联合国粮农组织(FAO)1980 年对 76 个国家(其中 73 个是热带国家)进行了评估:从 1970—1980 年,有 1.1 亿 hm^2 热带森林消失,每年减少 0.6%。平均每年砍伐 1 130万 hm^2 的森林,而更新林场的面积仅为此数的 1/10 左右,净损失 1 000多万 hm^2。全球的郁闭林(郁闭度大于 0.2)在 1978 年有 25.6 亿 hm^2,据预计,到 2000 年将减至 21.17 亿 hm^2,即减少 17%。这意味着为地球上不断增长的人口提供氧气的"绿色肺",对每个人来说正以几何级数减小。

早在 20 世纪 60~70 年代,联合国粮农组织林业部曾组织实施了一系列后来被证明完全失败的工业性援助开发计划,试图减少热带森林地区的居民大量垦荒(农地蚕食林地)和燃烧薪柴。然而,毁林现象愈演愈烈。最后,林业部主席威士比(Wesby)不但完全放弃了原有的主张,而且成为激烈反对西方工业发展模式的代言人。

20 世纪 80 年代之后,尽管亚洲大多数国家作出了保护和扩大森林资源、合理经营的决策,但是森林继续减少,每年毁损 500 万 hm^2,南亚和东南亚的热带林遭到了毁灭性破坏。斯里兰卡的森林比过去减少近一半;印度比 30 年前减少 40%;泰国比 10 年前减少 25%;菲律宾仅 1983 年就毁林 12 万多 hm^2;印度尼西亚属于多国林业公司的森林,只要交通可达,都将在本世纪被砍光;南美的森林已消失 67%。

1992 年 6 月,联合国在巴西里约热内卢召开环境与发展会议,参加者包括 183 个国家和地区的代表(含 102 个国家或政府的第一把手),外加 70 多个国际组织的代表。会议通过了《21 世纪议程》、《里约宣言》、《联合国气候变化框架公约》、《联合国生物多样性公约》和《关于森林问题的原则声明》等带有约束力的重要文件。城市环境问题也引起普遍重视。但是,1997 年联合国环境与发展会议指出,5 年来全球环境恶化的势头仍在继续。

四、城市环境的变迁

城市环境受工业革命影响的两个重要方面是:人口聚集和废料(含噪声)污染。它们进一步加强了人对园林的需求,并使绿地建设成为城市的基础建设之一。

工业革命之前的城市,主要是居住、贸易、文化教育、政治中心。工业革命之后,许多城市兼有生产中心的功能,城市不仅对受养人及相应服务人员具有吸引力,也对供养人中的生产者有吸引力,人们不再是因为拥有了财富、技艺、知识或权力而进城,还因为谋生而进城。这样,在工业化过程中,城市人口不可避免地膨胀起来。据 1983 年对我国 266 个城市统计,其人口占全国总人口的 10%,固定资产总值占全国的 70%,工业总产值及上缴利税占 83%,高等院校学生占 95%,社会商品零售额占全国零售总额的 63%。到 1991 年,我国有城市 419 个,1992 年底已达 507 个。据联合国 1985 年提供的数据,在 1970—2025 年期间,世界各国城市人口比重都是稳步增长。预测 2025 年发达国家城市人口将占人口的 85.4%,而发展中国家也将占 57.5%。

城市承担起生产中心的功能之后,不仅人口急剧聚集,而且也使废料急剧聚集。由于工业生产的规模远大于农业生产,而其消耗的能源和原材料(含建筑材料)又是传统农业所无法比拟的。因此,工业城市以前所未有的规模同时生产着废气、废渣、废水、粉尘和噪声,再加上密集的人口增大了对于食品、日用品的摄取和代谢,城市生态环境出现了不利于人类生存的变迁。这种变迁在光照、温度、水源、空气、地表、噪声、生物群落及地貌等各项生态因子方面都向人们显示了环境问题的重要性。

由于大气中粉尘增多,城市中太阳辐射度一般小于周围的农村地区。尤其在冬季取暖期间,除了大风之后的一两天,不少城市都处在烟霾之中。另一方面,由于臭氧层遭到破坏,阳光中紫外线成分增多,引发了皮肤病及其他危害。

由于大气中二氧化碳增多,以及城市地下管道、道路、建筑、广场等造成的"热岛"效应,城市内的气温一般都高于周围的农村地区。尤其在夏季高温期间,除了大雨之后的短时期,城市居民备受暑热之苦。尽管可以使用空调与风扇,出行之中却不可能处处不离空调。此外,空调机本身也是污染源,而空调环境又不像自然环境那样适于人类。

水污染的问题使人们越来越把自然水体视为"不洁之物",也使人们越来越依赖于消毒及滤清的水源。

空气的质量下降(氧及负离子下降、二氧化碳增多、二氧化硫及氟利昂等有害气体增多)不但增加了呼吸道疾病,而且影响人们的工作、学习及生产效率,影响情绪和生活质量。空气污染所引起的酸雨还危害农田、森林及房屋建筑,而且不止于城市区域。氟利昂则破坏臭氧层。

地表土壤逐渐被混凝土或沥青取代,微生物对生态循环的贡献被阻断或被空气中的腐败过程所取代,进一步加重空气及水污染。日益扩大的垃圾堆放场所更使地表状态恶化——有关区域像沙漠一样不适于植被及人类生存,同时比沙漠对人类的危害更大,因为其中含有较多的有害物质和腐败的有机物。

生物群落已完全处于人类控制之下,但只有少数参与控制的科研人员了解应该如何控制。此外,科研人员对于许多生物群落的了解也还不充分,不可能实施全面的良性控制。

最后,城市地貌已不再取决于地质过程或环境约束,而是取决于规划建设等技术行为。一般说来,这些技术行为都导致建筑密集、交通拥挤、生态恶化。

除了以上与传统的生态因子相关的变迁之外,工业化和动力机械还使城市增加了一个独特的噪声污染。

城市环境的这些变迁,使人们对园林业的需求大幅度增长,虽然不可能通过园林业完全克服城市环境变迁所带来的弊病,但是却一定可以通过园林业来改善人们的居住环境和休憩环境。

第三节 城市的园林需求

一、公共产品与基础设施

城市对园林的需求分为两个方面:一是作为基础设施;二是作为休娱设施。前者应由市政当局作为公共产品提供给全体市民,后者则可以由法人实体作为法人产品提供给部分市民。本节主要讨论前者。

城市的基础设施在早期主要是水源、道路(含桥梁、水路)和治安。其中水源问题的解决是选择有水源的地方建立城堡或城市;道路常利用集市形成的交通,或利用人力修筑;治安则依靠组织建制如警察、法庭(含公民法庭)、军队。随着城市规模的扩大,这三项基础设施也越来越依赖于市政当局的组织及"生产",如北京的运河系统、天津的引滦工程以及自来水的供应等。至于公路、铁路、水港、空港等,也常是作为"城市"所必不可少的设施,无论这些设施的投资能否赢利、何时赢利、赢利多少,只要是"城市",就必须进行相应建设。

工业革命之后,城市的基础设施范围进一步扩大到中小学教育、邮政、电力、煤气、交通安全、消防、电信、公共卫生等领域,并且在20世纪50~60年代环境问题引起重视之后,逐步把园林纳入城市基础设施的范围。这可以说是城市开始超越工业化或"物质文明"的一个重要里程碑,人们开始利用农林技术去减少工业技术的消极影响,人们开始把向自然索取的物质收益返投回自然,以保障人们自己能够有一个比较适宜的居住环境和休憩环境。

曾有人提出把污染物废气、废料、废水及噪声等消灭在工厂围墙之内的设想,即通过内部的处理技术来控制污染。但是,实践证明,单纯依靠这个办法是不够的,因为"三废"(废气、废渣、废水)处理本身往往要消耗能源,从而产生新的污染,更何况居民日常消费的污染是不可能被消灭在工业区域之内的。因此,人们只能重新认识自然净化的能力,从而激活对于园林业的需求。

植物有吸附粉尘、烟灰的功能,可以净化大气、增加太阳辐照度。由于树木的叶面积总和超过树冠投影地表面积的60~70倍,生长茂盛的草皮叶面为地表面积的22~28倍,如果加上某些植被叶片的绒毛,其吸附能力就更为可观。树木浓荫的街道,1.5m高处的空气含尘量可比没有树木的街道低50%左右。因此,园林业具有与治理"三废"的工业同样的功能,而园林业本身在"运行"期间只消耗很少的矿物能源和原材料(用于浇水、修剪等养护管理),很少出现次级污染。

园林可以有效地改善小气候,调节气温和湿度。例如,盛夏的柏油路面达到30~40℃时,草地上的温度仅有22~24℃。又如,林区湿度可比同样大气条件下的城市高36%,水土充裕的郁闭阔叶林在生长季节每天能从叶面蒸腾失水5~6.5mg/cm^2(每公顷约50~65t)。茂盛郁闭的行道树不仅可以改善城市空气湿度,还可以为行人及道路遮荫,宜于人,也保护路面。园林还通过空气的流动(风)对城市中的非园林区域进行气温和湿度调节。

植被可以吸附某些有害气体,如SO_2、NO_2、HF、Cl_2、O_3,小量的PAN、NO转变的其他形式等,并在光合作用的过程中吸收二氧化碳,放出氧气,从而改善空气的质量。生长季中1hm^{2}的阔叶林每天吸收约1t二氧化碳,放出0.73t氧,城市居民如每人有10m^{2}的森林面积,就可维持空气中的含氧量。有些对有害气体敏感的植物还能起到指示作用,提醒人们及时采取措施,防止有关的污染危及人类。

园林可以在一定程度上恢复地表土壤及微生物对生态循环的贡献。穿过林冠枝叶落下和沿树干流下的降水,K、P、Ca、Mg及其他可溶物质都有增加。植物根系及落叶对土层有保护作用。树冠可减少暴雨、大雨对地表的冲刷,林木可阻挡风沙。因此,园林可以保护城市、减少水土流失和风沙寒流的危害。从森林土壤渗透出的流水,无色、无臭、无怪味,透明度高,溶氧(DO)7mg/kg 以上,可以改善城市水体。此外,水生植物也具有净化水体的作用。

园林对于城市地貌具有不可取代的美化作用,使得景观丰富、市容美化,并以其季节性的变化使城市充满生机。尤其对于高层建筑来说,舒展的园林无疑是其纵向伸展的横向补充。

植被具有明显的隔声、消声作用。30m 宽的林带可减噪声 6~8dB,40m 宽的林带可减噪声 10~15dB,如果配置叶面松软的草灌木,效果将更好。因此,配置适当的植被可作为"天然消声器"。

总之,园林对于全面改善城市环境具有不可取代的作用。它之所以成为需求日增的公共产品,正是因为它关系到人们的生存与工作、健康与寿命。因此,越来越多的市民不仅同意,而且要求把公共开支的一部分用于园林。

二、法人产品和均衡价格

像其他商品一样,园林业所提供的服务之所以成为市场需求,有两个条件:第一,消费者愿意购买;第二,消费者有支付能力。仅有第一个条件,只能被看成是欲望或需要,而不是需求。例如,一个有1 000万户的国家,居民对电冰箱的需要是每户1 台,但在一定价格条件下,只有1/5 的居民户对电冰箱有支付能力,这样,该国国内对电冰箱的需求将是 200 万台,而不是 1 000 万台。

这里所说的"一定价格",通常是指经市场调节形成的"均衡价格",也就是某种商品或服务的需求价格和供给价格相一致时的价格。消费者对某种商品所愿意支付的价格,称为需求价格,它取决于该种商品对消费者的边际效用(图 2-1),以及个人可支配收入(图 2-2)。

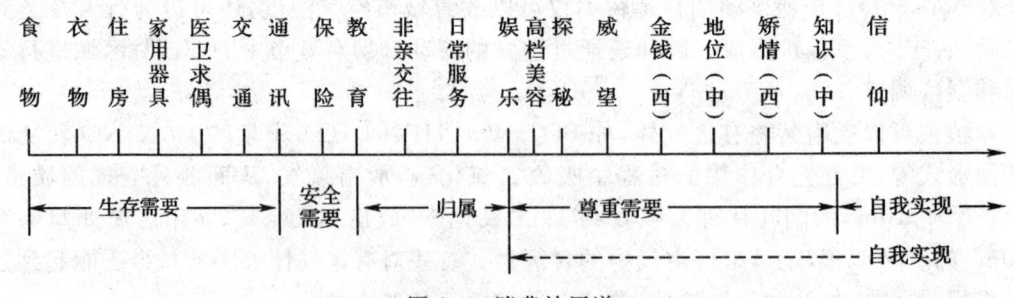

图 2-1 消费效用谱

谱下 5 类需要仅供参考,其中"自我实现"的需要常与"尊重需要"相混,参见图中虚线所示;标有"中"、"西"字样的需要,受不同文化的影响较大

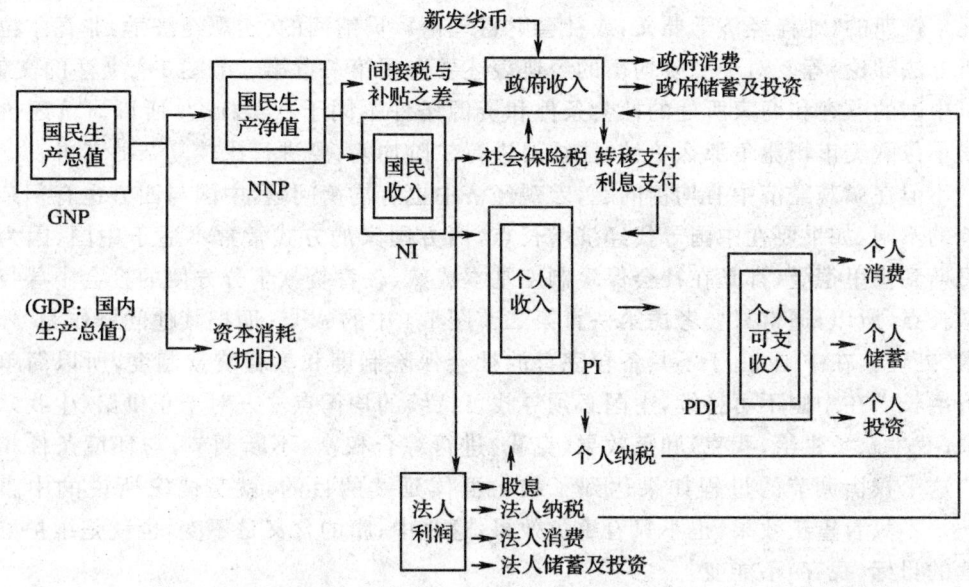

图 2-2 国民收入统计中 5 个总量(双边框内)的相互关系

(注:劣币是本身价值远远低于市场价值的流通货币,如纸币。良币本身则具有相当的价值——本身是稀缺资源,如金银及早期的贝羽齿壳等;或本身还包含了劳动等技术行为,如帛币、铸币等。现代流通的劣币使得政府拥有特殊的能力来调控经济,但同时也往往成为通货膨胀的重要源头——缺少后盾储备的劣币发行就相当于向一桶酒里渗水,社会上每一单位劣币所能换得的酒都因含了较多水分而变少了,但对于发行者来说,由于用水换了酒,所以得到的酒的总量多了。因此,新发劣币可以成为政府收入的一个来源)

下面用"日常买东西"的过程简单介绍一下什么是均衡,以及什么是一阶均衡与二阶均衡:

买卖双方讨价还价,直至双方都能接受,这个价格就是均衡价格,如果环境相对宽松,法制健全,讨价还价时只考虑产品(商品或服务)本身所包括的劳动时间和其他生产要素(土地、设备、技术管理等),那么双方都是进行一阶均衡,也就是比较简单的均衡。如果环境相对严酷,讨价还价时还考虑为了抵抗自然灾害所支付的成本,就成了二阶均衡,也就是比较复杂的均衡;如果法制不够健全,讨价还价时还考虑为了拉关系走后门所支付的不对等成本,以及买了假冒伪劣的概率成本,也是二阶均衡。二阶均衡的买卖双方都较多地考虑了自然灾害或人为灾害的影响,最复杂的二阶均衡,既要考虑自然灾害的影响,也要考虑人为灾害的影响。

这种通俗的理解不是严格的理论表述,想要知道严格表述的同学,请查阅比较经典的经济学教科书,如萨谬尔森的《经济学》等。追本溯源的读者,还可以查阅有关专著,如瓦尔拉斯的《纯粹经济学要义,或社会财富理论》、贝纳西的《宏观经济学:非瓦尔拉斯分析方法导论》等。对于二阶均衡的经典表述要查阅第一章第二节图1-4上注的文献。

中国的顾客和商家所处的社会条件和资源条件不同于欧美社会,所以讨价还价的时候不像欧美市场竞争那么单纯,往往要进行二阶均衡,要进行比较复杂的考虑。

不但在微观经济中有均衡问题,宏观经济中也有均衡问题,中国与西方也有复杂与简单的不同:如果要在中国寻找经济增长点,西方国家的方式常常不适于中国,因为从凯恩斯到佛里德曼,都是在社会保险制度基本成熟,教育贷款十分方便的社会中寻找经济增长点,所以,通常只要考虑第一章第二节图1-4中的A点,而把其他问题作为"外部因素"处理。在中国,由于不具备较完善的社会保险制度和教育贷款制度,所以简单的经济增长点在中国不可持续,中国必须寻找可持续的均衡点——对于正供给(生我)、正效果(我生)、负供给(我克)和负效果(克我)进行综合权衡,不断调节,与环境条件相适应。这个权衡调节的过程如果达到了维护群体延续的目的,就是儒家所说的中庸之道——不只看重正效果,也不只看重负效果,这是中;庸的含义是不变,也就是维护群体延续的目标(我存)不能变。

中国历史上的科举政府与近代的计划政府在制度基础和制度导向上的不同之处是:科举政府的基础是宗族,制度导向是安居乐业;计划政府的基础是党委,制度导向是提高生产力,在达到温饱之前,这两种导向在操作上的区别只是"便步走"(允许各宗族因地制宜)和"齐步走"(党委都要学大寨)的区别,但是在达到温饱之后,计划政府坚持提高生产力,不能不向市场竞争开放。欧美市场经济鼓励以钱生钱,以地生钱,以人生钱,用钱来代表生产力。计划与市场之间的区别是:市场比计划的"算计"更精明——计划经济通过少数计划人员为整个经济运行算计,而市场机制让多数人都来参与算计:"(市场中的)理性人考虑边际量……对现有的行动计划进行微小的增量调整。"

应该指出,许多经济学教科书中所说的"一般均衡",并不是指微观均衡,而是指宏观均衡。如"挂在一个弹簧末端的一件重物……如果把重物向下拉一下,弹簧的力就会大于地心引力,重物将向上反弹,这时如果不再进一步加以干扰,重物会来回跳动并最终回到它的均衡位置上。经济的均衡大体上是以同样的方式建立起来的(由于完成交易对消费者与生产者都有好处,相当于摩擦力,使得讨价还价的过程最终回到均衡价格)。在均衡价格上,消费者正好得到他们想在那个价格上购买的物品数量,而生产者也正好卖掉了他们愿意在那个价格上出售的物品数量"。(斯蒂格利茨:《经济学上册》,中国人民大学出版社,1997年,第78页。括号中的文字为笔者所加)

也就是说,消费者与生产者事先都知道均衡价格是多少,或大概是多少。这个价格不是讨价还价的过程决定的,而是独立于讨价还价的过程存在的。

第二章 经济发展与园林需求

那么,均衡价格本身是怎样"生"出来的?除了交易双方之外,是不是还需要地球引力和弹簧性质来决定均衡价格?如果需要,那么市场中的地球引力和弹簧性质是指什么?

几乎所有的经济学家都认为,市场中不需要地球引力和弹簧性质,只从众多的交易双方之中就能"生"出均衡价格。西方经济学家运用物理思维进行了大量的论证,终于证明了一般均衡可以从众多的交易双方之中"生"出来——弹簧的例子是错误的,应该使用理论力学中的质点系统:"一般均衡是说,如果资源禀赋、技术结构、制度和每个人的'口味',所有这些短期内可以视为'不变'的量是给定的话(相当于物理学中的质点分布状态及速度给定),那么在完全竞争的市场上(相当于物理学中的封闭系统)可以形成一套使所有市场出清的价格和交易量(相当于达到平衡态),并使每个人在均衡态时所消费的商品的主观价值达到'最大'(相当于每个质点都把引力潜力用在平衡中,没有用于产生加速度)。现在假定每个人都看到未来生产和完全竞争的市场状态(相当于每个质点接受其他质点的万有引力),并以此为根据把目前的消费适当减小(相当于运动质点减低速度),这样,储蓄通过完备的资产市场融入对下阶段生产手段的投资过程(相当于负的加速度,以及反作用力引起的正的加速度)。每个人在任何两时点之间的最优的'消费—投资'决策构成所谓'Intertemporal General Equilibrium(时点间一般均衡)'(相当于给定空间中每两个点之间的引力场分布)。在所有时点间一般均衡的状态都是已知的情况下,现时刻的每一个人就应当可以计算出任何一种产品或资源在未来任一时刻的一般均衡价格与在此一时刻的一般均衡价格之比,减去1就是此种商品在此两时点间的'利率'(相当于加速或减速的值与原速度的比例)。虽然这样产生的利率有无穷多种,但在一般均衡情况下,它们在任何两时点间重叠为一(否则会有'投机行为'把系统带回均衡态)(相当于最后的速度为零,达到平衡态)。"(引自汪丁丁:《近年来经济发展理论的简述与思考》,载《中国经济学——1994》,上海人民出版社,1995年,第254~283页。括号中带有"相当于"的内容为笔者所加)

严格地说,不但弹簧的例子是错误的,质点系统的模拟也是错误的——远远脱离了真实的经济生活:任何一个人都不可能全面地知己知彼,不可能全面地知现在且知未来,因此,一般均衡只是理想状态下的简单均衡。而人类社会中的经济生活没有一个是理想的——自瓦尔拉斯以来,西方经济学家一直在模仿物理学,到了20世纪之末,他们对于耗散结构的理解大大迟于物理学的进展,这些经济学家没有认识到自组织、自相似、奇怪吸引子和对称破缺现象。

否定了理想状态下的简单均衡,绝不是说经济生活中没有均衡价格——社会经济的宏观秩序相当于远离平衡态的耗散结构,存在着复杂均衡,一方面,复杂均衡价格确实是从众多的交易双方之中"生"出来的;另一方面,在复杂均衡价格与众多交易的博奕均衡之间,存在对称破缺现象。奇怪吸引子和自组织,在不同的条件下,可能出现不同的奇怪吸引子和自组织,即复杂均衡的方式不止一种,但是在一定的环境条件和前期平衡态的互动之中,通常只有一种远离平衡态的均衡(复杂均衡)是可持续的。

宏观的均衡价格不是由买卖双方决定的,即使双方进行讨价还价,也不会远离均衡价格,所以,如果卖方降低了自己的成本,就能取得较多的利润,也就是说,均衡价格的作用不但使交易双方感到公正互利,而且激励生产者和经营者改进技术和管理,减低成本,正因为均衡价格如此重要,所以受到经济学家的充分重视。

三、园林需求与消费结构

由于园林服务对一般消费者的边际效用较小(图2-1中"娱乐"),所以其需求价格常常低于供给价格,即低于生产者为提供某种商品(这里是园林服务)所愿意接受的价格。供给价格取决于为生产该商品所付出的边际成本以及预期的垄断利润和超额利润(创新或风险,正常利润已包括在成本之中,作为一般水平的"时空符合度"的报酬。参见第一章第二节公式(1-4))。边际成本(marginal cost)是生产最后增加的那个单位产品所花费的成本(成本是各生产要素所对应的资金的总和。参见第一章第二节公式(1-4)),即等于总成本的增量除以产量的增量。此外,各种价格都会受到货币供给总量的影响(通货影响,如通货膨胀或通货紧缩)。

对于园林本身来说,总成本的增量是相对稳定的,因为无论"产量"多少,园林的养护管理都要照常进行。因此,供给价格主要取决于产量的增量,即门票的增量,或游人的数量增长。归根结底仍取决于园林服务的需求价格。因此,作为法人产品的园林需求是在个人收入增长和消费结构发生变化之后才发生的。这种变化使得对于园林服务的需求价格上升,并同时使得供给价格下降,当这一升一降使二者一致时,即达到均衡价格时,园林业才具有市场竞争能力,才有可能成为法人产品。应该指出,我国公园门票通常都不是均衡价格,而是不受市场制约的公共产品的垄断性低价格。门票提价也只是为了部分减轻公共(财政)开支的负担。对于少数新辟的园林旅游项目,则除均衡价格外,还有受扶植的支持价格,或从全局出发防止涨价的限制(最高)价格。

消费结构,即各类消费(图2-1)支出在总消费支出中所占的比重,是随着经济发展及个人收入增加而变化的。在欧美社会中,食品、衣服、住房等生活必需的支出都有随着收入的增加而在收入中所占比例下降的趋势(恩格尔定律,Engel's law)。这样,其他方面(图2-1)的开支就会增加。即使消费结构不变,原有开支中不为零的类别也会随个人收入的增加而增加。因此,随着经济的发展,对于园林服务的需求价格就会上升。这里所说的个人收入,是宏观经济学中的一个概念,即一国以当年价格或不变价格计算的个人一年内所得到的收入的总和,包括劳务收入,法人收入,租金、股息利息收入及来自政府的救济和补贴等,它与大多数公民的个人可支配收入(图 2-2)是同步增减的,但对不同职业、不同地位的人来说,增减幅度有所不同。

四、园林需求与闲暇时间

除了个人可支配收入的增长之外,园林需求上升与人们闲暇时间的增多相关最密。社会中的闲暇时间是指除了满足社会中的个体生理需要、种族延续需要以及社会延续需要之外的可供人类完成特定行为的时间。因此,闲暇行为主要是指文化行为,而不是生理行为或经济行为。应该指出:文化行为并不都是闲暇行为,因为其中的很大一部分是为了满足社会延续需要而完成的人类行为,例如语言文字、教育、伦理、思维训练、学术论证、宗教礼拜、政治集会、系统模拟、预测及权衡、调节等。

在维持环境质量的条件下,经济发展必然导致闲暇时间的增多,即导致为获取一定的实现效益量所必须的社会劳动时间减少。此外,家用器具(见图 2-1)减少了人们的家务劳动时间;通讯传播媒介减少了集会、礼拜时间;交通工具减少了交流往返时间,等等。发达国家从工业化之后的每周工作 6 天,每天工作 12 小时,已缩短到目前的每周工作 5 天,每天工作 7 小时。人们用于去教堂做礼拜或去神庙参拜的时间和家务时间更是大幅度减少。我国自实行双休日和"五一"、"十一"长假之后,人们的闲暇时间也逐渐增多,尤其在经济发展较快的城市。

除经济发展之外,老年人口所占总人口比重的增多,也是社会闲暇时间增多的重要原因。上海 60 岁及以上人口的比重在 1990 年已超过老年型人口结构界限的 10%,达到 14.17%。

闲暇时间可分为功利型及非功利型两类。1. 功利型:如学习进取、生产谋利、拳操渔猎、走亲访友、结识权豪、吃喝嫖赌;2. 非功利型:如影视、闲谈、阅读消闲书刊、游戏玩耍、琴棋书画、花草虫鸟、歌舞旅游、行侠助人、吸毒酗酒。

还可以把休闲行为更细地分为由低到高的七类:1. 暴力犯罪:如凶杀、强奸、抢劫等;2. 反社会的行为偏差:如毁坏财物、破坏公物、有意伤人等;3. 不知节制:如过量饮食、放纵性欲等;4. 逃避单调:如观看电影、电视、戏剧及球赛等;5. 精神参与:如感受音乐、艺术、大自然等;6. 行为参与:如赞助有关活动以及成为业余表演者或运动员;7. 创作:如非职业性的艺术家、作家、作曲家等。一般说来,第 1、7 两类人数最少,第 2、6 两类较多,第 3、5 两类更多,第 4 类人数最多,也就是说两头小,中间多。

园林需求主要与非功利型的闲暇时间(如上述第 5 类中的感受大自然)相关,即爱好旅游观光、花草虫鸟的人以及部分音乐绘画爱好者对园林业的需求较大;而琴棋、影剧、闲谈,甚至饮酒、吸毒者也常选择园林环境。此外,部分功利型闲暇行为,如体育锻炼、黑社会集散等,也经常利用园林区域。其中,旅游观光对作为法人产品的园林需求较大——园林建设作为一种休娱设施为消费者提供独具内容的服务。

五、旅游与园林需要

旅游可分为本域、跨域和探险三类：

本域旅游的主要动机是"换换环境"——弥补城市环境的不足。因此，本域旅游大多数可以利用作为公共产品的园林服务，这样既经济又实惠。随着需求上升，某些重要区域可能逐步过渡为法人产品。

跨域旅游的主要动机是"观赏山水名胜"和"避暑避寒（换换气候）"——弥补区域性地貌人文和小气候的不足。这样就给作为法人产品的园林服务提供了市场，服务对象也不再以城市居民为主，而且具有较强的季节性。

我国是世界上地貌植被最丰富的国家（既有"世界屋脊"，又有低于海平面的盆地，以及第四纪冰川遗迹；植被类型从热带到寒温带都有），又是世界上名胜古迹最丰富的国家（既有古猿、智人遗址，又有原始文化、古文明的大量遗存瑰宝；不仅地上有、地下也有；还有近代许多酸甜苦辣的历史见证），我国的气候类型也极为丰富（从多变的沙漠到温和的海岸），因此，我国具有世界少有的旅游资源。另一方面，几乎所有旅游胜地，都借靠植物来改善休憩环境，不仅吸引游客，同时保护其他旅游设施及文物古迹。此外，有些山水名胜本身就是植物，如黄山的迎客松，昆明的唐松、宋柏，以及北京的古树名木等等。因此，作为法人产品的园林服务在旅游业中占据着极为重要的地位。除风景名胜区是园林业为主之外，其他跨域旅游区也以园林业为一个重要技术构成组分。

探险旅游与园林业关联较小，其动机是刺探隐秘或猎奇，这里不作讨论。

园林旅游的需要可分为7个层次：植被需要、静景需要、动景需要、色彩需要、音响气味需要、意境需要和出神入化需要。其中，植被需要是最基础的园林旅游需要——植物是界定"园林"和"非园林"的必要条件。如果仅仅是一个提供聚会休息娱乐的公共场所，或作为精神寄托的场所，却没有借靠植物，则不宜称为园林，如美术馆、音乐厅、教堂等。植被需要具有较多的物质性（如对新鲜空气的需要）和功利性（如利用植被聚会友人、谈情说爱，或进行科技活动、求取知识等），但其中对植被景观的需要不是单纯的功利需要——园林的功能是综合性的，不可能截然分开，有许多人"看见植被就高兴"，并且由此而获得精神上的满足，这就既不是物质性的，也不是功利性的，而是求美性的。

除了植被需要之外，园林旅游的其他6个层次的需要都主要是求美需要。

六、园林审美需要

美，是精神需要的直接满足；直接的精神需要，是人类非物质需要中比人际相处需要和求取知识需要更缺少明确目标或更为直接的部分——它的满足过程无需语言参与。因此求美需要是最接近于物质需要的精神需要。

物质性的需要都是直接需要，这类需要的满足无需语言参与，如食欲、性欲、体育活动等等。物质需要与求美需要的区别是：在满足需要的过程中，前者发生物质或能量的移动,而后者只有信息摄取——物质或能量只作为信息的载体,载体对于美没有作用。与此不同,要满足人际相处的精神需要,对多数人来说都必须借助符号性的表达(如语言),因此人际相处需要是"比较间接的精神需要",也就是合群的欲望(躲避孤独);而要满足求取知识的精神需要,更要借助精确的语言来表达,所以求取知识是"更间接的精神需要",也就是探秘的欲望或好奇心。

  人们说一个园林很美,是因为无需借助语言的介绍就能直接得到精神满足,愿意经常欣赏它。对于某些园林来说,拥有一定知识背景的人可能比其他人更能欣赏其中的美;但是在欣赏的时候,已经不是那些知识在起作用,而是园林直接地满足人的精神需要。即使借助语言的艺术,例如诗歌和小说,人们所需要的美,也不是那些语句所表达的可确认的客观事实、虚构的主观事实或各种判断,而是把那些语句所表达的内容当作真实的东西——一个用语言重构的世界,用来得到直接的精神满足。

  人类之所以在获得闲暇之后产生求美需要,是因为漫长的进化历程淘汰了"以丑为美"的种群,使得生存繁衍下来的人类心灵之中,蕴含着对于健美和谐的偏爱这一"自然逻辑"。因此,人类一旦有余力利用植物来改善自己的居住环境或休憩环境,就自然而然地选用那些美的植物景观,并把它们以及相关的居住建筑和休娱设施等配置得更具审美价值——更能满足直接的精神需要。

  因此,园林旅游需要的第二个层次就是静景需要,对于空间美的需要,使得园林从整体上可以说成是"处理空间的艺术"——布置空间、组织空间、创造空间——分景(如一池三山)、隔景(欲露故藏)、借景(远借、邻借、仰借、俯借、镜借)等等。

  艺术,是以提供美为主要目的的人类行为;艺术品,是艺术行为的结果,狭义来说只包括个体(如一个雕塑、一幅画、一本书)和群体(如建筑群、园体),广义来说还包括艺术行为本身(如舞蹈)、根据艺术作品而演出的事件(如音乐)以及更加综合的形态(如戏剧与园林旅游等)。

  提供美的人类行为,不只是操作性的,也可以是识别性的,一个人发现了一块石头很美,把自己的感受说出来,试图通过这种识别来为其他人提供美,也是一种艺术行为。如果多数人也能像他一样获得美感,那么,那块石头就是一个艺术品。与此类似,山川也可以是艺术品——"青山绿水遇到了能够识别其美的人,正像盖世奇才遇到了伯乐,一旦它们的美好被写成文章,其美其境就被开发出来了。后来的游人,迫不及待地按照前人的识别去山川中寻找美,甚至一路上询问樵夫和牧人,远远望见目标就能说出前人记述的特征。请想'澄江净如练'、'齐鲁青未了',短短几个字就把登到山顶的美感概括出来,这难道只是语言本身的提炼升华吗?这实在是把美的意境识别得恰到好处呀!"这就是不仅"诗以山川为境",而且"山川亦以诗为境"的道理(译自[明]董其昌《画禅室随笔·评传》)。

动景需要是园林旅游的第三层次需要,即在静景需要的空间之上叠加了时间——相互衔接的不同视野范围的景观系列,使游人在"步移景异"或"动态序列布局"中得到更生动的美。例如摩崖雕塑、长卷绘画、舞台戏剧、电影和园林旅游。

与摩崖雕塑和长卷绘画相比,园林动景是三维的,其层次和审美表现余地以几何级数增加,二维艺术只是其中的特例。例如苏州狮子林中的拓片,只是变幻的立体动景之间的过渡处理,当三维动景被墙壁阻隔时,为了不出现空白,就巧妙地安置了拓刻,这使得文化层次较高的游人能够升华美感,而不是减少美感。

与舞台戏剧和电影相比,园林动景是参与型的,而不是旁观型的,"观众"(包括了多数个体的审美群体)的"动"与景观的"动"和谐一致。而在戏剧和电影中,只有演员(只包括较少个体的审美群体)在"动"。

多维度和参与型是园林旅游的动景美与其他艺术类型的动景美的区别。这是综合性很强的园林美学与其他艺术美学的重要区别。

美学,就是研究"精神需要的直接满足"和审美体验的学科。审美,是寻找美或承认美的心理活动。显然,美学本身不是美,因为美学是一种知识或"感性认识的学科"。研究美学是出于求取知识的需要,而不是出于"直接的精神需要"。

能够满足人类其他需要的东西,常常因为能够同时满足美的需要而增强其对人的吸引力。对于这一类复合需要的研究,就是实用美学(物质需要＋求美需要)、伦理美学(人际相处需要＋求美需要)、真理美学(求知需要＋求美需要),以及更加综合性的"天人合一美学"(各种需要之和)。园林美学就属于最后这一类。

园林旅游中的色彩需要是第四层次需要,对于许多人来说,这个需要甚至大于静景需要和动景需要,"外行看热闹,内行看门道"就是说的这种情况:非专业的游人主要是被"热闹"的、绚丽多彩的景观所吸引,而不是被空间"结构"所吸引。因此,提供"胜过丹青"的美丽色彩,既丰富又协调,是园林经营管理中极为重要的艺术行为。

并不是多数的动物都能够识别不同的颜色,这和所有的动物都有空间识别的能力是大不相同的,白日飞行的鸟类能够识别不同的颜色,是因为在空中对于远距离的地被物进行识别时,形状的差别不如颜色的差别那么鲜明;人和有些高等哺乳类也是由于远距离的物质识别需要而进化出了颜色识别能力。

随着人类知识的增长和组织管理能力(人际协调)的增强,人们在谋生中越来越少地受制于颜色知觉,较少需要靠肉眼进行远距离识别——色盲在日常生活中并没有太大的困难,于是,色彩需要就具有了越来越多的审美价值。只在一些与远距离识别相关的领域,色彩对于满足物质需要和求知需要的作用才比较大,如遥感领域。

园林旅游中的第五层次需要是音响气味需要,这是比色彩需要更为直接的精神需要,人们从大自然中"听"出或"嗅"出美,并不一定需要客观的鸟语花香,更不以播放音乐或烹调熏香为必要条件。较高层次的旅游者,需要的是"天籁之声"、"沁人心脾",甚至是"万籁俱寂"和"泥土芬芳"。

由于音响气味需要比色彩需要更为直接、更难以规范化,所以较难靠"人造"来提供,往往只能"巧借天工"——利用自然造物,通过敏锐的艺术心灵加以发现(识别),然后与更多的人们分享。

园林旅游的第六层需要是意境需要,一方面通过旅游而在游人自己的头脑中再现造园者或识园者的精神满足(意)和用来满足精神的园林景观(境)。另一方面,"再现"出来的意境已不是原来的意境,而是经过旅游者加工升华的意境。意境,是从艺术行为或艺术品中获得的精神再现(意)与对象再现(境)之和。

一般说来,为了满足意境需要,旅游者应该具备一定的背景知识,如时代背景、造园者和识园者的阅历心态、基本的表现手法等。这就为园林经济管理提出了如何提高游人的精神品味以增大园林需求的课题。

为了满足意境需要,旅游者到了现场之后,要有意识地减少"知识"在头脑中的清晰程度,尽量把自己的头脑用所见所闻所嗅"装满",让它们与心底深处的那些知识及恬淡自在的消闲情绪相消相长,直到一个美好的意境充满心胸。这又为园林经济管理提出了如何控制游人数量,使得景观质量不被人文群体淹没的课题。

园林旅游的最高需要是出神入化的需要,也就是在满足意境需要的基础上,把"再现"的精神(意)和景观(境)当作新的审美对象,驰骋其中,重新开始清晰的思维,但却不受固定程式的约束("神思");重新开启感官的作用,但却超越了生理的自然界限;最后,超出了再现的意境("出神"),进入再创作的过程("入化"),对于园林旅游者来说,就是有了新的美术(含设计)灵感、散文妙思、诗歌佳句等等。

这个需要与经营管理没有直接的关系,但是它奠基于前六层需要,尤其是第六层意境需要的基础之上;因此,除了与景观本身的质量及游者本人素质相关之外,也与经营管理的水平间接相关。

第四节 利用古白诗提高园林需求

古白诗的文体是每句诗加上该句的旁白(含标点符号)不超过一行(不超过 27 个字符)。这样,只读前数列,就是一首古诗;后数列是数段散文,旁白部分可以是诗句的现代汉译,也可以是诗句的补充说明。

例如,下面这首诗的第二、三句旁白是诗句的现代汉译,而第一、四句旁白是诗句的补充说明:

《杭州·灵隐探幽》

一入山门清气来,(山立于南,寺卧于北,日晒少,冷泉中流)
泉瀑滚落洗尘埃;(雨季多水,瀑泻甚猛,水花裹挟烟尘而去)
不知峰上佛多少?(寺南的飞来峰上有宗教及神话人物造像)
石路石梯苦作台。(苦是佛教四大真理之首,四谛之终是脱苦)

中国园林是世界园林之母,中国园林的源头是中国文人的诗词及绘画,中国文人受天人合一的思维方式引导,在山水之中把自然景观与日常的生活景观联系在一起,与自己的学养志向联系在一起,创造了许多巧借天工的诗篇与绘画。画中有诗,诗中有画,园林中有诗画,诗画中有园林。利用古诗,一方面可以提高游客对园林的需求,使得园林旅游获得较高层次的收益;另一方面,古诗句与现代人的日常生活有些脱节,所以要利用古白诗来提高游客对园林的需求。

以明代画家唐寅(伯虎)的《城南联诗图》为例:画面上山村小屋和水榭曲廊与高山巨石小瀑绿树相映成趣,近景是右下东南角的山麓与山石,掩映着水榭的北大堂,堂中有两个文士对坐;西侧廊呈J型,环抱一块巨山石,石上生树;西廊三间,中间的堂中也有两个文士,一个端坐,另一个起身东望,与北大堂的文士呼应;西侧廊延伸到南端处,依山石的东南角再向西折入一间,其中有一个文士,凭栏望东潭,侧听瀑响,瀑后是地势较高的西潭,潭后是山村小屋和背景大山。画面左上角的题诗是:"高山奇树似城南,兀坐联诗兴不然;一自孟韩归去后,谁人敢把兔毫拈?"

这样一个园林意境,如果把其中的题诗加上旁白,就更易于被现代人理解:
高山奇树似城南,(画中景观不是实景,是理想化的城南山水)
兀坐联诗兴不然;(摄山气,得水意,却发现诗兴不高)
一自孟韩归去后,(孟子养浩然之气,韩愈主张文以载道)
谁人敢把兔毫拈?(如果诗文不能载传道统,谁还敢动笔呢?)

中国园林中有许许多多的题联——或采自古诗,或即兴专作,可以说,天下园林诗半占,直到现代,园林中也以古体诗为主,因为只有简练的古文才能将景观加以升华,也只有相对规整的节奏才能在力求变化的园林景观中发挥出画龙点睛的作用。

然而,一旦走出园林,离开了特定的文化氛围,古体诗就显得不够大众化,这使得普通游客的审美收益大大减少,甚至有些园林系毕业的大学生也不能把园林旅游的收益从低层次提到高层次,他们往往局限于植被需要、静景需要、动景需要和色彩需要,很少满足意境需要和出神入化的需要。

古白诗的文体可以沟通园林审美与日常生活,沟通古典文化与今日语言习惯,提高园林中的旅游收益。所以利用古白诗来提高园林需求,是一个可行的途径。

第二章 经济发展与园林需求

加了旁白之后,值得纪念的个人经历或背景可以用较通俗的汉语表达出来,旅游中的审美体验也可以用较通俗的汉语表达出来。如果没有这些旁白,古诗与现代人的隔阂较大,离开园林之后常常被淡忘;有了这些旁白,事后读到全诗,仍然能引发游客身临其境的体验,把一次旅游的收益延续到日久天长。

每个中国人,在中小学都学过一些古诗词,这是提高自己审美趣味的基础。写作古诗词本身,是出神入化的一种方式,而且是最容易入门的一种方式:如果一个景观打动了自己的心灵,心有灵犀一点通,最简单的方式就是用一句古诗把这个美好的感受固定在脑子里,或随手写在小纸条儿上,等到车上或住宿时再把一句古诗扩展为一首。

例如下面这首诗,最初打动笔者的景观是第三句的旁白,但是固定下来的是第一句的5个字,沿途行走时得到了第二句,大家坐下来休息就餐时完成了三、四句。旁白都是后来补上去的。

《古白诗:再谒灵山,阴晴不定,类于时局,慨然命笔·丁丑七月十八(公历1997年8月19日)》

灵山好莽苍,(壬申五月十九登后山,崎岖,此次见前山,开阔)
几欲换秋装;(第一次是夏初,第二次是夏末,山风凉,似金秋)
云暗乾坤重,(恰逢秋高,却非气爽,大云堆涌,波诡云谲)
祈天降圣王。(大好河山,岂惧金融危机?惟缺国魂贤士而已)

在园林中,古诗句的意境最能表达审美意境,可是回到日常语境之后,古诗句似乎与生活实际有隔阂,加上旁白之后,不但有助于与读者沟通,而且有助于自己回忆起旅游时的意境。

利用古白诗提高园林需求,可以对导游进行一定的培训。导游自己写古白诗,不但能提高导游的业务水平,而且通过导游使游客知道,同样是一次旅游,收获可大可小,如果只拍摄几张照片,就相当于把自己的尊容贴在一般风景照的上面;如果能够得到美好的意境,变成几句小诗凝固下来,才有永久的纪念意义。

无论导游还是游客,不在乎写诗的水平有多高,关键是加深自己的审美体验;正如做体操,不一定都成为体操健将,关键是对自己的身体健康有好处。

尤其对于文化水平较高的旅游团,对于提高审美收获的需要很强。笔者曾在黄山的一次午餐中随意谈起园林旅游的几个审美层次,同桌的几位教师当时就建议:旅游之前应该有个讲座。

为了培养游客的兴趣,要由浅入深地引导游客,导游首先启发游客自己说出5个字的感觉,然后告诉他(她),快记在纸条上,上车之后再写三句,回家后补上旁白。

如果导游事先准备好几首自己写的诗,说出最初是从哪一句得到的灵感,效果会更

好。下面再举几个笔者在课堂教学中的尝试:

下面这首诗,最先是第四句旁白所激发的感情,第二天清晨到了山顶上的亭内,仿佛领会了孔子当年入世的襟怀,就借着园林意境来抒发:

《晨练时回味昨夜蒋庆兄讲道·戊寅年八月初二(公历1998年9月22日)》
寿山亭在卧佛顶,(北京香山卧佛寺北山上有寿山亭)
吐纳清风摇北京;(自亭前女墙南望,寺与山势相合,直下京城)
十队晨云头上列,(山后有山,山中生云,如雁翅排开)
以情入世最关心。(庆兄阐发儒家入世,以情不以理,大悟也)

下面这首诗的七言部分是被当时的温馨氛围所感动,很自然地吟出第一句,回旅馆的路上吟出了后三句,事后对平仄作了调整。五言部分是离开大理之后写的。可以说,七言部分以意境为主,五言部分出神入化的成分较多。

《忆昨夜饭后过大理五华楼·己卯年六月二十一(公历1999年8月2日晨)》
古香古色五华楼,(楼式古朴端庄,中有大楼,四角各一小楼)
落地石灯柔彩流;(四周石灯连成边线,灯光下溢,不上刺人眼)
不染一尘青玉路,(夜灯下石板路似泛青光,板间楼缝无尘埃)
游人哪个不回头?(吾与犬子过后,恰见三个洋青年回头欣赏)
大理五华楼,(位于云南大理旧城主要商业街中段)
只应天上有;(前人诗句"天阶夜色凉如水",可为其背景)
人间烛火夜,("轻罗小扇扑流萤",当为流火,且扑当为燃)
几次拜旌旒?(古城原为古王国之都,五华楼为礼仪之所乎?)

下面这首诗最初是有了第三句和第四句,后来自我感觉最好的是最后一句:
《七律:重游上方山云水洞》
万里北欧牵线长,(1996年10月,欧美同学会北欧学长联谊)
京西聚首亦同窗。(同伴们来自天涯海角,同游上方)
石梯石洞石千仞,(入园后攀石梯,入石洞)
云水云山云莽苍。(秋高气爽,山中却云来云往)
兜率寺中寻夏绿,(兜率寺在山腰,寺中老树仍是绿色)
摘星坨上听秋黄。(摘星坨在山顶,草色已黄)
廿八年里天涯梦,(1968年夏,下乡前曾与四中同学游上方)
多少青峰似故乡?(中华学子回归中华文化,就是回归故乡)

第二章 经济发展与园林需求

下面这首诗最先得到第四句,实际上是对于现代建筑破坏原有景观的一种慨叹:

《苏州沧浪亭访古·乙亥三月二十七(公历1995年4月26日)》
沧浪亭园寻浪难,(此园没有大面积水域,即使有风,也无浪)
廊环石踩一掬潭。(深凹小潭如桶底,周边山石,半草木半游廊)
看山楼上无山望,(园外现代建设的楼房挡住了视线)
惟拜吴祠五百贤。(中国第一位举首状元董仲舒位在前列中)

下面这首诗最先是从第三句开始,后来多次修改,从四句增为八句,三、四、五、六句的对仗也修改若干次。

《绍兴访沈园·游于乙亥四月初六(公历1995年5月5日)》
写于丙子九月十五(公历1996年10月26日)凌晨2:00
黄藤酒洒泪斑斑,(陆游与唐婉在沈园诀别:红酥手,黄藤酒)
触目宫墙柳叶翻;(陆词"钗头凤"第三句为:满园春色宫墙柳)
天下园林诗半占,(中华为园林之母,源于文人诗词及绘画意境)
沈园故事词长传。(园小且旧,如大手笔设计成陆唐故事的意境)
陆唐不醉林当醉,(既以人传,又以文传:人是陆唐,文是钗头凤)
山水无缘人有缘;(乙亥1995年的沈园尚未翻修,独具情调)
蓬草枯梁十世代,(翻修沈园应保持近千年悲剧色彩,整旧如旧)
错难莫莫瞒瞒瞒!(陆词上阕末句三个错,下阕三莫,唐词三难三瞒)

对于大型园林,或其他的高档园林,一处可游几日,游人对景观由生疏到熟悉,利用古白诗可以更有效地提高园林需求,即引导游人写组诗,二首或三首,在意境上互相补充,由粗放到细致,由表面到内涵。下面是一个例子,这三首都是先有了第一句,然后扩为律诗。

《欧美同学会理事会宿京郊怀柔集贤山庄·庚辰十月二十三(公历2000年11月18日)晨》
小门出后园,(昨夕泳于室内,夜眠仍身热,晨起出楼漫步)
登上石阶颠。(后门外有专修山路,条石供登攀,至半山)
左右立秋树,(路在西山之东,左近为本山,右远为东山)
迤逦浮岛烟。(放眼可望见怀柔水库,数岛缀其中,水汽自南来)
鸟鸣湖丛里,(除喜鹊外,似有其他,虽不辨鸟语,可得其意)
目落山庄尖。(以目寻之,却回落庄内楼尖上,遂失其意)
东南锁雾重,(如此豪华山庄,皆民脂民膏,没于雾中乎?)

几欲蔽云天。(近年商业风盛,一切向钱看,大道不行)

《庚辰十月二十三(公历 2000 年 11 月 18 日)夜》
夜歌庄路上,(五华楼,黄鹤楼,西塞山,白帝,大雁,别燕丹)
天地听衷肠。(拜旌旆,天际流,不须归,轻舟过,何时归,水犹寒)
灯串描楼宇,(珠灯依建筑轮廓悬挂,至夜辉明,红黄色为主)
穹窿罩四方。(举目望天,深展无边,光之尽头明之缘)
池山得法式,(三幢主楼依山势分高下,抱小池草坪,一池三山)
檐角欲伸张。(中式建筑与一池三山布局相融甚洽)
寒士欢颜否?(广厦当庇寒士,杜甫真诗圣也,吾辈当惭乎?)
音沉变徵商。(变徵相当于七西,变商相当于四发)

《庚辰十月二十四(公历 2000 年 11 月 19 日)晨》
门前山侧雪菲菲,(夜来瑞雪,晨未住,路湿不得出,廊下舞拳)
楼矮楼高披玉衣。(水暖配电等工房最矮,仿欧贵宾城堡最高)
侍卫塔松罩甲立,(二三雪松形似宝塔,矗立普通宾客之楼侧)
司仪团柳裹银掬。(两株柳树呈秋绿,垂条如长揖,路口迎宾)
东山生雾遮鳞锦,(柏林与坡面白雪相间,如锦上有鳞样织绣)
西谷降寒冻野墟。(庄外农屋数排,想来当为土著,灰顶暗墙)
千里人家闻废土,(思及南方周末报道今春湖北农民抛荒弃耕)
度知天道转新局。(农民躁,天下乱,三千年不变之规律也)

　　古白诗不但有助于提高园林审美的情趣,而且有助于提高写作水平。事实上,我们在日常生活中使用的许多成语,都保存着古代汉语的特点:简练上口,易读易记。现代报刊中有许多醒目的标题,也都保存着古诗句的特点。书籍的题目也是这样,编辑和作者常常挖空心思寻找一个恰当的书名,广告用语更不用说了。写作古白诗的人,经常在古诗句和现代汉语(旁白)之间进行沟通,能够训练出较高的语言表达能力。人们在园林旅游时情绪比较好,有助于激发出"创作情商";经常有意识地抓住灵感,用文字保存下来,不但能提高写作水平,还能提高精神境界,培养出敏锐的观察能力和感受能力。

　　对于园林的经营管理者来说,这些能力有助于开发出别具新意的经营项目。例如下面的这首诗,写作时只是模模糊糊感到地形奇特,因为联想到《三国演义》中七擒孟获的故事,所以后来逐渐明确为一种具有可行性的经营项目:"西南敦煌"——允许世界级的画家或雕刻师在洞穴中进行永远保存的创作,收取一定的费用。其可行性是:世界级的艺术家常常能够获得社会赞助,因为赞助者有可能用金钱为自己在洞中购买一个位置,正如敦煌云岗等石窟中常常有捐资者的尊容一样。荷兰的梵高纪念馆外也有捐资者的全身青铜雕像,与梵高并立。

《贵阳至长沙初段·己卯年六月二十八(公历1999年8月9日)》
筹洞接峰洞,(两个火车小站,山崖中部及下部确有洞口)
星朗续向东;(星朗站偏向东南,吾误为湘黔线,实为黔桂线)
石林忽长大,(火车在大号的石林景观之中穿行)
岩洞谁加工?(七擒孟获述及"洞主",当年是洞中人群之首?)
星斗一何朗,(洞黑之夜,星光也能照明?或借崖壁反射?)
穴崖无奈空;(自车窗望去,洞口附近似无人烟)
我心无所辨,(若旅游开发,交通后勤尚难,且游客多无暇穴居)
车过寨石红。(大号石林景观延至朱石寨站,下一站是麻尾)

利用古白诗不但可以提高园林需求,可以提高导游的服务品味,还可以提高设计师的艺术素养——上乘的古白诗绝不是白描景观,而是要从景观中升华出意境,甚至升华出天人合一的超越性(古称道性)。

设计师的道性越高,设计出来的园林品味也会越高。如写出高品味文章的唐宋八大家都是文以载道,而不是只写些风花雪夜,小女小男。即使风流才子,也常常是经过一番悟道的体验,才有大的艺术造诣。如上述的唐寅,虽然在生活中有些放荡,可是在青年时代的成长过程中,确曾受到孟子、韩愈的深深影响。上述的城南联诗图,其实就可以作为园林设计的一个良好的构思,名之为《不敢园》。

上述的杭州灵隐,借助古白诗,可以在入门处刻"洗尘埃",在飞来峰入口刻"苦作台",与佛门佛寺的清静及清苦相呼应,与闹市奢华形成对比,这样不仅可为游人提供物质性的休闲,也可为游人提供精神性的休闲。

上述的大理五华楼,最后两句可以开发为小型的旅游项目,再谒灵山的最后一句也不妨一试,苏州沧浪亭可以利用诗句减少游人在看山楼上的遗憾。

只要不是单纯白描,古白诗就与现实有距离,这就为设计师提供了资源,可以从中挖掘潜能。

中国作为世界园林之母,与中国文人的诗词及绘画创作密不可分,利用古白诗提高园林需求和设计,对于园林经济管理来说不失为一个有效的途径。

第三章 经济决策与园林供给

第一节 决 策

决策是为了一定的目的而进行的对于人、财、物的组成成分、比例结构及相关行为的时间、地点的选择及确认。例如军事决策是为了战胜敌人而对于我方兵种、配备、数量及开展军事行动的时间、地点的选择及确认。又如商业术语"适销对路"就是要求生产厂家为了取得经济利益而对生产品种、数量及投放市场的时间、地点进行正确选择及确认。

经济决策从宏观上说是为了满足社会各成员和集团福利的需要,在有限的资源条件下对于不同经济部门、相关资源配给数量以及运行时间、地点进行选择及确认。从微观上说,经济决策是在得到资源之后,为了有效地利用资源,而对本部门的组分、结构及相关行为的时间、地点进行选择和确认。本章主要讨论园林供给与宏观经济决策的关系。关于园林经济管理,在后面章节讨论。

是否把园林作为经济系统的必要组分?将多少资源用于园林建设与维护?在什么时间、什么地点进行园林建设?这些决策直接决定了有无园林供给、有多少园林供给、什么地区的消费者在什么时间得到园林供给。

至少对于工业革命之后的城市来说,应该把园林作为经济系统的一项基础设施。但是,工业革命之后的经济系统一般都比较复杂,应该做的事情很多,而资源却是有限的。因此,决策问题往往归结为确定不同部门的轻重缓急的问题。它与决策者、决策指标和决策程序相关。

将多少资源用于园林建设,决策指标中有一项与技术性的指标相关,即生态指标,还有一项既含技术又含人文的指标,即类别面积复合比。

时间、地点的选择则应进一步考虑需求大小、经济效益等因素。一般说来,在其他条件相同时,总是选择需求较大、经济效益较好的地区优先进行园林建设。

第二节 决策者与园林供给

决策者是能够选择或将其决策付诸实施的人,因此是能够支配人员或财物的人。

支配他人的能力一般来自威望,而威望可能来自实绩(即过去决策的成果),也可能来自学识(即对决策内容熟悉,掌握较多信息),还可能来自社会地位、人际关系(包括亲朋、派系,或正处于派系之间)和拥有财物。支配财物的能力则来自所有权或征用权。

首先,园林供给受决策者的决策目的影响最大。例如,如果决策者的目的是为了满足城市居民的福利需要,那么他(们)往往会把园林作为城市建设的基础设施。但如果决策者的目的是追求生产总值,他们可能倾向于把园林投资转移到更能盈利的项目上去。因此,应该确立恰当的决策指标,以引导决策者作出最优、有效或满意的选择。最优、有效、满意,是系统权衡及决策的三个层次。由于社会事务如经济活动的演化周期较长,而统计游程较短,所以很难像理化现象一样诉诸"实验",即不大可能进行重复观测和检验,所以有关知识不是严格的"科学"。其中,拥有较多"证据"的学说也只能说是"准科学"或"软科学"。因此,"最优"选择往往只存在于简化了的数学模型的推导之中;现实的决策只能以"最优"为导引而去追求能够接近目标的"有效",或者追求不会背离目标的"满意"。"满意",就是虽然不够有效,但还"过得去"。例如,园林建设即使不能满足城市居民的需要,但也不能少得叫大多数居民因此而患病。

其次,决策程序对于决策者具有的影响也是很大的——具有反馈机制的程序比不具有反馈机制的程序更能使决策者扬长避短,减少失误。在某些情况下,决策程序的影响不小于决策指标的影响。

除了决策目的和决策程序之外,园林供给还受到决策者本人的道德观念、经历、知识结构及心理素质的影响。

具有环境保护、医疗卫生等职业经历的决策者,往往对园林供给施加正向影响。相反,仅具有人事保卫、集约生产等职业经历的决策者,较有可能对园林供给施加负向影响。

具有生态知识、生理知识的决策者,往往对园林供给施加正向影响。而不具有相关知识的决策者则可能意识不到有关问题的重要性。

具有审美、谦虚、好学气质的决策者,可能由于偏好、倾听专家意见或自学有关知识而对园林供给施加正向影响。决策者的情绪、本能有时也对决策有影响。

第三节 决策指标与园林供给

一、决策指标与国民收入

决策指标是数量化的决策目的或目标。一般说来,决策指标对于经济决策的作用大于军事决策。因为后者的目的"战胜敌人"往往无需数量化——敌人是作为整体被战胜,无论是使之"全军覆没"还是"不战而屈人之兵",都达到了军事决策的目的。与此不同,经济决策的目的是"满足社会各成员和集团的福利需要",而人类的福利需要是随着不同的文化及不同的环境和时代而不同的。这样,就需要数量化的决策目的或目标来对经济决策进行评价,也就是需要用决策指标来对经济决策进行评价。

用"国民收入"(见图 2-2)来作为经济决策的指标,是基于如下假设:福利需要＝物质需要＝货币需要。因为国民收入是指一国以当年价格(或不变价格)计算的用于生产的各种生产经营要素所得到的报酬的总和。也就是对于"实现效益量"(见第一章第二节公式(1-4)及(1-6))有贡献的各种因子[W——设备所有者;C——管理人员与技术人员;T——劳动力;$L(A)$——投资基建人员;A——土地所有者]所得到的货币总和,即国民收入＝工资(T 所得)＋利息[W 及新增部分 $L(A)$ 所得]＋租金[A 及已有部分 $L(A)$ 所得]＋利润(C 所得)。

上述假设对于温饱阶段之前(即图 2-1 中"住房"之前或"家用器具"之前的需要尚未基本满足的阶段)的经济系统是正确的,因为人们的基本福利就是满足生理需要(食、衣、息)和起码的文化生活(不是终日劳碌)。这两类行为是与经济行为相鼎立的(见图 1-1)。

然而,经济发展越过温饱阶段并具备一定的国防实力之后,上述假设就与实际需要出现差异。例如"高档美容的需要就不等于物质需要——在保证温饱和一定闲暇的前提下,身心是否健康,是否具有审美价值,都不是货币多少所能决定的。当然,这不是说货币对于高档美容毫无作用,而是说决策指标应该在"国民收入"的基础上加以扩大。这对于"交通"、"通讯"、"保险"等福利需要也是同样的——保险不只取决于"物质"及"货币",还取决于"秩序"、"组织"和"社会风气"。"交通"在早期主要是因为"走的人多了,便也成了路",在现代虽然对于"物质"和"货币"的依赖较大,但是除了"谋生(温饱)"之外的"交通需要",则是与异域整合系统中扩大个人覆盖度(威望、地位等)的需求相关的,不只取决于"物质"及"货币",还取决于"教育"、"知识"或"矫情"。"通讯"也是这样。

二、刺激需求与货币指标

欧美各国在跨过温饱阶段之后,商人资产者仍然要利用广告甚至政府干预来"刺激需求",不断推出大附加值的新技术、新产品,甚至包括像私人轿车这样的华而不实(在城市中反而减低了公路运输能力)的产品,其合理性在于:要维护整个市场竞争社会的秩序。

过去曾有一些经济学家认为:"刺激需求"的合理性是为了"资源最优配置"或"效率"。然而,人类发展经济的目的本来不是为了资源,而是为了满足人类自身的福利需要。如果为了资源配置而去刺激需求,就背离了发展经济的目的,由此导致的扭曲人格、浪费资源和污染环境就是得不偿失。也就是说,为了"物"而去刺激需求,是不合理的;只有为了"人"而去刺激需求才是合理的,为了维系秩序而去刺激需求,并没有偏离发展经济的正当目的,只是不得不在人格、资源、环境等方面支付必要的代价而已,如果

第三章　经济决策与园林供给

失去了秩序,大多数人的需要都得不到起码的满足。

对于较为单纯的市场竞争社会(如欧美社会)来说,社会的整体秩序主要取决于经济活力,从一国内部来看,需求不足会使商人资产者难图高利,歇业裁员,引起各种社会问题;从国际来看,中心区域(二战前是英国,二战后是美国)必须不断推出大附加值的新技术、新产品,才能积累起高于其他区域的金钱,从而使非中心区域有求于自己,这样才能维系市场竞争社会整合的级差秩序(无级差则无整合秩序,正如无差别则无秩序:极端状况是"热寂")。

由于社会秩序与经济活力密不可分,所以"福利需要＝货币需要"的假设在200年左右的实践检验中得到了肯定,这是一种"不进则退"、"不升级就涣散"、"不扩张就瓦解"的系统。

市场经济的活力与总需求的增长线性相关,总需求是社会成员和集团的需求总和。个人或集团的需求不但取决于对于产品或服务的需要或边际效用,还取决于支付能力,即可支配的货币。即使一项产品或服务的边际效用很小,如果消费者的可支配货币很多,仍然会去购买这项产品或服务——在市场经济正常运行的条件下,可支配货币本身不但存在边际收益递减规律,而且还会贬值。也就是说,在法制建设和人员素质基本稳定的前提下,只要供给足够数量的货币,再加上一定程度的创新,防止产品和服务的边际效用下降为零,就能保证经济活力不断增长。

供给足够数量的货币,以及一定程度的创新,对于跨过温饱和基本国防阶段之后的市场竞争社会来说,是维护秩序的必要条件。对于美国来说,这两个条件到了1971年都受到黄金支持美元地位的制约——如果一定要用黄金支持美元,那么当黄金不足的时候,就不能提供足够数量的货币,也不能在金融服务的领域进行较大规模的创新,无法保证美国人所需要的"一定程度的创新"。所以,1971年,美国总统尼克松决定停止以黄金支持美元的地位。这个财政措施鼓励了洪水般的金融和商品投机,成功地刺激了欧美发达国家的市场需求,却"摧毁有利于第三世界工业发展的力量"。(引自乔纳森·特尼鲍姆:《世界金融体系崩溃的历史进程》,载《战略与管理》,1998年第3期第20~31页)

首先刺激金融投机,然后才是商品投机。货币指标高于产品指标,越来越多的商品都是边际效用很小的商品,只是由于一部分人手里的货币多了,这些边际效用很小的商品才有市场需求。如果没有金融创新作后盾,边际效用减小后的商品根本不会有市场需求。例如增加几个辅助功能的轿车给买主增加的福利,远远小于原来的轿车给买主增加的福利,如果不买原来的轿车,买主要骑自行车或乘坐公共汽车,如果不买增加几个辅助功能的轿车,买主不过是开车前多用一次钥匙,开窗时自己动动手……

手里的货币多到愿意购买小边际效用的那部分人,首先是美、德、日、法、英、加、意等国的工商金融巨头,其次是四小龙等新兴工业国家(地区)的工商金融巨头,接下去是美、德、日、法、英、加、意等国的中产阶级和白领、四小龙等新兴工业国家（地区）的中产阶级和白领、经济转型国家中的贪官污吏和善于行贿拉关系的奸商……

美、德、日、法、英、加、意等国能够发行具有国际支付能力的货币，四小龙等新兴工业国家（地区）在一定程度上能够随着美、德、日、法、英、加、意等国浮动，经济转型国家只能通过承接下游产业和搜刮民众来获取具有国际支付能力的货币。下游产业是劳动密集型的产业，或是污染较重的产业。

"刺激需求"的合理性在于维护整个社会的秩序，而不在于"资源最优配置"。认识到这一点，我们就既不会去贬低市场竞争社会，也不会去美化市场竞争社会。例如，有的人认为轿车泛滥"是商人赚钱的动机与人类中多数成员虚荣的性格合力导致的"，就未免贬低了市场竞争社会，因为从维护整体秩序来看，"赚钱与虚荣"有其"理性"的成分在内。反过来，有的人认为轿车泛滥是人们"作出理智的权衡"，就未免美化了市场竞争社会，因为其中的理性成分实在有限，充其量不过200年的经验教训而已。因此，轿车泛滥中的理性成分不多于也不少于"权宜之计"——在短期内维护市场竞争社会的秩序以保证有关群体的延续。经济决策的合理性的多少，取决于从较长历程还是从较短历程的周期性事件中提取决策依据，由于"轿车文明"还没有呈现过周期性，所以其中的理性成分与"跟着感觉走"差不多。

"现代工业社会每个成员所耗费的能量比300年前的人要高出上百倍。人们创造这种高能耗的生活条件所花费的时间，远远超过了机器所节约的时间。人类真是作茧（市场竞争制度）自缚，想得到轻松（和个人收益最大化），反而招来了繁忙（因为必须用金钱来衡量个人收益）。但人类并不满足现有的能量水平（不然市场竞争制度就会瓦解）。为了'舒适'（即心理上不低于平均水平），他们追求更多的能量消耗（以产业谋金钱），从而使他们更加繁忙（加剧产业竞争与产业升级）……但是，人们对消费水平的追求，受到了资源的限制。占世界人口1/20的美国，为了维持目前的消费水平，耗费着1/3的世界（已开发）资源。即使（把可能开发的地球资源都开发出来，并且）重新分配资源，全世界也不能按照美国人的方式生活。"（引自杨继绳：《以最小的消费获取最大的幸福——通俗说"熵"之三》，载《经济参考报》1999年10月23日，括号中为引者所加）

刺激需求的发展限度在于：它越来越强烈地受到下述5层次资源环境容度警戒线的制约：1. 后进区域减少到不足以为产业社会提供国外资源；2. 全球值得进行商业性开发的非再生资源储量小于需求量；3. 全球值得进行商业性开发的可再生资源（如森林）的更新周期大于开发周期；4. 酸雨造成的设施每年损失量接近修建量；5. 大气、水和土壤污染造成的人力及生物每年损失率接近更新速率。

因此，早在1992年巴西会议之前，各国的决策者已经开始进行反思。经济学家赫尔曼·戴利指出："只要人们仍然把国民生产总值作为衡量生活福利的指标，社会变革就会遇到极大困难……现行市场经济关注的只是效益,而对于无论是正义还是持续发展,它都是视而不见,听而不闻的。"(引自美国世界观察研究所布朗等著《全球预警——1990年世界形势评述》,科学技术文献出版社,1991年)

也就是说,人们必须选择新的决策指标,如保障比积。

三、保障比积与福利指标

用"保障比积"作为经济决策的指标,则是基于如下假设:福利需要＝物质需要＋生理需要＋秩序需要。因为保障比积是供养比、生态比与覆盖比之积,供养比是与物质需要相关的指标,生态比是与生理需要相关的指标,而覆盖比是与秩序需要相关的指标。进一步来看,保障比积还与福利需要直接相关,因为覆盖比的分子"综合覆盖度"与人们对经济系统的总体评价正向相关,而其分母"游离覆盖度"则与该评价负向相关。社会闲暇时间或是非功利性耗散,或是转换为个人覆盖度;而个人覆盖度或是被综合覆盖度吸收,或是被游离覆盖度吸收。人们愈满意,则经济系统愈有秩序,游离覆盖度就愈小,而经济系统愈有活力,则以商人资产者为主要整合因子的综合覆盖度就愈增大,虽然游离覆盖度如黑社会也常相应增大,但在经济稳定增长时期,前者比后者增大更快。

由于经济发展往往导致社会闲暇时间增多,所以由此而必然增大的个人覆盖度就不能不在决策指标中有所体现。西方的"福利国家"实施社会保障制度,却以经济效率降低为代价,反过来又影响了社会秩序,其中的一个重要原因就是把个人覆盖度排除在决策指标之外,在商人资产者的综合覆盖度下降的同时,没有设法提高知识分子的综合覆盖度。如没有设立教育考核及相应的分配体制。

以国民收入作为决策指标,对于决策者考虑园林供给的正向促进作用比较小,因为这个指标只对法人产品或市场需求较大的跨域旅游项目有促进作用,而对于公共产品或"赔钱"的绿地建设项目不具有促进作用,甚至有负向作用(利润太少或甚至为负值)。以保障比积作为决策指标则有助于决策者意识到园林供给的重要性。生态环境与人们对经济系统的满意程度相关,此外,种树养花有助于社会闲暇时间的非功利性耗散,从而减小个人覆盖度及游离覆盖度,减少犯罪或其他非法异动。也就是说,给"园林"配置的资源虽然有可能对国民生产总值的国民收入贡献很少,但是对于稳定整个社会秩序,从而满足社会各成员和集团的福利需要的贡献甚大。

第四节　决策程序与园林供给

一、决策程序与程序化决策

决策程序是从有关事项或问题提上日程,直到决策形成的过程或阶段系列。经济决策中的事项依重要性可分为:新建项目(俗称"上项目",含扩大规模)、转变生产经营方向、人员调整(含增减)、技术(含工艺)改造。军事决策的事项依次为：开辟新战场、发起新战役、人员调整、采用新装备新战术等。政治决策的事项依次为：组建新政府、发起新运动(如革命)、人员调整、制定新规章等。

最短的程序只有一个或两个阶段，通常称之为非程序化决策。它通常是指在新遇到的情况下，一次性的、偶然性的决策。由于目标和指标都不十分明确，因此往往要依靠决策者的判断能力、直觉和创造力。越是高层决策，越具有非程序化的性质(完全创新的非程序化决策是很少见的)。这除了因为高层决策涉及与其他经济系统或大环境的关联，即涉及系统之外的许多不定因素之外，还因为高层决策面临经济系统内部的全面平衡，即面临复杂的数据相关与制约。应该指出，随着系统模拟预测技术及计算机潜力的开发，系统内外的复杂关联正越来越多地被人们用来在短期内预测行为后果。因此，越来越多的非程序化决策将过渡为程序化决策。

程序化决策至少包括3个阶段，即情报阶段、拟出方案阶段(提交决策机构讨论)和确定方案阶段(按一定程序表决)。它与非程序化决策的基本区别是增加了"拟出方案阶段"(某些非程序化决策还缺少"情报阶段")。这个阶段的中心内容是把有关问题归属或关联到经济系统的一个子系统中去或归属于经济系统的外部关联，即进行系统模拟及参量表出，然后根据人类经济行为(即某一方案)对于有关参量及系统的影响(接近或背离目标)，来拟出最优、有效或满意的方案，以实现决策目的或目标。

二、参量与模拟

把园林供给的问题关联到经济系统的生态系统，可以用绿面时间比这个参量，模拟园林业对它的影响，给出方案，以求达到生态平衡。

又如，把园林供给的问题关联到经济系统的某一生产部门，用产出投入比(总收益/总投入，总收益＝每张门票价×张数)这个参量，模拟园林业对经济系统的影响，给出方案，以求国民收入增长，即把各部门的国民收入汇总起来进行统计，这与第三章第三节的统计是从不同角度进行的，此外还有按公共或法人或家庭产品统计，以及按最终用途统计等。从理论上说，这四类统计在误差范围内是一样的。对于生产部门的划分通常有农林渔业、采掘业、建筑业、商业、金融保险业、运输业、电讯业及公用事业等。

显然，上述两种模拟对于园林供给的决策是很不相同的。

除此之外，还可以把园林供给的问题与文化行为相关联，即归属于经济系统的外部关联，用类别面积复合比这个参量，模拟园林业对人类审美需要的贡献来提出方案，以求经济总目的(福利需要)的实现。

更为全面的模拟预测则是把以上经济、文化、生态三方面的目标及相关参量综合起来，通过多目标评价来进行预测并提出最优、有效或满意的方案。

"最优"、"有效"和"满意"是决策的"上"、"中"、"下"3个层次。只要人们不放弃理智选择的努力,就不能奉行"不全宁无"的理想主义,因为人类行为受到"需求"和"资源"的双重约束,所以只有勇于去尝试那些虽不最优但却有效或只是"过得去"的方案,才能在本没有路的世界上走出自己的道路来。

三、参照已有方案可减少乌托邦决策

"拟出方案阶段"的工作可以因为"参照已有方案"而大大简化。

参照已有方案不仅可以简化决策,而且可以减少貌似合理的一些假设及短期效益所造成的不良后果。因为,上述的系统模拟和参量表出,受到两个方面的限制:1.复杂系统中参量变化与系统状态变化之间的关系是非线性的;2.实施某一决策与其所导致的负面效果有时差。

所谓非线性,一个通俗的说法就是"蝴蝶效应"——一只蝴蝶在张家界的森林里扇翅膀,引起太平洋上一次风暴。又如,一个发达国家从热带林区开发1 000m³的优质木材,引起整个地球环境质量下降。

从"线性系统"来看,这都是不可能的相关事实。但是,从"非线性系统"来看,这不仅是可能的,而且是真实世界之中大量存在的——蝴蝶翅膀所引起的小气流经过一级又一级的"非线性放大"而成为风暴;现代的小型工业项目经过投资者和当地居民的一级又一级放大而导致大规模森林毁损。例如:商人资产者把开发重点移向不发达国家的原始林区,为了谋取高利而集中在林缘开采。与此同时,当地居民受外来资本和本国"引资"的影响而出现"滴下效应",即:"富得流油"的商人资产者所"滴下"的"油",使得其他人的生活有所改善,人口较快增长,对农林产品和薪柴的需要大增。又由于每一个工业性项目如原木生产、小型木材加工厂等都只能解决很少一部分人口的吃饭和烧柴问题,其他人口往往走上加速毁林的道路。工业项目使一小部分人先富起来,通过示范和攀比,大大刺激了其他人迅速致富的胃口;工业项目中的筑路和交通使得其他人也十分易于进入林缘务农、盗伐运出薪柴甚至木材等;动力机器伐后的迹地很容易被清理、被烧荒……所以,对森林的破坏就以几何级数"非线性"地增长。

尤其对于最复杂的系统——人类社会来说,"非线性放大"是极普遍的现象。这往往是人们承认"机遇"重要性的一个客观原因。过去,由于人们没有重视非线性系统,所以常常作出错误的决策。第二章第二节所述的威士比的失败就是一例。威士比的优点在于:他能够从失败中反省出"线性模拟"的有限性。

所谓时差,就是任何一个决策都不可能没有不良后果,而主要的不良后果在时间上总是落后于良性后果出现(否则人们就不会采用这个决策),社会问题落后得更长一些,当时不出现,到时候总会爆发。

时差还导致难以区分的原因和结果:例如上午身体感到有些冷,下午发烧。如查上午身冷是当时受寒,那么它就是下午发烧的原因,然而,上午身冷还可能是已有低烧的

一个结果,因此它并不是下午发烧的原因,从人们不易察觉的低烧到易于识别的发烧,有一个时间上的滞后,而低烧可使人感到怕冷畏寒。因此,要分析真正的病源,往往需要从更长的时间来考察是否有过受寒或其他导致低烧的原因。

一方面,非线性使人们难以通过线性模式来估测后果,目前人类尚无任何一个非线性模式投入实用,对于复杂系统决不可能做到"一抓就灵";另一方面,从短期效果("短实事")之中难以预测长期效果("求常是")。

所以,为了合理决策,为了防止只顾眼前的短期行为,也为了不受那些纸上谈兵的线性模型的欺骗和乌托邦的迷惑,就不能设定线性模型,而是要参照已发生的事实,把已知的最长周期的经验教训用来指导决策并不断地进行权衡与调节。

利用模型规律的乌托邦倾向可以上溯至法国启蒙运动。法国启蒙运动是一个"坏启蒙"。所谓"坏启蒙",就是认为在"启蒙者"本人存在之前的人类历史全都是不合理的"被颠倒的历史",一切已有的契约关系或对人的约束(如对某种"享受"的约束)都是"不合乎人性的"。一切过去的观念价值都是"愚昧迷信的"。所以,要由他们来"启迪蒙昧"。他们否认人类进步的渐进性和积累性,似乎一切都要从头开始。这个"头",又往往是"启蒙者"自己所体验的人的动物本性或初始人性。因为他们完全无视人类的文明史已经把人类早期的初始人性发展为"文明人性"。例如,有人把"文明"曲解成"给人以特殊的享受","不仅要一种享受,而是要多种享受,既想要清洁的空气,畅通的道路,又想要享受汽车所能提供的一切文明……你不能制止人们追求一种文明"。这种说法显然无法回答:吸毒是不是一种"享受"或"文明"?你能不能制止人们吸鸦片?其实,人类历史才是好启蒙,不受约束地去"享受",决不是"文明",恰恰是"反文明"!又如,有人用"人不过就是一种不断为自己制造麻烦又不断想办法解决麻烦的动物"来为短效决策辩护,也是不顾及历史事实的一种乌托邦。因为,人类从来没有"为自己制造麻烦",人类行为受"最小耗能原则"支配,总是试图以较小的耗能来达到目的;一般倾向于相对的稳态,即维持个体生存与群体延续。进步的驱动因素是环境条件的"逼迫":对于早期社群来说,"只要粗放的、较少劳力的替代方法能满足其生产目的",即能够维持个体生存和群体延续,人们在利用自然资源时就总是"避免采用强烈的做法",更不用说去发展组织管理和相应的文明了。调查显示:在食物来源较多的地区,即使是承担大部分播种收获等劳作的妇女,也不是把主要时间用于向自然索取,而是经常歇闲若干天。即使相当简单的游耕,也是被季节性的食物短缺"逼"出来的,由于采集的果实不易贮存,猎物也可能隐蔽不出,所以人们以一种耕作期短于休闲期的刀耕火种方式,种植一些较易贮存的富含淀粉的谷物或薯类,用来弥补采集狩猎的不足。被称为农业革命或第一次浪潮的定耕农业,则是被人口压力和较严酷的环境条件"逼"出来的。随后,自然灾害"逼迫"人们"同域分层",这才有了古文明;战争灾害"逼迫"人们"异域整合",这才有了秦帝国和罗马帝国,以及科举竞争社会和市场竞争社会;人造污染和生态等灾害"逼迫"人们"信息保障",这才有了保护环境的强大需求。

更复杂也更具科学性的程序化决策还应包括"评价选择阶段"及"反馈调节阶段"。在评价选择阶段中,应聘请拟出方案人员之外的专业人员或决策人员对拟出方案进行评价并修改方案中的不足之处,甚至应该鼓励原有人员或其他人员提出几种不同的方案以供选择及确认。包括"反馈调节阶段"的程序化决策则相当于让"实践"参与决策,即不搞"一锤定音"和"绝对正确",定期定点地根据决策执行过程中的实际效果来对原决策进行确认或修改。显然,这是与数量化指标及相关信息的收集及加工分不开的,而探测传感技术和计算机技术可为这一类"信息文明"中的决策程序提供技术辅助。

总之,在非程序化决策中,园林供给主要取决于决策者;在简单的程序化决策中,园林供给主要取决于拟出方案(模拟或参照)与相关指标;在包括评价选择阶段的决策程序中,园林供给还受到更多的专家知识及行家经验的影响;而在包括反馈调节阶段的决策程序中,园林供给受到社会实践的调节。

第五节 决策参照与园林供给

一、时间参照与空间参照

除了全新的创造性决策之外,大多数决策都可以把过去的决策和其他地区或团体的决策作为参照,前者是时间参照,后者是空间参照。在不少情况下,"参照"其实就是"继承"和"模仿"。模仿是人类从古猿(灵长目动物)时代就具有的生理行为;而继承则是人类发展为智人之后与语言学习相关的文化行为。

早期的模仿(空间参照)大多在同一群体之内或有亲缘、地缘关联的群体之间进行;而继承是在群体之内或在群体交融中进行。无论是模仿还是继承,通常都受需要牵引和环境约束的制约——被模仿和被继承的行为模式(决策、对策)往往是人类的需求,同时又与环境相适应。

时间参照的可靠性的大小,取决于从较长历程还是从较短历程的周期性事件中取得决策依据。空间参照的可靠性的大小,是取决于从较类似的区域还是从差异较大区域的周期性事件中取得决策依据。

历史的合理性与人类行为的权宜性,使得人类社会中最可靠的决策依据只能从周期性事件中寻找——"以史为鉴,可以知兴替"。事物循着可预期的周期不断地运转。最初,人们对一再发生的问题不断容忍,直到受不了的时候,有些智者便发现了这些问题的真正肇因,协助决策者打破这个较短周期的循环。不久之后,便由更长周期中的另一个较短周期取而代之。

对于那些了解长程周期的学者来说,由于能够从更长的周期中知道恶性事件发生的原因,所以有可能利用时间参照协助决策者防止恶性事件的再度发生。如果决策者自身了解长程周期的时间参照,就能更为及时地防止恶性事件的发生。

二、继承与模仿

一般来说,时间参照(如继承)往往优于空间参照(如模仿),因为前者的行为是在大致相似的环境中进行的,后者却要在不同的环境中进行。这也就是文化行为比较稳定的原因,即环境约束使然。同样,决策参照应首选时间参照。

另外,自工业革命以来,由于社会进步和变化较快,单纯"继承"已不能满足需要;而工业化过程又在不同地区导致了某些相似的环境,如城市,因此空间参照也具有了较大的价值。利用时空参照来拟出决策方案,可以简化程序化决策,还可以借鉴前人和他人的经验教训,减少决策失误。

以园林供给为例,关于是否把园林作为城市经济系统的必要组分,以及数量、时空等问题,我国已参照其他许多国家的做法作出了肯定的决策,1980 年国家建委《城市规划定额指标暂行规定》和 1982 年 12 月城乡建设环境保护部《城市园林绿化管理暂行条例》都把城市公共绿地作为一项基本建设。城市公共绿地当时定额 $3\sim5m^2/$人,其中市级 $1m^2/$人,居住区级 $1\sim2m^2/$人,小区级 $1\sim2m^2/$人;20 世纪末(计划)定额为 $7\sim11m^2/$人。城市新建区的绿化用地,不应低于总用地面积的 30%;旧城区改建区的绿化用地,应不低于总用地面积的 25%。

下面是两个可资参照的决策结果:

1. 原苏联 1968 年建筑规范规定市区内全市性绿地定额:特大城市 $5m^2/$人,大城市 $8m^2/$人;居住区绿地定额:特大城市 $7m^2/$人,大城市 $11m^2/$人;小区及住宅绿地定额:特大城市 $3m^2/$人,大城市 $5m^2/$人;郊外森林公园:特大城市 $200m^2/$人,大城市 $100m^2/$人。

2. 联合国 1969 年出版的有关城市绿地规划的报告中,绿地定额为:住宅区公园 $4m^2/$人,小区公园(居住小区)$8m^2/$人,大区公园(居住区公园)$16m^2/$人,城区公园(市、区级公园)$23m^2/$人。郊区公园 $65m^2/$人,大城市公园 $125m^2/$人。

全系统的决策一般说来都成为子系统决策的指令约束,子系统只能在约束范围内作出更为具体确切的决策。另一方面,不同系统的相应子系统之间,仍可能互有决策参照的价值。例如,《北京城市建设总体规划方案》关于园林供给的决策为:一般居住区每个居民应有公共绿地 $2m^2$ 左右,新建工厂绿化用地一般不低于厂区用地的 20%,生产高级精密产品的工厂要提高到 $40\%\sim50\%$,医院、学校、机关、部队单位院内的绿化用地一般不应低于 30%,新建医院和高等院校应当更高一些。可资参照的其他国家首都市区的园林供给为:瑞典斯德哥尔摩 1976 年为 $80.3m^2/$人,巴西巴西利亚 1976 年为

72.6m²/人，美国华盛顿 1976 年为 45.7m²/人，原苏联莫斯科 1980 年为 20m²/人，英国伦敦 1976 年为 5.98m²/人，加拿大渥太华 1976 年为 2.5m²/人，日本东京 1976 年为 1.6m²/人。

显然，跨域参照不可能是简单模仿，因为环境约束及文化行为各有不同。相同文化圈的不同地区之间相互参照的价值更大一些，如北京与东京同属儒文化圈，人们因生态较严酷而喜爱聚居，所以两地的园林供给比较接近（约为 2m²/人）。值得注意的是下述可能性：1994 年发表的《北京城市总体规划，1991—2010 年》对于 2000 年的园林供给是：市区公共绿地 42km²（含绿化区内的水面），人均公共绿地 7m²，绿面覆盖率 35%；旧城公共绿地近 6km²，人均公共绿地 4m²。对于 2010 年的园林供给是：市区公共绿地 65km²，人均公共绿地 10m²，绿面覆盖率 40%；旧城公共绿地近 10km²，人均公共绿地 6m²。

第六节 多目标评价简介

一、多目标评价

多目标评价是把某一决策的若干相互制约的后果纳入同一评价过程的方法或技术。相互制约的后果是指该决策对满足人类不同侧面的需求表现出不同的正负有效性。如果某一决策在各方面都能有效地满足人类需求，那么就不必使用多目标评价。如果在一次决策过程中只考虑某决策对满足人类某一需求的有效性，也不必使用多目标评价。

例如，对于园林供给的决策。如果只考虑该决策对于城市生态环境即满足人类生理需求的有效性，或只考虑其对城市国民收入即满足人类经济需求的有效性，或只考虑其对于市容美化即满足人类文化需求的有效性，那么就不必使用多目标评价。再如，如果上述经济、文化、生态三项目标是相互促进的，也无需多目标评价，因为只要根据其中任一目标来作出决策即可。

然而，由于社会系统的复杂性，经济决策的若干后果往往是相互制约的；另一方面，人们越来越认识到：只从一个目标来评价决策，其后果往往不能为人类带来真正的福利，往往是顾此失彼，顾近失远。因此，多目标评价越来越多地应用于"拟出决策"和"评价决策"。例如，上述园林供给的三项目标，其相互制约在于生态目标要求增大绿面时间比，这将导致城市用于其他产业的土地减少，无论从规模效益来看，还是从园林本身的市场需求来看，都不利于提高国民收入，即不利于经济目标。而由于只考虑增大绿面，也会减低类别面积复合比，即减低环境的美化程度，不利于文化目标。反过来，只考虑经济目标，也会不利于生态及文化目标；只考虑文化目标同样会不利于经济及生态目标,这三类目标都要使用有限的资源来满足。因此,为了社会各成员和集团的福利需要,必须设法在同一决策过程中兼顾三项目标,进行系统权衡以求决策后果达到最优、有效或满意。这个方法就是多目标评价。

二、多目标评价的步骤

多目标评价包括如下5个步骤:(1)草拟两个或两个以上的方案;(2)对参与评价的两个或两上以上的目标进行公式表达或数量化,即确定决策指标;(3)对不同方案实现各目标的有效性进行标准化;(4)对不同目标加权;(5)将不同方案实现目标的标准化指标乘以该目标的权重,并将各目标的乘积相加得出总分,取高舍低,作出决策,或拟出方案。其中,"标准化"是为了把不同指标的不同量纲(如"绿地面积"、"人民币"、"美化感受或类别面积复合比"等)统一成无量纲的指标,以便得出总分;"加权"则是人类根据自身的需要或需求(见图1-1及图2-1)对不同目标的重要性在数量上"打分",一般说来,是以大多数人的打分为准,因为当某一经济决策不可能兼顾全体成员的福利需要(不能最优)时,就只能以多数人的利益为重(有效)。

应该指出,在某些情况下,"多数人"是把"子孙后代"加进来一起考虑的。这样,就不一定是以现存人口的简单多数来计算,从而有可能根据知识(历史教训、生态变迁等)来打分,即以人类整体的延续和利益为重,因为子孙后代与某一代人相比总是占多数。

这样,就必须由具备历史知识和组织管理知识的人来进行"打分"或投票,而不宜采用商业化的"广告"或"竞争"方式来"拉票"。

近代有的人过于迷信"自发性",甚至认为"经济学相信这世上的人们会在自己的各种需要,各种享受,各种代价之间,作出理智的权衡……如果多数人投票禁止一个城市里人们拥有私车,我们便应尊重这一建议选择,反之则反对"。这种人忘了一个重要的历史教训:希特勒就是取得多数票上台的,当时的德国人"尊重"了这一选择,却导致整个民族的大悲剧。目前已有许多西方的经济学家"不"相信这一类乌托邦的神话。因为:"个人发财致富的想法对人的天性来说具有强烈的吸引力,这是没有任何疑问的",但是,"如果人的贪婪和嫉妒之类的罪恶是通过系统培养而形成,必然的一个结果只能是完全丧失智力。""已经有确凿的证据证明大自然的自平衡系统在某些方面以及在某特定地区已变得越来越失去平衡了。"以森林毁损为例,当前的人类已不可能像当年的西欧那样,把那些不能被工业项目吸收的人口移出本土——在1820—1920年这100年中,西欧约有5 500万人移出;随后的10年尽管移速减少,仍然每年移出36.6万;当前的人类也不可能在发现危机之后,向不发达地区转嫁——工业国自20世纪30~70年代的八大灾害事件之后,自己少砍树,多砍别人的树,最典型的如荷兰,90%的木材靠进口;又如日本,70%的木材靠进口。如果不具备这些历史知识和组织管理知识的人也参加投票,就可能做出贻害子孙的决策。

对不同方案实现目标有效性的标准化方法是用各有效性指标加减同一数值后除以另一数值。最简单的做法是令加减值为零,除数是各方案中最大的指标数(标准化指标的最大值将是1)。此外,可以在分子分母中间减去各方案中最小的指标数(标准化指标的最小值将是零)。即:

$$b_{ij} = y_{ij}/y_{j\text{最大}} \quad \begin{matrix} i=1,\cdots,n \\ j=1,\cdots,m \end{matrix} \quad (3-1)$$

其中 b_{ij} 是第 i 个方案对第 j 个指标有效性的标准化值;y_{ij} 是第 i 个方案对第 j 个指标有效性的未标准化值;$y_{j\text{最大}}$ 是第 j 个指标的 n 个值中的最大值;n 是拟出的方案数;m 是被考虑的目标数。

因此,最后拟出或确定的决策(方案)应满足:

$$Z_k \geqslant Z_i = \sum_{j=1}^{m} b_{ij} \cdot \omega_j \quad \begin{matrix} i=1,\cdots,n \\ j=1,\cdots,m \end{matrix}$$

且

$$\sum_{j=1}^{m} \omega_j = 1 \quad (3-2)$$

式中 Z_i 是第 i 个方案的总分;ω_j 是第 j 个目标的加权值或权重;其他字符含义同公式(3-1)。公式(3-2)中的不等式表示第 $k(k=1,\cdots,n$ 中的一个数)个方案的总分最高。

三、期望收益值评价法

对于只涉及经济收益大和风险损失小的二目标评价,往往采用简化的评价方法,即期望收益值法、决策树法、小中取大法(大中取小法)、大中取大法和最小最大后悔值法。由于只有两个目标,所以上述步骤中的第(2)和第(3)步简化成以经济效益为有效性目标,而以风险等级为安全性目标的二维评价。参见表3-1。

表3-1 已知风险概率的二维多目标评价

风险损失		经济收益(万元/年,有效期10年)	
等级	概率	方案A(投资15万元)	方案B(投资20万元)
小(销路好)	0.6	5	7
中(销路一般)	0.3	3	4
大(销路差)	0.1	0.5	−2

方案A期望收益值 $Z_1 = (0.6 \times 5 + 0.3 \times 3 + 0.1 \times 0.5) \times 10 - 15 = 24.5$(万元)

方案B期望收益值 $Z_2 = (0.6 \times 7 + 0.3 \times 4 - 0.1 \times 2) \times 10 - 20 = 32$(万元);$Z_2 > Z_1$

评价结果:方案B较优

表 3-1 用于期望收益值法。这是一种已知风险概率的经济收益评价,即以经济效益作为指标维(见上述步骤(3)),而以风险等级作为加权维(见上述步骤(4))。表 3-1 中的概率就是对加权维中的不同风险等级(最佳、中等、最差)加权"打分"。

上述多目标评价的第(1)步骤在表 3-1 中就是方案 A 和 B。第(2)步骤所定的指标是表 3-1 下面的收益值。第(3)步骤可以略去,因为直接采用货币单位来衡量经济收益。如表中所示:$b_{11}=5$(第一个方案在第一个风险等级的情况可收回 5 万元),$b_{12}=3$(第一个方案在第二个风险等级的情况下可收回 3 万元,以下类推),$b_{13}=0.5$,$b_{21}=7$,$b_{22}=4$,$b_{23}=-2$。第(4)步骤就是估计 3 个等级的风险概率,作为加权值。如表中所示:$w_1=0.6$(估计有 6 成的可能性出现销路好的情况,即第一个风险等级,以下类推);$w_2=0.3$;$w_3=0.4$。第(5)步骤就是计算总分,即表 3-1 下面的两个值:$Z_1=24.5$ 和 $Z_2=32$。由于 $Z_2>Z_1$,所以应选方案 B 作为最后的决策结果。

四、决策树评价法

"决策树法"可以说是用树状图形表示的期望收益值法(图 3-1)。所谓"决策树"或"评价树"也有人称为"相关树"、"目标树"、"解答树"等,就是以决策者或评价者为"树根"(即决策点或评价点),以不同方案为"主枝",以多目标加权值为"分岔(状态结点)",以不同加权(概率)为"细枝"的树状图形。

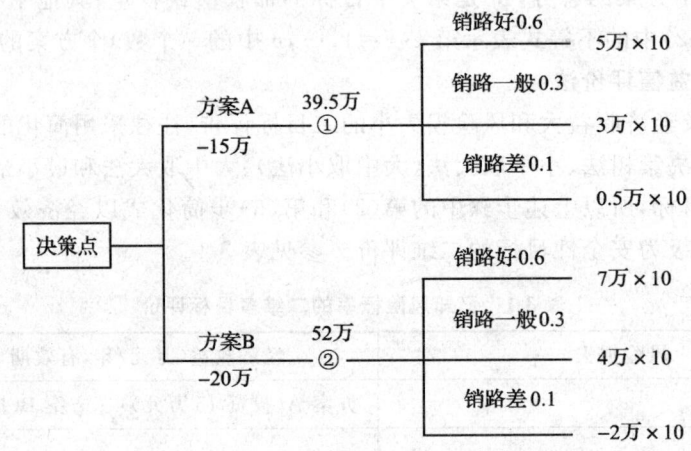

图 3-1 决策树法示例(数据及评价见表 3-1)

五、粗略评价方法

对于不知道(难以估计)风险概率的二目标评价,可采用如下几种粗略的评价方法(表 3-2):

1."小中取大(小收益的最大值)法"

也就是为了保险(把困难估计得大一些)对风险损失最大的等级加权(打分)为"1",

而对其他等级加权为零,参见表 3-2 的第 3、4 行数据。这样,预期收益虽然较小,但是从这"小"中取出来的较大值(表 3-2 中的第Ⅲ方案)是较有保证的。这个方法也被称为"大中取小(大风险中的最小值)法",因为事先已经考虑了最大损失,而被选中的方案是损失最小的一个。

表 3-2 不知风险概率的二维数值(三方案)

风险损失等级	经济效益(万元)			最大收益值	后悔值(万元)		
	方案Ⅰ	方案Ⅱ	方案Ⅲ	($y_{i最大}$)	方案Ⅰ	方案Ⅱ	方案Ⅲ
小(销路好)	90	120	50	120	30	0	70
中(销路一般)	60	50	35	60	0	10	25
大(销路差)	−20	−40	8	8	28	48	0
最小效益值	−20	−40	8				
最大效益值	90	120	50				
最大后悔值					30	48	70

2. "大中取大(大收益中的最大值)法"

也称为"冒险决策法",就是对风险损失最小而预期收益最大的等级加权为"1",而对其他等级加权为零,参见表 3-2 的第 1、5 行数据。这样选出的最大值(表 3-2 中的第Ⅱ方案)预期收益很高,但是从这"大"中取出来的最大值很难落实(风险很大)。

3. "最小最大后悔值法"

就是用 $y_{i最大} - y_{ij}$(见公式(3-1))作为"后悔值"(见表 3-2 的最后三列),把每个方案对不同风险等级的最大后悔值(表 3-2 的最后一行)作为总分,从中选出最小的一个(表 3-2 中的第Ⅰ方案)。

任何一种多目标评价方法,都有人们自己的倾向性参与其中,通过加权、选择概率等级、总分类型而使得有关评价不再是"客观的"。这不但不是坏事,相反,说明人们已从纯客观的"科学时代"进步到"天人合一"的"系统时代"——不再满足于"凡是现实的东西都是合乎理性的"这样一种超然的判断,而是有了鲜明的目的性:"有益的才是可取的"。正因为如此,需要权衡、选择和调节;需要决策者的知识、经验、判断力、魄力和社会责任感。

第四章 经济效益与园林规划

第一节 经济效益

一、效益与经济效益

效益是人类行为(消耗)所导致的效果之中对人类有益的部分(图 4-1)。对于人类行为所产生的负效果(如污染等有害生产量),很少称之为负效益。对于有害生产量和正效果中无效消耗的部分,在数量化的指标中都要加以考虑。效益可分为生态效益、社会效益、经济效益三类。它们分别与人类的生理行为、文化行为、技术行为相关。

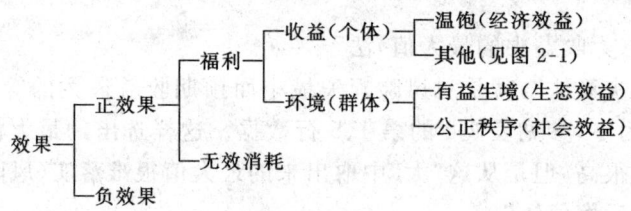

图 4-1 人类行为效果的主要类别

经济效益是人类经济行为所导致的效果之中对人类有益的部分。通常就用对人类有益的那一部分效果与相关行为的付出之比来衡量。例如:产出实现率是实现效益量与有效生产量(其中包含着人类付出的劳动)之比(见公式(1-6)中的 S 和 Y);投入产出率是有效生产量与某一生产要素的投入量之比,如果分母是劳动力所有的时间(见公式(1-4)中的 T),就称为劳动生产率(Y/T);如果分母是设备数量(见公式(1-4)中的 W),就称为设备的标准产量实现率(Y/W)。

为了把产出实现率和投入产出率结合起来表述从生产直到实现效益的全过程的经济效益,常利用统一的度量——货币价值。也就是说,人们所完成的各种经济行为都换算为"成本",而它们所导致的效果之中对人类有益的部分都折算为"生产总值"(见图 2-2)或"收入",并用"收入减去成本"作为"利润"。由此可建立一个较综合的经济效益指标,即成本利润率(=利润/成本)。更进一步的指标还有内在利润率、投资回收期等。

使用货币价值表示经济效益的缺点是:用金钱掩盖了许多实质性的内容。例如,质量不合格的产品,其投入产出率很低(对人类有益的产品很少),却有可能通过欺骗宣传和瞒天过海等方式来达到较高的成本利润率。这种"见钱不见物"的成本利润分析对于不具备"即相互抗争又受法律制约"文化背景的社会往往会产生一系列的副作用——由于人们不习惯于把其他人当成恶人来防范，常常让见利忘义的人得逞，这些人的示范作用又会使更多的人见利忘义。

投入产出率主要是面向"物"（含能源信息源）的效益指标（表征技术行为的时空符合度），具有相对的稳定性和不可逆性——技术水平一旦上了一个"台阶"，如果不出现大的灾难性变动（如战争或政治动乱等导致人才严重损失），往往较易于保护下去。

与此不同，成本利润率与"人"的需求、文化心理、宣传导向及资源环境相关较密，因此稳定性较差，起伏较大，因为一个项目（或一笔投资）往往只在一段特定的时间内具有较高的利润。这段时间（以下简称"高利区间"）对于有的项目来说，出现在投资的当年（甚至更短，如投机倒卖）；而对另一些项目来说，出现在投资的 10 年之后（甚至更长，如大型基本建设，又如飞机制造）。

二、高利区间与间接效果

一般说来，普通的法人（公司、企业等）不会投资于子孙后代才出现高利区间的项目。大多数法人甚至不会投资于 20 年后才出现高利区间的项目。也就是说，成本利润指标对于决策的导向具有先天的短期性。在经济生活中所说的"短期行为"，是指那些连几年的时间都等不了，不顾后果地只投资那些在短期内就出现高利区间的项目，这样一来，不但加剧了资源竞争，而且常常造成产品积压，"高利"变成了"低利"。

除了一些较易于估算的效果之外，还有一些较间接的从而较难估算的效果，尤其是一些影响环境的负效果，必须引起重视（表 4-1），它们与园林需求的关联甚大。

表 4-1 所列，只从现存市场的角度来认识负效果，这还是很不够的。

例如："投入"并不一定都是负效果，因为使用垃圾废物为原料的投入就应该说是一种正效果。同样，"产出"并不一定都是正效果。尤其是废品、废料等副产物，仅仅按其消耗的投入来计算其负效果是很不够的，因为这些东西本身还需要另外的投入才能被清除或被转化。对于前一种情况，应从整个经济系统的效益出发来加以补贴，以使得相关经济行为得到鼓励（可以用较少投入获得较大产出）；对于后一种情况，同样应从整个经济系统的效益出发加以征税或罚款，以使得相关经济行为得到限制（成本增长而减少盈利）。

再如，人类的物质利益，即获取（含建设）或控制一定形式的物质、能量、信息所带来的利益是否与被获取或被控制的物量、能量、信息量成正比？是否越多越好？在物能、信息之间，是否任一项都是越大越好等等。这些问题都没有解决（应该指出，这些问题的解决有赖于在人类的生理行为、文化行为、技术行为之间进行系统权衡，并以需要牵引及环境限制为约束条件。见图 1-1）。

表 4-1 环境质量下降所导致的负效果(部分)及其市场表现

负　效　果	市　场　表　现
1. 生产者	
有毒化学物质引起农产品质量下降	产品价值减少
空气污染导致病员增加和服务质量下降	盈利减少
更换酸雨损坏的设施	成本增加
养殖业因污水排放受损	再造成本
必须进行环境保护方案设计	成本增加
火力及核电废水处理的若干方法不宜采用	成本效益分析
2. 消费者	
噪声隔离,饮水处理	有关材料安装及用具药剂成本
因空气污染损坏的房屋涂料及人工	额外开支
发展计划所毁损的娱乐设施和钓鱼区	去更远处休娱

编译自 Hufschmidt, M. M., et al. 1983. Environment, Natural Systems and Development. The Johns Hopkins University Press, Baltimore, pp. 66~67。

虽然经济效益问题十分复杂,但是一旦人们的园林需求达到一定程度,并且作出了有关园林供给的决策,那么对于配置给园林行业的资源,就应该最有效地加以利用,或者说"最经济地"、"最有经济效益地"加以使用。

如何判定某一决策(方案)及相关经济行为的有效性?或如何评价其经济效益?这是本章的主题。以下是城市园林效益评价指标体系介绍,供参考。

城市园林效益评价指标体系可分为四大类:即生态效益指标体系、社会效益指标体系、经济效益指标体系、综合评价指标体系。

(一)生态效益指标体系

1. 吸收 CO_2 效益

①稀释度 $CS = \dfrac{J_a}{Z_a} \times 100\%$ 　　　　　　　　　　　　　(4-1)

$$稀释度 = \frac{绿地实际降减量}{不致害正常含量} \times 100\%$$

②免害度 $MH_c = \dfrac{J_a}{Z_b} \times 100\%$ 　　　　　　　　　　　　　(4-2)

$$免害度 = \frac{绿地实际降减量}{最低致害量} \times 100\%$$

2. 释放 O_2 效益

① 增浓度 $GH = \dfrac{S_f}{K_x} \times 100\%$ (4-3)

$$增浓度 = \dfrac{绿地实际释放量}{空旷地正常含量} \times 100\%$$

② 供 O_2 系数 $KNC = \dfrac{S_y - K_y}{K_y} \times 100\%$ (4-4)

$$供 O_2 系数 = \dfrac{绿地人均吸 O_2 量 - 空旷地人均吸 O_2 量}{空旷地人均吸 O_2 量} \times 100\%$$

3. 净化空气效益

① 各种有害气体吸收率 $= XA = \dfrac{LUZ}{KUX} \times 100\%$ (4-5)

$$各种有害气体吸收率 = \dfrac{绿地对有害气体吸收量}{空旷地有害气体含量} \times 100\%$$

② 免害度 $MU_U = \dfrac{LUZ}{D_H} \times 100\%$ (4-6)

③ 净化率 $jN = V(A_1 B_1) \cdot (A_2 B_2) \cdot (A_3 B_3) \cdot (A_4 B_4) \cdot \cdots \cdot (A_n B_n)$ (4-7)

净化率 = n 个有害气体所占比重及吸收率乘积的连乘

4. 除尘效益

① 绿地吸尘率 $LC = \dfrac{KZ_a - LZ_a}{PZ_a} \times 100\%$ (4-8)

$$绿地吸尘率 = \dfrac{空旷地含尘量 - 绿地含尘量}{空旷地含尘量} \times 100\%$$

② 降尘达标率 $ZD = \dfrac{KZ_n - LZ_n}{PZ_n} \times 100\%$ (4-9)

$$降尘达标率 = \dfrac{绿地吸尘量}{标准新鲜空气含尘量} \times 100\%$$

5. 增湿效益

① 提高降雨频率 $KB = \dfrac{ZJS_C}{LJS_C} \times 100\%$ (4-10)

提高降雨频率 = 因绿地增湿而引起的降水次数

② 年增降水量 $YZ = LYZ - LOZ$ (4-11)

年增降水量 = 绿地年均降水量 - 裸地年均降水量

注：在同一经纬度条件下对比

6. 调温效益

① 夏日降温系数 $JWC = \dfrac{LOW - LYW}{LOW} \times 100\%$ (4-12)

$$夏日降温系数 = \frac{夏日裸地正常均温 - 夏日绿地均温}{夏日裸地正常均温} \times 100\%$$

② 冬时增温系数 $\quad DWZ = \dfrac{DLYW - DLOW}{DLYW}$ \hfill (4-13)

$$冬时增温系数 = \frac{冬时绿地内平均温度 - 冬时裸地正常平均温度}{冬时裸地正常平均温度}$$

7. 阻降噪声效益

① $ZYZO = KZO - LZO$ \hfill (4-14)

阻降噪声绝对值 = 同地区空矿地平均每音量 - 同地区绿地内平均噪声量

② 阻降率 $\quad ZJ = \dfrac{ZYZO}{KZO} \times 100\%$ \hfill (4-15)

$$阻降率 = \frac{阻降噪声绝对值}{同地区空旷地噪音量} \times 100\%$$

8. 招引有益虫鸟效益

① 每 100m² 有益虫鸟平均增加数 $\quad EZNK = LZ - KJ$ \hfill (4-16)

每 100m² 有益虫鸟平均增加数 = 每 100m² 绿地有益虫鸟数 - 每 100m² 空旷地原有有益鸟数

② 每 100m² 有益虫鸟招引率 $\quad ZOO = \dfrac{EZNK}{KL}$ \hfill (4-17)

$$每 100m² 有益虫鸟招引率 = \frac{绿地每 100m² 虫鸟平均增加数}{每 100m² 空旷地原有益虫鸟数} \times 100\%$$

(二) 社会效益指标体系

1. 绿地覆盖率 $\quad P = \dfrac{CES}{TOS}$ \hfill (4-18)

$$绿地覆盖率 = \frac{城镇绿地总面积}{城镇土地总面积} \times 100\%$$

2. 绿地接纳率 $\quad Q = \dfrac{LP_1}{UP_1} \times 100\%$ \hfill (4-19)

$$绿地接纳率 = \frac{节假日平均进入绿地万人小时}{节假日平均休息万人} \times 100\%$$

3. 花木进户率 $\quad R = \dfrac{WMV}{ZZV} \times 100\%$ \hfill (4-20)

$$花木进户率 = \frac{有花家庭户数}{家庭总户数}$$

4. 花木礼仪普及率 $\quad S = \dfrac{SLP}{LP} \times 100\%$ \hfill (4-21)

第四章　经济效益与园林规划

$$花木礼仪普及率 = \frac{年均选择花木作礼仪活动的人次(万人次)}{年均礼仪活动总人次(万人次)} \times 100\%$$

5. 绿化道路密度

$$T = \frac{LDS}{DS} \times 100\% \qquad (4-22)$$

$$绿化道路密度 = \frac{绿地道路总长(km)}{城市街区道路总长(km)} \times 100\%$$

6. 布花度

①布花密度

$$U_m = \frac{D_m + K_m}{DK_m} \times 100\% \qquad (4-23)$$

$$布花密度 = \frac{布花街路面积 + 布花街心广场面积}{城市街路及街心广场总面积}$$

②布花频度

$$Ub = \frac{WT}{365(一年)} \qquad (4-24)$$

$$布花频度 = 全年平均见花天数 / 365(一年)$$

7. 绿地防暑效应

$$V = \frac{NLP}{NP} \times 100\% \qquad (4-25)$$

$$绿地防暑防效应 = \frac{日均进入绿地纳凉人次(万人次)}{日均城市居民纳凉总人次(万人次)} \times 100\%$$

8. 绿地文化活动承载频率

$$W = \frac{LF}{M} \qquad (4-26)$$

$$绿地文化活动承载频率 = \frac{年均进入绿地开展文化活动均次}{全市绿地总面积(hm^2)} \times 100\%$$

注：包括书画、展览、音乐会、琴、棋赛、读书会、故事会、研讨会、党日、团日、队日活动。

(三) 经济效益指标体系

1. 工程施工收益及盈利率

①$Kc = (k_2 - k_2)k_d$ （4-27）

工程施工收益 = (工程定额承包收入 - 施工成本) × 工程检评等级系数

注：a. 检评等级系数特等 1.2，一等 1.0，二等 0.7。
　　b. 收益指盈利(含应缴税利在内)，下同。

②$NP_k = \dfrac{K_c}{K_2} \times 100\%$ （4-28）

$$盈利率 = \frac{工程施工收益}{施工成本} \times 100\%$$

2. 养护包干收益及盈利率

①$E = (D_5 - D_2)D_d$ （4-29）

养护包干收益 = (定额包干经费 - 实际养护费用支出) × 检评等级余数

注：检评等级系数特等 1.2，一等 1.0，二等 0.8，三等 0.6。

②$NP_c = \dfrac{E_c}{D_2} \times 100\%$ (4-30)

$$盈利率 = \dfrac{工程施工收益}{施工成本} \times 100\%$$

3. 游览票房收益及盈利率

①$UP_c = P_u - G_z$ (4-31)

游览票房收益＝全年票房(含园中园)收入总和－全年园区管理成本

②$NP_u = \dfrac{UP_c}{G_z} \times 100\%$ (4-32)

$$盈利率 = \dfrac{游览票房收益}{全年园区管理成本} \times 100\%$$

注：园区管理指为满足游览需求而进行的养护、维修、环卫、治安、票务、无偿服务等管理各项成本总和。

4. 文体活动收益及盈利率

①$WT_c = WT - WT_z$ (4-33)

文体活动收益＝全年文体活动收入－全年文体活动组织管理成本

注：文体活动见社会效益，体育活动指体操、游泳、划船、溜(滑)冰等。

②$NP_W = \dfrac{WT_c}{WT_z} \times 100\%$ (4-34)

$$盈利率 = \dfrac{文体活动收益}{全年文体活动组织管理成本} \times 100\%$$

5. 游乐活动收益及盈利率

①$UL_c = UL - UL_z$ (4-35)

游乐活动收益＝全年全部游乐项目总收入－全年游乐项目总成本

②$NP = \dfrac{UL_c}{UL_z}$ (4-36)

$$盈利率 = \dfrac{游乐活动收益}{全年游乐项目经营成本} \times 100\%$$

6. 园林饮服商旅收益及盈利率

①$ISRF_c = ISRF - ISRF_z$ (4-37)

园林饮服商旅收益＝全年饮食、商亭、旅社、服务项目总收入－全年各项经营成本

②$NP_i = \dfrac{ISRF_c}{ISRF_z} \times 100\%$ (4-38)

$$园林饮服商旅盈利率 = \dfrac{园林饮服商旅收益}{全年饮服商旅总成本} \times 100\%$$

注：服务项目指出租儿童推车、雨具、炊具、自助车等有偿服务。

7. 园林植物生产收益及盈利率

① $YQ_c = YQ - YQ_z$ (4-39)

园林植物生产收益＝全年产品收入－全年生产管理成本

② $NP_y = \dfrac{YQ_c}{YQ_z} \times 100\%$ (4-40)

$$盈利率 = \dfrac{园林植物生产收益}{全年生产、管理成本} \times 100\%$$

8. 花木经营收益及盈利率

① $WM_c = WM - WM_z$ (4-41)

花木经营收益＝全年营业收入－全年经营成本

② $NP_m = \dfrac{WM_c}{WM_z} \times 100\%$ (4-42)

$$盈利率 = \dfrac{花木经营收益}{全年经营成本} \times 100\%$$

9. 成本升降率

$Z = \dfrac{Z_b}{Z_n} \times 100\%$ (4-43)

$$成本升降率 = \dfrac{实际总成本}{计划总成本} \times 100\% \quad Z(Z-1) < 1 \text{ 则降}$$

10. 价值劳动生产率

$Q = C/(D \div 280)$ (4-44)

价值劳动生产率＝全年收入总额÷全体职工(含临时工)出勤总工日÷280

（四）综合评价指体系

如前所列，生态效益有：吸收 CO_2、释放 O_2、净化空气、吸附粉尘、增加湿度、调节温度、阻隔噪音、招引虫鸟 8 项；社会效益有：绿地覆盖、绿地接纳、花木进户、花木礼仪、绿道密度、布花密度、防暑效应、文体承载 8 项；经济效益有：工程收益、养护结合、票房收益、文化收益、体育收益、游乐收益、商饮盈利、苗圃收益、花木经营收益 9 项。三种效益共 25 项可使用综合评价指标 6 项，即

1. 效益体现项目数 T_1，共 25 项，每项 4 分，满项 100 分

$$T_1 = 4n \quad (4\text{-}45)$$

2. 每项达到水平分 T_2，优、中、劣分别为 4、2、0

$$T_2 = \sum_{i=1}^{25} n \quad (4\text{-}46)$$

3. 经济效益比重 T_3，$T_3 =$ 经济效益得分/三种效益得分总和$\times 100\%$ (4-47)

30%～35% 正常 100 分；35%～45% 异常 60 分；45% 以上不正常 30 分。

4. 市民满意程度 T_4，均分五个得分等级： (4-48)

极好 100 分；好 80 分；基本满意 60 分；不太满意 30 分；不满意 0 分。

5. 社会各界评价 T_5，五个得分等级，同 4。 (4-49)

6. 外地宾客反应 T_6，也分五个得分等级，同 4、5。

综合评价总指标 $T=\dfrac{\sum\limits_{i=1}^{6}T_i}{6}$ (4-50)

第二节 规模效益

一、规模与适度规模

规模是一个生产单位或服务单位从量的方面确立的所有生产要素及产量产值的总和。但在实际应用时，人们常把最具有代表性的要素（包括产量或产值）的数量作为"规模"的指标，例如"一个年产 20 万吨磷酸铵的化肥厂"、"一个千人的机械厂"、"拥有两条生产线的显像管厂"等等。对于园林业来说，较有代表性的规模指标是"一块成片绿地的面积"以及"一个公园的总投资"或"一个公园单位面积的投资"。

规模效益是因规模大小而导致的不同经济效益、社会效益或生态效益。这些效益的不同还受到地区环境、市场条件的影响。例如在高层建筑居住区，一块较大的成片绿地具有较好的规模效益；但在人口稀疏的市区，若成片绿地面积较大，则必然另外有许多市民远离成片绿地，其规模效益较小。

因此，在确立了城市中园林供给总量之后，园林规划的第一步就是对于配置给园林业的资源进行再配置，力争达到适度的园林规模与合理的布局，以求较好的规模效益。由于园林建设往往是基础设施，而园林服务又常是公共产品，所以更有必要在园林规划设计阶段力争规模适度、布局合理。在这一点上，园林业与其他一些产业是有区别的。后者规模小于适度规模时，往往使法人产品在竞争中处于不利地位，从而产生扩大规模的需要，同时也较有可能扩大规模（园林规模扩大时往往涉及周围其他基础设施及建筑，因此较难扩大规模，也不易化整为零），后者规模大于适度规模时，也同样会受市场调节而趋向减小规模，有关厂商往往会分解成为较小的生产、服务单位。

适度规模是当有关单位扩大或缩小时就会导致规模效益减少的规模（图 4-2）。减少的原因可分为内部效率降低及外部配合松弛两类，即管理水平及劳力技能等因素发生变化，例如规模扩大使管理不便、内部通讯联系费用增加、增设购销机构等等；又如规模缩小不利于精细分工，增大了管理人员所占的比例，难以购买大型设备及利用副产品、生产环节受制于人等等。

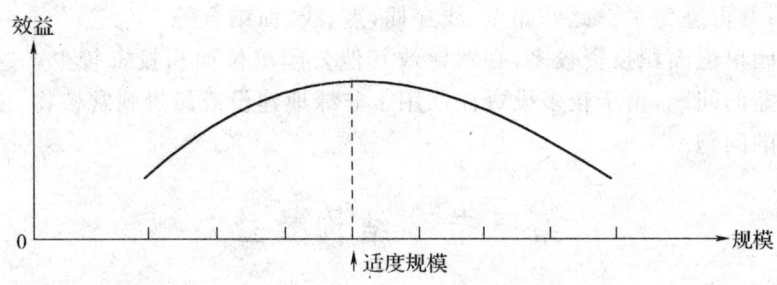

图 4-2　在适度规模时效益最高

二、强化分工与棘轮作用

规模效益还与结构效益相关。如果扩大规模与强化分工（结构变动）同步进行，扩大规模所导致的管理困难主要体现在必须增加质量检查的环节和人员，否则操作人员有较大可能钻管理漏洞而减少自身的耗能——最后的质量问题不易查清责任。如果扩大规模不伴有强化分工，只是简单地增加设备和人员，那么扩大规模所导致的管理困难在生产经营周期较长的行业（如园林业）中主要体现在次级管理人员和操作人员最小耗能的警戒线降低，高层管理者只能对最差的人员进行惩罚，而重复设置的人员越多，最差人员的素质就越有可能（较大概率）更差。人类行为的最小耗能原则使得多数人倾向于接近最差人员——在生产经营周期较长的行业中，较难使用像计件工资这样的激励机制。其他的激励机制往往只对少数人起作用，对多数人起作用的往往是惩罚措施。

与生产经营单位不同，具有多种功能的城市，其规模越大，却越少出现经济衰退（城市的棘轮作用），这是目前的市场经济理论框架所难以解释的。至于一个异域整合社会的规模效益问题，就更为复杂。对市场竞争社会来说，由于市场的周期性波动所带来的惩罚主要体现为资源重新配置过程中的亏损与破产，所以需要不断刺激需求来进行产业升级和重新配置。如果停止产业升级，商人资产者中的佼佼者难以脱颖而出，昏昏者较少破产，区域之间的交流整合就会减弱。而对科举竞争社会来说，惩罚措施主要体现为文官重新配置过程中的不升与贬谪，所以需要不断进行考核来为中央政府选拔备用的文官并异地任用。如果不实行全国性考核与异乡任职，备用的文官就往往因裙带升迁而忠于地方派系，从而不利于有关社会保持较大的规模。

三、园林规模

对园林业来说，规模太大不利于向较多的居民提供服务，规模太小不能满足本地区居民的需求。其效益递减不仅与上述原因有关，还与园林业本身的特点相关。因此，有的城市已提出了关于园林规划的布局原则，分为日常、周末、假期 3 个层次：服务于日常生活的园林以小型绿地公园为主，达到每 300～500m 即有小块绿地；服务于周末休憩的园林以近郊风景区、森林公园为主，同时考虑防风效用；服务于集中假期的园林则以名山大川、名胜古迹为主。此外如点、线穿插,点、线、面结合等。

一个公园单位面积投资较多,必然导致其他公园单位面积投资较少。这其中同样涉及规模效益的问题,由于较多投资往往用于非绿地建设或昂贵观赏植物,因此这也是个结构效益的问题。

第三节 结构效益

一、结构与狭义系统

结构是一个系统中不同子系统或不同元素的构成关系,包括时空关系和数量关系。系统则有狭义与广义之分:狭义系统可根据外界条件进行自我调节;广义系统则不具备调节适应功能。

狭义系统是能够接收、加工、传输由微量化学物质、电磁波、机械波、温差、气液压差、磁盘或穿孔纸带等所携带的信息,并能根据所接受的信息来改变其状态,从而完成非信息功能的有机整体。如一切活的生物个体及群体,均能接收遗传及外界信息,依此改变状态(生长、发育)从而完成非信息功能(新陈代谢、生殖等)。广义系统则可以不具有特异的信息载体(如热力学系统、恒星系统),或只能完成信息功能(如数据库、档案、计算机)。把这两类广义系统适当结合起来,即可得到人造狭义系统(如无人驾驶飞机或导弹)。凡有人参与的系统都是狭义系统,如人机系统、工程系统、社会系统,经济系统也不例外,其信息子系统是决策规划部门及相应的指令系统,其功能(非信息)子系统是劳动力、设备、土地等。一个较大的经济系统可能包括若干较小的经济系统(也称为子系统),经济结构主要是指这些子系统之间的数量关系和时空关系。

二、经济结构与产业结构

经济结构可分为经济共同体、国家和地区、产业、行业内部、生产及服务单位内部等5个层次。其中各层还可分为亚层。如国民经济结构分为公共层、法人层及孤立(自给自足)层,每层内部都含有生产子系统、分配子系统和消费子系统,这3个子系统的结构分别称之为产业结构、分配结构、消费结构。产业结构是以下3个子系统的构成关系,即第一产业农、林、牧、渔、矿,第二产业加工、制造、建筑业、第三产业转运及供给物品,提供劳务时间、空间及服务,收集加工传送信息、知识或提供金融保险服务等。分配结构是公共分配子系统、市场分配子系统与自给分配子系统的构成关系。消费结构是政府消费子系统、集团消费子系统及个人消费子系统的构成关系。而食物子系统、服装子系统等则形成更次级的结构。

第一、二产业分别为社会提供自然形态和人为形态的"产品",第三产业为社会提供"服务"。产品是有形的"物",服务则是无形的特定空间、时间、劳务或信息。例如,园林服务提供依靠植物而改善了的空间,园林产品花卉等则是有形的物。商业流通服务是一种跨空间的劳务服务,顾客不必自己去生产者那里购买产品。宾馆业兼有空间(住房)与劳务(代办饮食及其他事项)服务。教育、科研等则主要是信息服务。听人倾诉或陪伴他人是时间服务。

如果只把农业作为第一产业,而把工业作为第二产业,那么矿业就属于第二产业,于是,同样提供工业原料的植棉业及营林业等等,也都要属于第二产业,从而无法区分第一产业与第二产业。工业是一个从人力、能量或产量方面确立的规模概念,而不是从产品(服务)形式方面确立的产业概念——单位面积上投入劳动力或能量较多,以及提供产量较多的工作被称为工业——英语中的工厂农场(factory farm,也可译为农业工厂),就表示在笼子里集约化地大量生产蛋奶等产品。

三、园林结构

本节所要讨论的主要是园林业内部及有关单位内部的结构效益。因为一旦作出了园林规模的决策,园林规划的第二步就是关于建立哪几个子系统以及它们之间的构成关系的问题。

对于一个城市来说,园林业至少包括 4 个一级子系统,即:苗圃与花圃(含花房)、公共绿地、行道树、公园。它们在生产、经营管理及提供服务方面各有其特点,互不相同。它们的共同点是只属于园林,不属于城市中的其他行业。虽然园林还关联着许多行业,如制造业、饮食业等,但后者并不是园林业的子系统(如制造业),或不是园林业的一级子系统,顶多只是二级或三级子系统(如公园中的餐厅)。

以上海市为例,园林业结构在 1949 年是:22hm^2(7 处苗花圃):783+0.4hm^2(10个街道绿地占地 0.4hm^2,其他为专用绿地):1.86 万株(行道树):65.8hm^2(14 个公园);而在 1986 年为:119hm^2:1 479+133hm^2(1 429 个):17.6 万株:502hm^2(50个)。其中最后一项"公园"只包括绿地面积,仅供参考。

四、结构效益

结构效益是因结构不同而导致的不同经济效益、社会效益和生态效益。例如,如果苗圃、花圃太少,城市绿化美化就可能缺少原材料或向外埠大量购买;相反,如果苗圃、花圃太多,需求不足,市场萎缩,就必然出现亏损(种苗及鲜花基地本身是以生产性而不是以生态效益为主)。又如,绿地太少不能满足生态平衡的需求,绿地太多则降低了城市集约化的功能,增大了管道交通等设施的浪费。行道树太疏不足以遮荫吸尘隔音,太密则管理困难,甚至阻碍交通。再如,公园太少不能满足休憩的需求;如果公园太多,则游人相对减少,由于它是以提供服务为主,因此不仅亏损较大,而且并没有达到建园的目的,即没有达到一定的绿面时间比。

由于园林业起步较迟,如何使得园林规划达到较大的结构效益,还是个需要探讨的问题。目前比较确定的只是苗圃、花圃这一部分将向集约化方向发展以提高经济效益。例如工厂式生产种苗与花卉,可利用基因工程和组织培养等现代技术大规模地减少苗圃及花圃用地等。此外,利用屋顶绿化和垂直绿化兼顾城市生态效益及集约功能,也是进行园林规划时应该注重的原则。

对于绿地、行道树和公园来说,还存在着二级或一级子系统。例如,对于绿地应考虑木本、藤本、草本植物之间的构成关系所导致的结构效益;对于行道树应考虑乔木、灌木之间的构成关系所导致的结构效益;对于公园应考虑更复杂的类别(子系统)之间的构成关系导致的结构效益,如类别面积复合比等。

由于园林效益兼有生态、社会、经济三方面,因此其结构效益还与一定的环境、文化及经济发展阶段相关。例如,对于发展中国家,城市中公园建设应以植物造景为主,除必要的服务和管理设施可兼美化建筑之外,不宜把有限的土地、人力、资金、物力过多地用在修建楼阁、假山、水池等非生物设施上。

五、线性规划

下面简单介绍为了优化结构而常用的线性规划。线性规划就是用多元一次方程(线性方程)组来表达约束条件和目标函数,寻求在约束之内的最优解,以使目标函数达到最大。步骤如下:

1. 确定出最优化结构所要达到的目标(目标只有一个,但它可以是若干目标合成的,即采用多目标评价方法)。

2. 拟定所要考虑的同一系统中(例如一个城区或乡镇的园林项目)的若干组分(如苗花、绿地、行道树、公园4类)。

3. 把有关系统的规模限制(如面积、投资、编制等)作为约束条件,列出若干等式或不等式(见方程式(4-51),该式表示各组分的相应规模之和不能大于有关的限制条件)。

4. 把所要达到的目标变量 Z 用等号与各组分对目标的贡献(或消耗)之和联系起来,以构成目标函数(见式(4-52),该式表示数量化的目标是各组分效益的函数)。

5. 利用专用软件在计算机上根据约束条件和目标函数来求出各组分所占的比例,即优化的结构。最后这一步不必自己进行,可以委托熟悉线性规划软件(计算机程序)的人员来寻求最优值。

因此,具有高中代数知识的人员就能够利用线性规划来优化结构。相反,不具有专业知识的应用数学(含计算机)本科毕业生往往只能在线性规划中起辅导性的作用——上述第5步所涉及的"迭代"求解过程已是相当成熟的软件技术。因此线性规划的主要工作是上述的第1~4步,这些都只能由具有专业知识的人员来完成。约束条件和目标函数的表达式分别是:

$$\sum_{j=1}^{n} a_{ij}X_j = b_i \quad a_{ij} \geq 0, X_j \geq 0, i=1,2,\cdots,m \tag{4-51}$$

和

$$Z = \sum_{j=1}^{n} c_j X_i \quad X_j \geq 0 \tag{4-52}$$

式中 X_j 是第 $j(j=1,2,\cdots,n)$ 个组分所占比例或相应数额；n 是有关系统中被考虑的组分总数；b_i 是第 i 个约束条件；m 是约束条件的个数（公式(4-51)表示了 m 个多元一次方程）；a_{ij} 是一个单位的第 j 种组分使第 i 个约束条件紧缩的数量（由于第 j 种组分占用了 b_i 之中数量为 $a_{ij}X_j$ 的资源或投资，其他组分便只有 $b_i - a_{ij}X_j$ 的资源可被利用）；c_j 则是一个单位的第 j 种组分使该系统接近（或背离）目标的数量，相应地，目标函数应取极大值（或极小值）。公式(4-51)可表达为不等式，求解时由计算机中的相关程序自行引入"松弛变量"（虚拟组分）来把不等式转化为等式约束条件，然后再寻求最优解。

第四节 生产要素效益

一、生产要素与生产函数

园林规划的第三步是对于一定规模（第一步）、一定结构（第二步）的园林决策作出更具体的实施设计，即采用一定技术设备和耗料（物）、适当的管理与技能（心）、利用一定的劳动时间（时）和土地（空）来形成关于园林建设的设计规划。这四个生产要素及其构成关系对于经济效益的影响，就是"生产要素效益"或"物心时空效益"。它与通常所说的"生产函数"的差异在于，前者全面考查各生产要素与有效生产量的关系，后者则表示："生产要素的某一种组合同它可能生产的最大产量之间的依存关系，也就是说，它表示一定的产品数量取决于不同生产要素在一定组合比例下的投入量。"例如，在柯布-道格拉斯生产函数之中，其实只包括两个生产要素：劳动力和资本，即

$$Q = kL^a C^{1-a} \tag{4-53}$$

式中 Q 是产量（相当于"有效生产量"），L 是劳动投入量，C 是资本投入量，k 是正的常数，a 是工资在总产量（值）中的相对份额，$1-a$ 是资本收益的相对份额（在美国，a 约为 3/4）。显然，公式(4-53)只是经验公式，不像第一章第二节公式(1-4)那样具有明确的行为内涵。西方经济学家常把生产要素归结为"劳动力、土地、资本"这三项，即把直接参加管理的人员工资作为劳动力的收入，而把用于设备基建投资的回报和投资者的间接管理收入都作为正常利润。其实，从整个经济系统的运行来看，间接管理的投资者与直接管理人员都贡献于管理水平，而与操作人员的技术水平相区别。因此，正常利润应该看作是若干种生产要素的收入，其中一部分与经济决策直接相关，是对提高时空符合度的一种回报。

当园林规模和结构确定之后，有关的园林建设的面积（如绿地面积）A 就确定了。

公式(1-4)经简化后可表示成：
$$A = Y/WTCL(A) \tag{4-54}$$
式中各字符含义见第一章第二节。这样，效益问题就归结为：对于一定的有效生产量 Y（如植被覆盖率），则要求尽量合理地投入设备（W）、劳动时间（T）、管理及科技（C）和基建材料[$L(A)$]。

二、边际收益递减规律与单一要素投入产出分析

任何单项生产要素不断增加投入，都会使有效生产量的增加越来越小，这称为"边际收益递减规律"。这与消费品边际效用随其数量增多而递减是类似的。例如，对于 $10hm^2$ 的绿地建设来说，1 台小型拖拉机的边际收益大于 2 台。另一方面，对于一定规模的园林建设来说，生产要素要达到一定的规模才能与之适应，否则就可能无法在一年内达到一定的植被覆盖率（目前经济指标大多数以一年为期进行统计）。因此，有必要对于不同的投入所导致的不同产出进行比较，争取以较少的投入获得所需的产出。这个比较和选择程序称为投入产出分析。

最简单的投入产出分析是只对单一生产要素进行，即列出其投入量、投入增量与总产量、平均产量、边际产量的相关数据表格（即用列表法表示函数关系）。一般说来，在保证按时完成有效生产量指标的前提下，选择与最大的平均产量相对应的投入量作为该生产要素的投入量，见表 4-2：单一生产要素（氮肥，用来改善立地质量）投入产出分析。其中第一列是氮肥投入量，第二列是投入增量（即第一列的相应行与其上一行之差），第三列是总产量，第四列是每磅氮肥的平均产量（假设土壤中原有含氮量为零），第五列是以 25 磅为单位的边际产量。

表 4-2　单一生产要素（氮肥）投入产出分析

每亩施用纯氮（磅）	投入增量（磅）	每亩玉米产量（英斗）	每磅氮肥平均产量（英斗，设土壤中原含氮量为零）	每增施 25 磅氮所增收的玉米（英斗）
10	—	84	8.4	—
60	50	117	1.95	16.5
110	50	133	1.21	8.0
135	25	139	1.03	6.0
160	25	144	0.90	5.0
210	50	146	0.70	1.0

资料来源：《农场管理学》（美）1976；引自张培刚、厉以宁《宏观经济和微观经济学》。北京：人民出版社，1980 年第 101 页（原缺第二和第四列），注：1 亩 = 666.6m^2，1 磅 = 454g，1 英斗 = 36.368L（英）或 35.238L（美）。

从表 4-2 的第五列可以看到：边际收益随着氮肥投入量的增加而减少。但是从第三列又可以看到：氮肥越多，有效生产量越高。那么，到底应该投入多少氮肥呢？这就要看

选用什么决策指标:如果只追求产量,那就多施氮肥,如果只考虑每磅氮肥的效益,那就少施氮肥。如果兼顾这两个指标,那就要进行二目标评价。如果以财务金钱效益为指标,那么就必须在表 4-2 中补入更多的数据(如化肥价格和玉米价格等)才能得出结论。

三、双要素投入产出分析与多类投入产出表

两个生产要素(不是二个目标)的投入产出分析通常以财务金钱效益为指标,在保证一定的有效生产量的前提下,争取这两个要素的成本最小,见表 4-3。表 4-3 中的产出是完成 1hm^2 的绿地建设。从表 4-3 中还可以看出:所用的设备越多,每千瓦小时所能替换的人数越少,当替换下来的劳力工资(见表 4-3 第 4 列和第 1 列)与每千瓦小时的成本(见表 4-3 第 4 列和第 2 列)相等(用公式表示就是 $\Delta x_1/\Delta x_2 = P_2/P_1$)时,就达到了较高效益(最佳组合)。

表 4-3　绿地建设中劳力设备的投入产出分析

劳力 T (h/hm^2)	设备 W ($kW/h \cdot hm^2$)	边际替换率 $\Delta T/\Delta W$(每千瓦小时替换的 1 人小时数)	资金成本(每人每小时 2 元,每千瓦小时 4 元)
15	0	—	30
11	1	4	26
8	2	3	24
6	3	2	24
5	4	1	26

分析结果:每公顷 8h 人力与 2kW/h 设备,或者 6h 人力与 3kW/h 设备的投入,可使经济效益最高(成本最少)。太多或太少人力投入都会使经济效益下降。

比较全面的投入产出分析则应在 n 维生产要素的代数空间中进行,即把约束条件内的各种组合作为 n 维空间中的不同的"点"或"向量",然后即可按照单一生产要素的分析方法进行分析与决策。其中涉及的重复性统计及计算,均可由计算机完成,前提是各维生产要素都已数量化。从目前来看,有待量化的要素是管理水平(C_1)和劳动技能(C_{2i})。

目前常用的投入产出效益指标都是对单一生产要素厘定的。如:劳动生产率(Y/T)、材料利用率[$Y/L(A)$]、能源利用率等。随着人们国土观念及科技意识的提高,还应该使用土地利用率(Y/A)、知识(信息)利用率(Y/C)、新技术利用率(Y/W)。

更为全面的投入产出分析是把规模和结构效益也纳入分析过程。即在 $n \times m \times p$ 维空间中进行(其中 p 是不同的经济部门数,m 是各经济部门中最多组分数,n 是各组分中最多的要素组合数;其他部门或组分总有若干分量为零)。虽然从原则上说,这种投入产出分析与上述方法没有什么不同,但是由于涉及参量太多,目前只在一些简化的条件下进行探讨。实践中主要依靠非程序化决策或决策参照,然后依靠市场来调节或接受"紧张状态"的教训来"纠偏"(紧张应变)。随着新一代计算机的研制和人类进行模拟、预测能力的提高及信息收集、反馈能力的提高,投入产出分析的应用将逐步扩大。下面简单介绍用于显示不同经济部门之间相互关系的投入产出表(表 4-4)。

表 4-4 我国 1973 年 61 类主要产品投入产出表(双线格内)及增补

使用(投入) 生产(产出)		单位	中间产品 农 1,…,6 粮食 猪	中间产品 轻工 7,…,16 棉纱 表	中间产品 重工 17,…,26 电 钢材 36,…,59 化肥 轻工机械	中间产品 运输 60 铁路货运	中间产品 建筑 61 建筑安装工程	小计	最终产品 其他生产消耗	最终产品 合计	非生产消费	增加库存	增加国家储备	新增固定资产	进口(−)	出口(+)	合计	损耗未明项	总产量	消除污染活动	产生的污染	总产品
农业	1 粮食	亿斤	$X_{1,1}$	$X_{1,7}$	$X_{1,17}$	$X_{1,60}$	$X_{1,61}$		W_1	U_1							Y_1		X_1	$E_{1,1}\ \ E_{1,m}$	P_{01}	Z_1
农业	⋮ 6 猪	万头																				
轻工业	7 棉纱	万件	$X_{7,1}$	$X_{7,7}$	$X_{7,17}$	$X_{7,60}$	$X_{7,61}$		W_7	U_7							Y_7		X_7	$E_{7,1}\ \ E_{7,m}$	P_{07}	Z_7
轻工业	⋮ 16 表	万只																				
重工业	17 电	亿度	$X_{17,1}$	$X_{17,7}$	$X_{17,17}$	$X_{17,60}$	$X_{17,61}$		W_{17}	U_{17}							Y_{17}		X_{17}	$E_{17,1}\ \ E_{17,m}$	P_{017}	Z_{17}
重工业	26 钢材	万 t																				
重工业	36 化肥	万 t																				
重工业	59 轻工机械	亿元																				
运输	60 铁路货运	亿 t·km	$X_{60,1}$	$X_{60,7}$	$X_{60,17}$	$X_{60,60}$	$X_{60,61}$		W_{60}	U_{60}							Y_{60}		X_{60}	$E_{60,1}\ \ E_{60,m}$	P_{060}	Z_{60}
建筑	61 建筑安装工程	亿元	$X_{61,1}$	$X_{61,7}$	$X_{61,17}$	$X_{61,60}$	$X_{61,61}$		W_{61}	U_{61}							Y_{60}		X_{61}	$E_{61,1}\ \ E_{61,m}$	P_{061}	Z_{61}

续表

使用(投入) \ 生产(产出)	单位	中间产品 农 粮,猪 1,…,6	轻工 棉纱 7,…,16	重工 电表 17,…,26 钢材 化肥 36,…,59 机械	运输 铁路运货 60	建筑 建筑安装工程 61	小计	其他生产消耗	合计	最终产品 非生产消费	增加库存	增加国家储备	新增固定资产	进口(一)	出口(十)	合计	损耗	未明项	总产量	消除污染活动	产生的污染	总产品
职工人数	万人	L_1	L_7	L_{17}	L_{60}	L_{61}																
劳动报酬	亿元	V_1	V_7	V_{17}	V_{60}	V_{61}																
税金	亿元	T_1	T_7	T_{17}	T_{60}	T_{61}																
利润	亿元	P_1	P_7	P_{17}	P_{60}	P_{61}																
占用资金总额	亿元	K_1	K_7	K_{17}	K_{60}	K_{61}																
产值	亿元	Q_1	Q_7	Q_{17}	Q_{60}	Q_{61}																
污染种类		P_{011} P_{0m1}	P_{017} P_{0m7}	$P_{01,17}$ $P_{0m,17}$	$P_{01,60}$ $P_{0m,60}$	$P_{01,61}$ $P_{0m,60}$														F_{11} $F_{1m,1}$ $F_{m,1}$ F_{mm}	R_1 R_m	Z_{p1} Z_{pm}
固定资产折旧																						
总产品																						

从该表的水平方向可以看出各类产品在该年度的使用情况以及污染的产生情况。例如当 X_{11}（种籽）=382亿斤*，X_{16}（猪饲料）=203亿斤，X_{17}（棉布用浆等）=1.50亿斤等时，即可"小计"出1973年61类产品共消耗粮食609.35亿斤（另有生产食用植物油22.85亿斤，其他57类消耗为零）。如果再加上 W_1=418.11亿斤（其他生产消耗），则中间产品"合计"为1 027.46亿斤。此外，1973年粮食非生产消费（饮食等）为4 085.89亿斤，库存增加220亿斤，国家储备增加71.41亿斤，进口192.43亿斤，出口79.87亿斤，最终产品"合计"为4 264.74亿斤=Y_1。如果再加上损耗（霉烂、火鼠等灾害）和"未明项"，就等于 X_1（粮食的总产量）。目前我国尚未把"消除污染活动"单列一项，所以在表4-4中列在最后。一般说来，这一项也属于"中间产品"，即为了"生产"较好的环境而投入的粮食，如种籽以及微生物培养基等。不过，绿地建设所用的种籽通常都不是"粮食"。此外，上述61类之中不包括"园林业"，园林是一个相对新型的行业，它与表4-4中"产生的污染"（$P_{01} \cdots P_{061}, R_1 \cdots R_m$）一栏关系甚密——污染越多，人类对于借靠植物来改善居住环境和休憩环境的需要越大。人类不可避免地要在生产的"最终产品"和"产生的污染"之间进行权衡，对 Y_1 和 P_{01}, Y_2 和 $P_{02}\cdots\cdots$ 给以适当的权重，然后计算出"总产品"。即进行"双目标评价"。

从表4-4的垂直方向可以看出各类产品生产过程中对其他产品的消耗情况、生产要素的投入以及货币形态的经济效益和产生污染的情况。例如1973年 X_{11}=382亿斤，$X_{17.1}$（生产粮食用电）=60.71亿度，$X_{26.1}$（生产粮食用钢）=20.08万t。由此可以将"粮食"作为基础来估算各类生产工具（如农具）的权重 W 和立地质量 $L(A)$（如供电、化肥等）。目前常利用表4-4来计算产品的完全消耗系统，例如每万斤粮食对种籽消耗量(kg)[即 $X_{11} \times 10\,000/(Y_1-Y_{11})$]，每吨原煤耗钢材(kg)，每吨煤耗电(度)，每吨钢材耗电(度)[即 $X_{26,17} \times 10\,000/(Y_{26}-Y_{26,26})$]，等等。1973年我国每吨铝耗电18.339度，煤34度，1972年原苏联分别为14.669度，37度。进一步分析后得知：我国冶铝工业浪费能源较重，而采煤业电气化程度较低。

第五节　资金财务效益

一、资金与货币

对于作为法人产品的园林规划，不仅要考虑"生产要素效益"，还要把"资金财务效益"放在重要的地位，因为法人对园林的投资与否，常常受到"最大利润原则（使边际收益与边际成本相等）"的影响。

---

* 1斤=0.5kg，下同。

资金是各种货币形态(存款、现金、活存、定存、纸币、金币、实物折算价值等等)的总称;财务是对资金的管理和运用。货币是人们普遍接受的、充当交换媒介的东西;而交换是不同区域的人们互通有无,以及分工之后的不同专职的人们互通有无的行为。

进入封建城堡社会的人类社会,这两类互通有无的交换行为就已并存,但货币或金钱发挥较大的功能的领域是在城堡之间,而不是城堡内部。

对于异域整合社会来说,货币的内部功能扩大了——对于科举竞争社会来说,货币应用于皇权结构之外的物质需求领域;而对于市场竞争社会,货币应用于社会结构的全部物质需求领域。货币拥有量表示了相对于总资源或总供给的一定份额。货币流通对于减少无效消耗量发挥着不可取代的疏通作用。

货币本身逐渐成为人们的重要需求之一,而对于不少人来说,货币是最重要的需求。因此,对于拥有一定资金的人来说,除了消费需求必须支出之外,就是要在"储蓄"和"投资"之间进行选择,把多余的货币用于能够产出更多货币的那一项,或用于损失较少货币的那一项(见图2-2,其中"政府"及某些"法人"与其他法人及"个人"的不同之处在于前者可以印制货币。在我国,只有金融当局有权发行货币)。

二、资金财务效益

资金财务效益是资金管理及运用所导致的效果之中对人类有益的部分。它与经济效益的区别在于:经济效益主要体现于"物质(能量、信息)利益",而资金财务效益除了"物质利益"之外,还可能体现于"精神利益"——金钱货币在一些人群中已逐渐异化为一种超乎人间一切物质存在的永恒实体。腰缠万贯对于拜金者来说,正如"知仁勇"之于儒门子弟,"涅槃"之于佛门弟子,"千古流芳"之于重名节者一样,已经是一种精神追求,而不是一种物质需求。这种情况使一些过于理论化的经济模式与人们实际的经济行为不相符,甚至使人提出"是人们不合理还是经济学家错了?"这样的问题。

西方的经济学家往往假设人们的行为遵循"最大利润原则"——市场人格的典型特征就是要让货币的边际收益与边际成本相等。货币的边际收益是指最后增加的一个单位商品的卖价,它等于货币收益的增量除以产量的增量。边际成本则是为了增加最后一个单位商品所必须投入的货币。如果货币的边际收益小于边际成本,那当然"不合算",因为入不敷出,反过来,货币的边际收益大于边际成本,那也"不合算",因为这说明还有一些能够赚来钱的潜力没有被发挥出来(图4-3)。这正如日照最长的那一天(夏至)还不是最热的那一天,只有到了地球储热最多的时候(三伏天)才最热一样。

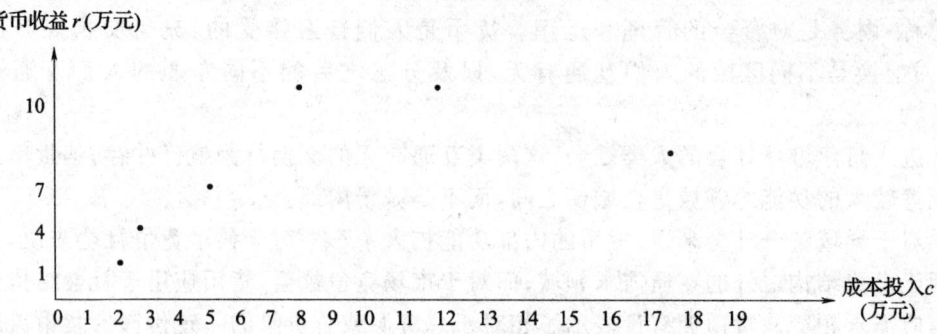

图 4-3　最大利润原则图示

($c=2$ 时,只要增加 1 万元的投入,就可以多收益 3 万元;$c=3$ 时,需要增加 2 万元的投入,才能多收益 3 万元;按照"最大利润原则",这时还要继续增加投入;直到 $c=5$ 时,需要增加 3 万元的投入,才能多收益 3 万元;也就是说,投入 8 万元时,赚钱的潜力才用完了,不应再把资金投入这个项目了)

三、内在利润率和其他效益指标

最大利润原则推广到日常的货币运用方面,就是要让每一笔日常消费之外的钱都"生出(繁殖)"最多的钱。一般的合法途径就是银行储蓄、购买债券和项目投资。手头上暂时不用的一笔钱是投向银行、购买债券还是作为项目投资?一个"市场人"通常都是由银行利率、债券利率与项目内在利润率的大小比较来确定。一个项目的内在利润率(IRR＝Internal Rate of Return)是根据该项目经济寿命内全部利润(即总收入减去总支出)及投资数额仿照银行利率计算出来的资金增长速率(与银行利率的单位相同,如"每年百分之几")。即满足下式的 i 值:

$$\sum_{t=0}^{n} [(B_t - C_t - K_t)/(1+i)^t] = 0 \qquad (4-55)$$

式中 t 是投资的年份,n 是投资项目的经济寿命,B_t 是第 t 年收入,C_t 是第 t 年经营费用,K_t 是第 t 年生产(施工)投资额,i 是内在利润率,这种方法也称贴现的投资评价法(考虑时间价值因素的指标)。

对于经济稳定时期的短期项目来说,根据公式(4-55)所计算出的 i 值如果比当时的银行利率高,该项目就会对法人投资及个人购买股票具有吸引力。i 值越大的项目,吸引力越大。但是,在经济波动时期,银行利率变动较大,作出抉择就会冒风险。至于在经济萧条时期,只有那些 i 值保持为"正"的项目才有吸引力。对于中、长期项目来说,除了要考虑银行利率的变动之外,根据公式(4-5)来计算 i 值这件事本身就比较困难,且易产生较大的误差(如估算项目寿命、投资及经营成本受市场影响、产品或服务受

第四章　经济效益与园林规划

供求关系的影响、解方程时常采用简化的图解法等等）。因此，在进行成本利润分析时，人们常不求"最优"，而求"有效"或"满意"。即采用比内在利润率更简单的指标来估算某一项目的资金财务效益，即不考虑时间价值，也称非贴现评价方法。例如：单位投资的年利润$[\sum(B_t - B_{t-1})/\sum(C_t - C_{t-1}) + (K_t - K_{t-1})]$、投资回收期$[\sum_{t=1}^{p} B_t = \sum_{t=0}^{p}(C_t + K_t)$ 中的 $p]$等（字符含义参见公式(4-55)），求和号表示从 0 到 n，p 表示达到回收投资的年份）。单位投资年利润越大的项目，其资金财务效益越好。投资回收期越短的项目，其资金财务效益越好（投资回收期的倒数称为投资效果系数，其值越大则效益越好）。

从经济系统或人类社会的角度来看，资金财务效益并不只是体现在资金本身的"繁殖力"（产生更多的货币），而是更应体现在资金对于经济能力和社会秩序的贡献，即对于有效生产量及其诸因子，对于提高临界供养系数和综合覆盖度，以及对于降低供养系数和游离覆盖度的贡献。有关的效益指标是：单位投资的产品量$[\sum Y_t/\sum(C_t + K_t)]$、固定资产形成率$[\sum L_t(A)/\sum K_t]$、单位投资的就业时数$[\sum T_t/\sum(C_t + K_t)]$、单位投资的设备更新等级或管理水平升级$[\sum W_t/\sum(C_t + K_t)]$或$\sum C_t/\sum(C_t + K_t)]$等（字符含义参见公式(4-55)及第一章第二节公式(1-4)，求和号$\sum$表示从 0 到 n）。此外，管理水平升级不等于"时空符合度"升级，但后者属于前者。

四、资金来源去向表

下面简单介绍可用来进行成本利润分析的资金来源去向表，见表4-5。从表4-5的水平方向可以看出在某一年度（如1995年）来自不同源头的资金的分配和使用情况。从表4-5的垂直方向可以看出社会的不同组分获得资金的情况。例如：J_{11}表示生产部门自留的经营基金，J_{12}表示生产部门投向科研的资金，J_{18}表示生产部门用于扩大再生产的投资，J_{13}表示政府消费中来自生产部门的那一部分等等。由于人们逐渐认识到科技是生产力的重要组分，而"科学研究"不同于生产技术，即不是为了获取和控制物质能量信息的程序行为，而是为了发现物质能量信息之间的规律和关联所进行的程序思维和行为（一般说来，科学研究包括"观察、假设、推论、实验"四程序），所以有必要单列一项。此外，表中的"消费"均可依"消费结构"分为亚项；"储蓄"也可分为活期、定期、商业性、非商业性等亚项；政府投资可分为财政拨款、建立国营企业和信贷购股；法人投资可分为建立私人企业、购买股票和设立基金（用于赞助或捐赠）；个人投资可分为购买股票、响应募捐和违法经营（若不违法，则应属于法人投资）等。其中财政拨款主要用于非物质生产部门，即提供安全、文教、医疗卫生、环境改善等公共产品，它与园林行业的关联甚大。政府投资和法人投资的提高通常有助于提高经济系统的综合覆盖度，而违法经营的个人投资则会增大游离覆盖度。

表 4-5 1995年我国国民收入资金来源去向表   (单位：亿元)

来源 \ 去向		生产	科研	政府			法人			个人			国外			合计
				消费	储蓄	投资	消费	储蓄	投资	消费	储蓄	投资	消费	储蓄	投资	
生产		J_{11}	J_{12}	J_{13}											$J_{1,14}$	J_1
科研		J_{21}	J_{22}												$J_{2,14}$	J_2
政府	消费	J_{31}	J_{31}													J_3
	储蓄	J_{41}														J_4
	投资	J_{51}														J_5
法人	消费	J_{61}														J_6
	储蓄	J_{71}														J_7
	投资	J_{81}														J_8
个人	消费	J_{91}														J_9
	储蓄	$J_{10,1}$														J_{10}
	投资	$J_{11,1}$														J_{11}
国外	消费	$J_{12,1}$														J_{12}
	储蓄	$J_{13,1}$														J_{13}
	投资	$J_{14,1}$													$J_{14,14}$	J_{14}
合计		J_{01}	J_{02}	J_{03}	J_{04}	J_{05}	J_{06}	J_{07}	J_{08}	J_{09}	J_{010}	J_{011}	J_{012}	J_{013}	J_{014}	
顺差或逆差		$J_{01}-J_1$													$J_{014}-J_{14}$	

第二编

风景园林行业部门管理

第五章 管理基础理论

第一节 管理的含义

管理是人类社会协作劳动和共同生活的产物。随着科学技术和生产力的迅速发展,社会分工和生产的社会化达到空前规模,社会经济政治结构高度分化。在此背景下,管理活动逐步趋向于专业化、科学化、高效化和民主化,并广泛渗透到社会生活的各个领域和各个方面。

迄今为止,人们对管理的含义并没形成公认的、权威性的统一看法。

古汉语中,"管"由"官"衍化而来,主事叫管,有管辖、管治之意;"理",即治、雕,治事叫理,有理顺,处理之意。"管"是手段,"理"是目的。

英语中,"to manage"来自拉丁文"manus agere",意为经手,带有以一定规则,为某种目的领导和指点他人等含义。而英语中"managing"与法文中"lenenage"含义大体相同,为家政之意。在德文中原来没有管理一词,布雷弗尔曼将其译为"fuehrung"(意为领导、指挥)和另一个单词"verantwortung"(意为负责)。

有学者从管理职能出发,认为管理就是为了特定的目的而实行的计划、组织、指挥、协调和控制。有学者提出管理就是决策;有学者认为管理是协调人际关系,激发人的积极性,以求达到共同目标的活动;还有学者按照系统论原则,提出管理是组织中协调各子系统并使之与环境相适应的活动。

我们的定义:管理就是管理者在一定的环境和条件下,为了实现特定目标,动员和运用有效资源而进行的计划、组织、领导和控制等社会活动。

根据这一定义,我们可总结出管理的基本含义:

1. 管理是由管理者进行的活动。
2. 管理是在一定的环境和条件下进行的。
3. 管理是为了实现特定的目标。
4. 管理需要动员和配置有效资源。
5. 管理具有基本的职能(详见本章第三节)。
6. 管理是一种社会实践活动。

第二节　管理的性质

　　管理是社会化大生产和共同劳动的客观要求,这是管理的自然属性。任何社会、任何生产部门,只要有许多人在一起协同劳动,就需要有管理。马克思指出:"一切规模较大的直接社会劳动或共同劳动都或多或少地需要指挥,以协调个人的活动,并执行生产的总体运动所产生的一般职能。一个单独的提琴手是自己指挥自己,一个乐队就需要有一个乐队指挥。"(马克思《资本论》第一卷,人民出版社1975年版第367页)这一生动的比喻,说明经济管理在社会生产中的重要地位和作用。一个乐队没有指挥,七上八下,决不可能演奏出好的乐章。同样,一个军队没有指挥,就会成为乌合之众,决不可能取胜。社会化的经济活动过程,没有科学的管理,统一的指挥,也不可能收到良好的经济效果。随着生产的社会化程度提高,共同劳动规模的扩大,劳动分工协作的日益精细,愈来愈要求有严格的组织、正确的指挥、精细的核算等科学的经济管理,这是任何社会制度下都存在着的一种经济上的客观要求。管理在这方面的作用主要是组织生产力,它与社会制度没有直接的关系,只要符合客观实际需要,并能促进生产的管理经验和方法,就有它的科学性和普遍性。

　　同时,管理又是生产关系的反映和体现。它的性质又是由生产关系的性质决定的,它是管理的社会属性。马克思早就分析过,"资本家的管理不仅是一种由社会劳动过程产生并属于社会劳动过程的特殊职能,它同时也是剥削社会劳动过程的职能,因而也是剥削者和它所剥削的原料之间不可避免的对抗决定的。"(马克思《资本论》第一卷,人民出版社1975年版第369页)。列宁也曾作过深刻的分析。他说:"资本家所关心的是怎样为掠夺而管理体制,怎样借管理来掠夺。"(《列宁全集》第三卷,人民出版社,1984年,第395页)。管理在这方面的作用是实现一定的生产关系,它直接决定于社会制度的性质,这就是它的阶级局限性。社会主义管理与资本主义管理具有根本不同的性质,它已不再是由剥削和被剥削者之间的阶级对立而引起的"监督劳动",也不再是"剥削社会劳动过程的职能",而是体现和反映了社会主义生产关系。

　　综上所述,管理具有二重性。一方面它是合理组织生产力,进行社会化大生产和共同劳动的客观要求,另一方面它又是一定生产关系的反映和体现。正确认识管理的二重性,使我们以一种科学的态度对待外国的管理经验和方法,既不能一概否定,一律排斥,又不能不加分析,盲目照抄。应当是在认真总结、推广自己管理经验的基础上,努力学习、吸收国外对我们有用的东西,以丰富和发展我国的科学管理。毛泽东同志曾经指出:"外国资产阶级的一切腐败制度的思想作风,我们要坚决抵制和批判。但是,这不并妨碍我们去学习资本主义国家的先进的科学技术和企业管理方法中合乎科学的方面。

工业发达国家的企业,用人少、效率高、会做生意,这些都应当有原则的好好学过来,以利于改进我们的工作。"(《毛泽东选集》第五卷,人民出版社,1977年,第287页)

管理的两重性也指管理的科学性和艺术性。一方面,管理必须按客观规律,按科学规范要求,运用科学的方法;另一方面,管理本质上是人的活动,因此又有特定艺术性。体现在管理中"度"的把握,一切管理都应从实际出发,同时管理也是一种创造性的活动。

此外,管理还具有目标性、组织性、创新性等特点。

第三节 管理的职能

管理的职能是管理者在管理过程中的各种基本活动及其功能。关于管理职能的确定和划分,说法各异,有三职能、四职能,甚至七职能、八职能之说,但一般比较趋于五职能。

一、决策

决策是十分重要的管理职能。美国卡内基—梅隆大学管理学专家西蒙认为"决策是管理工作的同义语"。决策是观察管理的"钥匙孔",决策正确与否,关系企业的成败。决策失误,管理效率越高后果越严重。

园林经济管理的决策就是对园林部门(或企业)在一定时期内的发展方向、经营方针、建设目标以及实现这些目标所应采取的重大措施作出选择和决定。制定决策的目的,在于有意识地指导人们的行动走向未来目标。决策是否合理,取决于对未来后果所作判断的正确程度。因此在决策之前,一定要进行周密的调查研究,做好预测工作,确定投资方向。国外一般十分重视这一工作,它们雇用各种专门人才组成"智囊团"(日本叫做脑库,全国有150多个),帮助各级领导进行经济预测和经营决策。对生产什么、生产多少、何时生产、现在需要什么、需要多少等问题,作出有科学依据的预测和抉择。

程序化决策的过程大致可分为三个阶段:(1)收集决策所需要的各种情报(包括内部、外部、正式、非正式的各种情报);(2)分析和设计可能的各种行动方案;(3)从若干个可能的行动方案中选择出最优方案。一般来讲,能够取得最优决策的秘诀是:百分之九十的情报加百分之十的直觉(预感)。近年来,我们国家在管理工作中非常重视决策这个职能。

二、计划

计划是对管理进行预先筹划和安排的行动。计划不当或计划失误,企业的经济活动就不能有效地、正常地进行。计划的目的在于经济合理地利用现有的资源,有效地把握未来发展,争取最大的经济效益。为此,决策之后,还要制定出周密详细的计划,以指导企业整个生产经营活动,保证实现决策所规定的目标。计划的种类一般有长期计划、中期计划和短期计划等。

三、组织

组织是实现计划的保证,就是管理者按照组织的特点和原则,通过组织设计,构建有效的组织结构,合理配置资源并使之有效运行,以实现管理目标的活动。通过组织工作,把企业生产经营活动中的各个要素、各个环节、各个方面都恰当地、合理地组织起来,形成一个有机的整体,以便紧密配合、协调地进行工作,使人力、物力、财力得到最充分而又最合理的利用,收到好的经营效果。

四、领导

领导职能就是管理者按照管理目标和任务,运用法定的管理权力,主导和影响被管理者,使之为了管理目标的实现而贡献力量和积极行动的活动。任何企业在生产经营活动中都需要有统一的领导,这是保证企业生产经营活动正常进行的必不可少的条件之一。企业的生产活动不停业,领导一刻也不能中断。尤其是在现代化的大生产中,分工协作比较复杂,技术要求高,生产连续性强,各个部门,各个工序,一环扣一环,更需要有正确的领导,为了保证领导有效,领导者要有权威,被领导者要服从指挥。但要作到正确的领导,领导者一定要有科学的修养,懂技术、懂管理,严格按照客观规律办事,还要有好的领导作风和领导艺术,善于深入实际,联系群众,多谋善断。领导职能是管理过程的活的灵魂,被视为管理的核心环节。

五、控制

凡是运动的、发展变化的事物,都不能失去控制。失去控制,就会发生紊乱,会造成损失。生物的生命活动是如此,社会经济活动也是如此。所谓控制,就是对整个经济过程的每一项具体活动,进行严格的监督、核算和检查,发现超过原来规定的原则、计划和标准,及时查明原因,采取措施加以纠正,使每一项具体的和全部的经济活动,被限制在原来规定的计划范围之内,以保证实现预期的经营目标。国外有人给它下的定义是:"核实实际的进展是不是同既定的计划、指标原则相符合。"

控制的职能是多方面的,诸如工时消耗量的控制、材料用量的控制、存货控制以及成本形成过程的控制等。国外很重视这一工作,有些方法是科学的、行之有效的,值得推广和学习。

第四节 管理学的形成和发展

一、管理学的形成

资本主义社会以前,在人类的生产、生活实践中早已积累了许多管理方面的经验和方法,古代埃及的金字塔、中国的万里长城、都江堰等宏伟的工程,不仅是科学技术一定发展水平的标志,而且也是人类管理才能和劳动协作一定发展程度的见证。尽管如此,这样大的协作劳动毕竟还是少数,有管理的实践经验,但还没有形成一门独立的管理学。我们中华民族有悠久的历史,灿烂的文化,历史上有驰名中外的文学家、诗人、医学家……但惟独没有很出名的经济学家、管理学家,这是由于我国长期分散、落后的小生产的历史社会条件决定的。

在人类社会发展史上,管理形成为一门科学是随着社会化大生产的产生而产生、发展而发展起来的。在自由资本主义时期,企业规模不大,组织简单,资本所有者就是企业管理者。资本家大权独揽,凭借个人的经验和知识,进行判断分析,实施企业管理。随着自由资本主义向垄断资本主义过渡,企业的规模不断扩大,分工协作越来越细,管理企业日益复杂。为了适应客观的需要,经济发达国家的经济学家、管理学家,在总结前人经验的基础上,使科学化、系统化上升为理论,逐步形成为一门独特的管理学。

二、管理学的发展

管理学的发展过程,大体上可以概括为三个阶段。

1. 传统管理(又称早期管理)

在资本主义社会以前和资本主义发生的早期,管理经济是凭借祖传的经验。到了18世纪下半期,英国资产阶级古典政治经济学体系的创造者亚当·斯密认为,劳动是财富的源泉和价值的尺度。他分析了由于工业的分工而获得的经济效益:①分工可以使劳动者专门从事一种单纯的操作,便于提高技术熟练程度;②分工可以减少工种的变换,有利于节约劳动时间;③分工可以使劳动简化,把劳动者的注意力集中在一种特定的对象上,有利于发现比较简便的方法,有利于促进工具的改革和机器的发明。他的劳动组织论和经济人的观点,对当时的社会劳动生产率的提高和从手工业作坊到机器生产过渡产生了巨大的影响。他的代表作《国富论》,产生于1766年。在他之后,他的理论的继承者大卫·李嘉图(英国资产阶级古典政治体系的完成者)于1817年发表的《政治经济学和赋税原理》,以劳动价值论为基础,进一步研究了资本、工资、利润和地租,认为工人劳动创造的价值是工资、利润和地租的源泉。并以此得出结论:工资越低,利润越高;反之,工资越高,利润就低。这些重大的发现都为管理科学形成和发展奠定了理论基础。

2. 科学管理(又称中期管理)

19世纪末20世纪初,在世界范围内自由资本主义向垄断资本主义过渡。这时,资本家根据个人经验管理企业已不能完全解决问题了,适应客观上的要求,科学管理的理论应运而生了。这种管理理论最早的代表人物就是美国的泰罗。泰罗出生于费城的一个中产家庭,先在米德维尔钢铁厂当工人,由于工作努力,他被迅速提升为领班、总工程师。在他担任领班时,就开始了他著名的"动作与时间的研究"。根据这项试验,他认为,可以在时间和动作方面求得高度的标准化,以降低人工费和提高利润。通过一系列的试验和长期管理的实践,他总结出一套管理原理和方法,将它们系统化,形成了"科学管理"理论。他的主要著作有:《科学管理原理》、《计件工资制度》、《车间管理》等。

泰罗在创建"科学管理"时,有三个基本出发点:

第一,谋求最高工作效率。第二,用科学管理代替传统管理,这是达到最高工作效率的重要手段。第三,科学管理的精华是要求管理人员和工人双方实行最大的精神变革。

根据上述基本出发点,泰罗提出了科学管理原理和贯彻这些原理的具体制度和方法,大体上可分为作业管理和组织管理两个方面。

在作业管理方面,主要有:

(1)制定科学的作业方法,包括采用时间研究和动作研究制定出所谓标准的作业方法;实行作业所需要的各种工具和作业环境标准化;按照标准的作业方法和合理的组织,确定工人一天必须完成的工作量(工作定额),也就是他所说的每天的"公公正正的产量"。

(2)科学地选择,循序渐进地培训工人。

(3)实行刺激性的差别计件工资制。

在组织管理方面,主要有:

(1)把计划职能与执行职能分开,设立专门的计划部门,按照科学的规律,制订计划,管理企业。

(2)实行职能组织制,将整个管理工作划分为许多小管理职能,使所有管理人员分担之。

(3)实行例外管理。

在资本主义管理史上,泰罗曾被资产阶级称为"科学管理之父"。他的理论在资本主义的管理理论中影响很深。尽管他的动作分析和工时测定具有一定的科学意义,但他却在劳资双方都增加收入的幌子下掩盖了泰罗制的剥削实质。列宁同志曾经指出:"资本主义在这方面的最新发明——泰罗制——也同资本主义其它一切进步的东西一样有两个方面,一方面是资产阶级剥削的最巧妙的残酷手段,另一方面是一系列的最丰富的科学成就,即按科学来分析人在劳动中的机械动作,省去多余的笨拙的动作,制定精确的工作方法,实行最完善的计算和监督制等等。"(《列宁选取集》第27卷第237页)

3. 现代管理(又称近期管理)

在20世纪30年代,特别是第二次世界大战以后,资产阶级的管理理论分化为"管理科学"和"行为科学"两大流派。

所谓"管理科学",实际上就是泰罗的科学管理理论的继承和发展。在"科学管理"的基础上,吸取了现代自然科学(尤其是数学)和技术科学的新成果,发展了工业工程、运筹学、质量控制、电子计算机、管理自动化等等新的科学技术和组织手段,形成了现代管理科学。

所谓"行为科学"就是直接研究人的动机、需要等行为的学科。它强调从心理学、社会学的角度研究管理问题。它重视社会环境、人们的相互关系对提高工作效率的影响。泰罗主张使人个别化,他认为,当工人结成帮时,会闹事、会降低工作效率。因此,在他试验的工厂里,规定不准4个人以上的工人在一起工作,他认为管得严才能出效率。而"行为科学"派恰好相反,强调人的行为。认为从人的本质中激发出动力,才能真正提高工效。因此,非常重视人的工作,甚至鼓吹"工人参加管理"。他们的主要观点是:①企业的职工是"社会人",不仅仅是一个"经济人"。②满足工人的社会欲望,提高工人的士气是提高生产效率的关键。③企业中实际存在着一种"非正式组织"。④领导的一项主要任务是组织好集体工作即发展持久合作。这个学派的重要代表人物之一是美国哈佛大学的教授埃尔顿·梅奥,他曾经负责指导有名的"霍桑试验",逐步形成了一种新的管理思想——"人际关系论"。

人际关系论者,根据"霍桑试验"认为,追求满足社会和心理方面的需要是激励人们的动力。他们认为,人的行为是由动机发动的,而动机是由人的各种需要引起的,所以需要是引起行为的第一性因素。一个人的工作成绩=能力×动机激发。一个人能否感到快乐,是与其生活欲望大小成反比,与需要满足程度成正比,即快乐=需要满足程度/欲望大小。后来,从事研究激励理论最著名的是美国人马斯洛,他把人的需要分为五个等级:① 生理需要,这是最基本的需要;② 安全需要;③ 社会需要;④ 尊重需要;⑤ 自我实现需要,这是最高的一级需要。马斯洛的理论强调两点:人是有需要的动物。他的需要取决于他已经有了什么,只有尚未满足的需要才能影响他的行为,已经满足的需要不再是一种激励的因素;人的需要是按重要性的等级排列的(如图 5-1),一旦一种较低级的需要得到满足,另一种较高级的需要就会产生,并要求得到满足。这个由低到高的进程是无止境的,从生到死,连续不断。人就是为了满足需要而不断地工作着。

在资本主义管理理论中,行为科学改变了对人的看法,人不是"活机器"。强调恢复人性,给人民主和自由,这是符合整个历史发展的,也是符合社会化大生产的要求的。尽管如此,并没有因此而改变资本主义管理的阶级特性。这是一种比泰罗的"科学管理"更巧妙、更隐蔽的剥削方式。

到了20世纪70年代,资产阶级的学者运用系统思想,把"管理科学"和"行为科学"综合起来,形成为一种新的管理理论,即"系统理论"。所谓"系统理论",就是从整体出发而不是从局部出发研究事物的一种理论。它把同一事物有关的全部组成要素的总体看成一个系统。企业就是一个由人、财、物和社会环境构成的系统,其中包含许多小系统(或叫子系统),如生产系统、供销系统、信息系统等。用"系统理论"管理企业是管理思想上的一次革命,他把企业看成一个有机整体,要求从全面观点来组织和安排人力、财力、设备和物资,以期最合理、最经济、最有效地达到预定目标。所谓"目标管理"、"质量管理"、"参与管理"等都以此为指导。

研究外国的管理科学,目的在于借鉴。列宁说,只有用人类创造的全部知识财富来丰富自己的头脑,才能成为共产主义者。

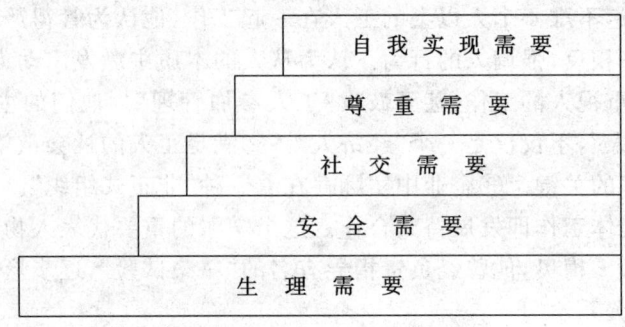

图 5-1 需要等级理论示意图

第六章 园林设计管理

第一节 设计团队中的人

园林作品无疑是由许多人共同完成的,这个道理不言自明。就连单纯的设计过程中,也少不了是一个设计团体共同通力合作的行为,出色的管理者掌握团队中各个设计者性格行为无疑是非常重要的。

可从这几个方面考察园林设计师对园林作品所作的贡献:观察其设计成果,是通过什么过程才产生这样的作品;观察其创作活动,以便更直接地了解所采用的设计过程的性质;观察设计师本人,了解设计师属于哪一类型的人。希望通过这些能明白设计师的设计途径。

每一种方法都各有其优缺点。看上去相似的园林作品也可能设计方法并不相同,所以从设计来了解园林设计师可能会有误会。观察园林设计师的行动可能对他产生干扰,也会有误。所以我们将从研究设计者本人个性开始,从心理学家论述设计师的角度开始。

多数心理学家喜欢把设计师的主要问题看成是"创造性"问题,不管创造性一词的含意如何。赫德森(Lian Hudson,1966)把创造性比喻为心理学的"乐队花车",其含义因人而异。在园林的语言中倾向于"艺术"方面的意义,于是使人立刻想到赖特(Frank Lloyd Wright,1900),经常忙于用6B铅笔做草图,也许就画在信封背面。在其他领域内,创造性的一般含义首先是"不切实际"。有时只不过是为异而异。一位美国心理学家巴伦(Frank Barron 1958)说过,"人们通过想像,创造出与其心愿更加接近的世界。"这不算坏目的,而且也是人们最终能为自己树立的唯一目的。

事实上许多园林设计师以完全相反的观点进行设计。他们从社会科学中探索人类的普遍需要,找出对游憩问题的标准化解决方案。

高夫(Goff,1970)曾经对建筑设计师进行了选择答卷式测试,在他形容查对表测验中,有独创性的那一组建筑师在个性上总的说来具备高度吸引力,乍看上去我们应为此高兴。然而这个测验只不过是由每一位心理学家从300个形容词中自选最恰当的形容词,去描写受测对象。即使是这样,建筑师测定的结果也很好,有独创性的建筑师百分之百的被认为是"机警的、聪慧的、有艺术性和负责任的"。所选用的形容词80%以上是一些讨人喜欢的形容词,虽然如艾伯克隆比(Abercrombie,1950)所指出,表上也有一些讨人厌的形容词,如"沉闷的、阴晦的、优柔寡断的、有复仇心的"等。但对有创造性的建筑师而言,采用这样的形容词的次数少得微不足道。

在心理学家意见一致的另一测验即 Block 的 100 项问卷法分类（Q—sort,1961)心理测验中,建筑师的成果也很好。在分类对照表中,前七项为：

1）欣赏美,具备审美能力。
2）高度自我抱负。
3）重视自我独立和自治。
4）完成任务好,办事有成果。
5）表现高度智能。
6）真挚重视智慧与认识能力。
7）有意识无意识地考虑个人的行为得体。

只有最后一项使心理学家看来本是毫无瑕疵的个性略微蒙上千丝疑迹。设计师表现为举止大方和办事高效的社会成员,这一点也被其他更加严格控制的测验所证实,如加利福尼亚个性测验表等。在这项测验中,第三组建筑师的评分最为平均,他们对独立事业成就有高度追求,对身分地位有很大的能量。在对待他人的动机、内心要求和经验方面,既有浓厚兴趣又富敏感性。

艾伯克隆比博士总结以上各点而把麦金农所调查的建筑师(更不用说她本人认得的建筑师)都描写为"糖与香料做成的,一切都很美好"(1965)。对这一点我们也很满意,但不得不使人感觉到麦金农在一定程度上是希望他们的建筑师美好。正如我们所见,赫德森对一些测验工作人员是有所怀疑是,因为他们似乎并不喜欢他们的受试对象,但相反的情况也显然能存在。麦金农明显地最满意"创造性"的、协调平衡的人,这些人对经验是开敞的。这使人想起奥尔波特(Gordon Allport)的另一文章(1954)中所说的无疑相信人最好要兼容,而不要专断。在许多地方,他的兼容型的人与麦金农的创造型的人是相似的,但奥尔波特的测验资料不够完整,且他对个性的描述充满感情的调子——显然肯定了他自己的偏见(赞成灵活性)。在作者看来,藉助于描述"对立面",反而能看清麦金农及其同事们所探求的人物性格。

奥尔波特采用的个性研究一套办法,始于弗卢姆(Fromm,1942)、马斯洛(Maslow 1954)等人。那些犹太裔心理学家对第二次世界大战期间反犹太问题探讨的迫切性是可以理解且值得同情的。在这方面,最主要的著作为 Adorno 等人(1950)的《论专断性格》。奥尔波特认为性格上发展为偏狭,可追溯至童年。儿童常从父母那里接受偏狭的态度,而且父母对待儿童的方式也很有影响。如粗暴压迫、不关心或反复无常(有时反对,有时纵容和溺爱),这样就会阻碍儿童的处世能力和自处能力,继而影响他的一生。相反,兼容型的人能容忍暧昧,在学校及日后,他能适应不明确的环境。他不需要明确指示,他不追求结构明确的局面,这一点对设计者具有重大意义。兼容型设计者一般能够使用换位思考,能够较好地站在对方的地位上思考和权衡问题。

总之,偏狭型并不相信自己的判断,却要强迫别人纳入自己设立的框框之中,求助于老一套。兼容型者则能实际观察问题,如不愉快情况拟将发生,则能绕过,这使得他能很密切地观察正在交谈的对手的个性;他能现实地估计自己,勇于承认理想的自己与现实的自己之间的差距。如果要求回答对某项工作的理想人选,兼容型者能选择自己并不具备的品格,而专断型者常描写成为与自己相像的人——自以为是。可以看到兼容型的人能够了解自己,包括自嘲的能力。在发散型、辐合型之间,赫德森发现许多令人感兴趣的不同点。发散型的人对开端问题能答出许多精彩的想法,他们如果绘制街景,可以画出各种人物,而辐合型的人则空无一人。发散型的人可能更易产生冒犯别人感情的言行,而辐合型的人如果得罪别人,却可能非常猛烈,连某些发散型人的那种幽默感都没有。

在所谓明智的发言者眼中,设计团队的总体性上应该呈现偏狭型,而团队的个体性应该呈现兼容型,这不是所有问题都能够解决的吗?这种说法和理解固然没有错误,但是这种理想上的巧合应该说来没有什么现实意义。

团队中的领袖人物的性格特别重要:布莱克对本世纪最伟大的建筑师曾作过简要传记《建筑大师》,其中无一人符合好的标准。例如他把赖特描写为"骄傲自大,自负,声音刺耳"。布莱克为他辩解说他是非常寒酸的"乡下佬"。对柯布西埃的形容更加有过之而无不及:他冷淡、猜疑、好斗、骄傲、讽刺。对密斯的描述为:大块头,花岗岩般的面孔,穿着讲究,克制、沉默、害怕公开发言。很少的人完全符合一种类型,不过均处于这些类型分布范围之内。史密斯从 Kretschmer 等人那里得到许多论证,认为多数伟大的数学家、物理学家的气质属于精神分裂型,而文学家的气质为周期盛情型。精神分裂型气质的科学家自然追求系统化与秩序,倾向于抽象思维和阐述概念,进行哲学、玄学的思辨。科学领域的多数伟大变革始于这种人。他们具有高度集中注意力的能力,焦聚全部精力去解决一些特定问题。当然也有周期性感情气质的科学家,我们展示多方面的才能,倾向于观察和经验,倾向于知识普及活动,不信任系统化和哲学思辨。按照 Kretschmer 的说法,这种重视观察经验的态度,对于研究生物、化学、医学特别有价值。现代的人力资源管理研究已经十分发达,但是由于人类世界充满了个性的交杂,以现在的科学力量,我们根本就不可能量化任何一些人的行为心理性格特征,设计团队管理无法用最小化语言解释。事实不是也证明了,赖特小组和众多设计师小组成功地组织设计了一个又一个的出色设计任务。

矛盾的出现未必不是好事，用中国传统文化精髓《洛书》中的平衡精神来解释矛盾，就是矛盾推动事物发展。设计团队中出现性格上的矛盾是理所应当的，中国古话不是说："人心隔着肚皮"吗？内在的矛盾冲突发展为外显的矛盾也不为过，关键是团队领导者巧借矛盾，使矛盾的原本破坏力转化为实际的生产力，这不单是考验设计团队领袖对成员的把握，更要紧的还有领导能力和魅力了。

第二节　设计团队的工作环境

中国普通大学英语精读课本上有一篇文章，说的是一个刚刚担任"效率管理员"的青年对自己家乡某一衬衫厂生产效率的改革工作，他通过一段时间的观察和思考，对工厂提出了相当多的"学生气"的改革措施，其中就有几条提到了改善工人工作环境，借以提高生产效率。在园林设计管理这一章里，我们提出的设计团队的工作环境具有相当的特殊性质。

何谓"设计"？设计也可以说成创作，设计就是前人没有的自我独创。设计工作本身带有浪漫主义色彩，如果说是天马行空也未尝不可。设计行为本身不是简单的重复，她充满了智慧的思索，而动脑筋又是相当消耗体力的。邓小平同志在提出"科技是第一生产力"的同时，充分认定了脑力劳动同体力劳动同等重要的原则。设计还体现了个人智慧和集体智慧的特殊和综合性质，必须承认的是，每个人都有思考问题的方法和角度，因人而异并且各不相同。比如说：有的人喜欢安静的思考和创作，而有的人必须在美妙的音乐旋律中才发生灵感，还有的人必定到了半夜三更大脑才活跃异常。设计团队中的各个成员应该有自己选择工作环境的权利，并且在正常的监督下磨合和变换，在自由机制下创造团体创造力的最大化。

寻找"团体创造力最大值"的工作环境交给团队领袖来做是再恰当不过了。设计团体的办公场所的形式多变也是正常值范围之内，如果团队成员一致认同现代广泛流行的集体货舱式的办公方法，可以；如果团队成员一致认同个人一小间相对封闭，各干各的并且时常小或大型集中讨论，亦可；如果前两者兼而有之，还是可以的。

强调个性并不是无视集体精神，中国传统智慧中就有"过犹不及"的名句。人类的个性首先是以不影响其他人的自由为前提的，单纯强调个性而不讲协作无疑是极端的个人主义的体现。作为一个团队，无论是从事什么性质的工作，还是要以集体利益为第一利益，团队中的任何一员都要明确自己是团体中一员。以人文关怀出发的个性关怀的目的根本就是让每一员工更好的发挥自己的热量，使得团体获得更大的利益。从单纯的功利主义来说句俗话就是："大锅中有，碗里才满"，比如美国好莱坞大片中的个人主义精神在现实生活中是没有现实意义的，集体的力量是远远大于个人力量的，正如现代格式塔心理学中所宣扬的那样："整体远远大于部分之和。"

第三节　谈谈园林设计中的兴奋点设计

"兴奋点设计"乍看起来好像是在阐述一种设计方法，这种说法并不是不正确，但是在笔者看来，这其实也可以看作园林设计管理中的一部分。

对于园林作品的设计者来说，他们的许多设计创意和构思可以称为上乘佳作，但是在现有公众审美潜意识水平下，"景观资源价值开发度"尚不足 50%，优秀的创意和构思不被大众所理解，其价值难以实现。针对这种情况，摆在公众与园林设计者面前只有两条道路：要么尽快大幅度地提高公众审美能力，要么从风景园林设计方法入手，寻找一种更适合于当前公众审美潜意识水平下实现其美学价值的设计思路。显然，前者难以做到，那么，出路就必然在于后一种的选择上。大众审美主体是审美活动的核心，审美潜意识水平是美感质量的基础，自然属性和社会属性的特征直接决定着审美效应的大小。因此，可以对审美主体的美感层次进行划分（这种划分与景点级别划分具有本质区别），并采取相应的设计对策。

一、安全感

安全感是公众审美的基本要求，是大众行为的基本行为需求，它构成美感的基本层次。这种要求反映在游人对整个审美过程所经历环境的总体了解以及在不同视点位置上空间平立面可视性状况和变化频率等各个方面。例如，一个在森林中迷路的人就很难再有心情去欣赏四周美丽的风景；路途崎岖、沟壑难料的环境会使游人望而却步。因此，起码的安全感对公众来说是必要的。当然，有时适当的冒险也会刺激游人的审美欲望，这在一定程度上起到兴奋点的作用。

二、自然风景

自然风景能使人心旷神怡的根本原因在于，它能适应人的原始审美要求（心理审美的较低层面），满足人们回归自然的欲望，这在美感层次上表现为一系列的美感平台，即各种相互融合的风景信息可以提供一个使人心旷神怡的环境，给人以持久变化的舒适感。随着风景场的转换，不断有新的风景信息来强化对游人的刺激，使美感平台缓慢波动。但总的来看，在一定时间内，平台"高度"会逐渐上升，达到一个最高点后再缓慢下降。这时，若没有新的较强烈的风景信息进一步强化刺激，游人的美感平台"高度"将继续下降，直到恢复原来的状态（可以和好莱坞大片的原则来比较得知）。

三、设计手法

我国传统造园理论已经优秀的继承了中国画传统理论——非常重视意境创造，古语有云："一峰则太华千寻，一勺则江河万里"，方寸之间，意境无穷。这实际上是兴奋点创造的一种形式。例如,欲扬先抑是中国古典园林的典型对比手法,为了表现空间的开阔,先营造一个压抑的预备空间,使游人在充分压抑之后豁然开朗。这种对比的强化,实际上就是一种兴奋点设计。如果没有预先的压抑,让游人直接进入开朗空间,虽然也会给人以开阔、舒畅之感,却不会产生骤然的兴奋感,美感层次处于一个平台上。而增加一个预备空间,则能使游人美感层次经过兴奋点进入一个更高的平台,从而达到强化审美的效果。

近年来,园林设计兴奋点存在着一些不足之处:如在风景园林设计及建设中出现了两种不良倾向。一是过火地追求园林设计的新、奇,许多地方曾一哄而上各种微缩景观、西游记宫、蜡像馆等。事实证明,这些为获得暂时经济效益而不顾实际、粗制滥造的兴奋点设计是不能长久的,结果不能使游人产生积极的美感和美感的积累,反而为社会带来了许多不良的负面效应。另一种倾向是过分追求所谓开放式的"时代要求",不惜破坏原有的风景资源,对极富开发价值的兴奋点设计视而不见,一味地营造非生态的大草坪和低矮植物配置。诚然,向西方学习设计富有时代气息的园林环境是对我国风景园林的有益补充和积极发展,但不能僵化成为一种千篇一律的模式。笔者见到有些地方为了营造这种"大环境",不惜破坏历史遗迹,或者把本来别具特色的龙墙、亭台拆掉,这种重复建设的效果未必能更好地满足人们的需要。丧失了个性就等于生命的终结,中国园林之所以能长盛不衰,依靠的就是东方独特的艺术风格和文化底蕴,而不是某一种或两种具体的模式。

第四节 设计者的"体验设计"

很多人都存在疑惑,凭什么说某一个设计团队就是优秀的?目前,中国本土的环境景观设计公司正在经历着被境外景观公司已渐渐渗入的危机,他们崭新的设计理念和手法是国内行业仍旧无法比拟的,再加之许多人所推崇的与国际接轨,异域风情,使境外公司在中国如鱼得水。一般他们采用的形式是境外公司与本土文化相结合,如SWA、泛亚易道(EDAW)、EDSA ORIENT 等。我们每每说起这些境外公司,总是按捺不住在心里产生的两种感觉,一是羡慕,二是害怕。目前,中国建筑市场的工程价值总额约为 1.6 万亿元,根据本土设计企业和国外设计事务所一般按照工程造价 5‰至 3% 收取设计费的标准进行量化,可以发现中国建筑市场的设计费用达 80~480 亿元之巨。当然里面也包含建筑设计和城市规划、景观规划,所以这里面的蛋糕巨大,引来了大批的国外设计公司。中国与国外的总体设计力较量中,并不差得太多,当然于国内的政策有关。随着 2004 年 5 月 1 日起允许外资在国内投资设立合资、合作及独资的城市规划服务企业政策的施行,本来尚处于保护之中而没有占到多少优势的本土设计企业,可能将会受到更大的冲击。

在行业内部竞争愈加激烈情况下,设计团体要取得生存的力量(竞争力)就要凭借更科学和更先进的管理手段和制度。设计团体的管理者应该给设计个体更多的"体验设计"空间和实践。

园林设计者去体验设计是说去体验经过设计后的场所与空间,既然我们是在设计,是为了给大众营造一个新的空间和场所,园林设计者当然希望把它做得最好,但设计作品总是要有人来使用、来观赏的,尤其是设计作品在建成以后会是什么样子的?我们难道不可以尝试、去体验一番嘛?当你的体验多了,感悟多了,设计灵感也就自然会增加一个元素——体验的元素,一个东西在你设计的时候你就可以尝试去想它建成以后的效果,找出体验的感觉,就可以指导自己的设计。

Merleau-Ponty 先生提出的"体验"在理论界也十分有影响,他主张体验不是将人类的知识还原成"感觉",而是一种事物、知识、价值观、真理同时呈现,是一种新生的"理性"。

园林团队设计的不仅是景观,更多的是生活。所以体验的也不仅是设计,而是更多的体验生活。

体验生活,所最关心的就是人们会在什么情况下做什么事,有什么样的心情,这个就是环境行为学所关注的内容。

体验设计,这恰恰是把心理学的内容引进景观学科的要求、景观与其余社会学科和自然科学融合的要求。这方面在欧美做得更好,人家从什么角度研究景观的都有。各种学科的切入带来的是多样的过程和结果。也许这个过程不是完美的,也许这个结果只是暂时的,但这些过程和结果会带来更多的人从更多的视角发现更多的过程得到更多的结果,这是一个学科生存和发展的一个准则。中国的景观学科也需要这样的活力!

第五节 其他提高创造力的方法

从分析转向综合的任一问题肯定都能沿着设计谱一步步地进行,而且根据问题性质的不同,应能找到一点作为突破口。在考虑设计谱上的各单元时,可见到乐于运用算法的人,倾向集中精力考虑某几类问题:例如交通流程、场地地形的关系、覆盖材料与造价、重复使用的服务人群关系等。有些问题可按比率法进行分析,园林设计在许多方面就可看成是演绎法的设计。然而把分析转至综合的核心机理无疑就是类比。

关于在创作中如何运用类比,很多人用不同的方法进行说明。在柯斯特勒(Koestler,1964)自己所创立的术语中称之为两个阵之间的对配。他所指的一个阵就是一个参考系,就是一个相联的脉理,一种逻辑形式,一种论域。阵内要按固定规则即按一种行为准则去编排。柯斯特勒的论点为:已知各有固定规则的两个阵,当从一阵转至另一阵时,转换处就产生新奇局面。假设有一阵是严格按社会行为的准则编排,确定什么叫正常行为。例如某人的正常行为近于傲慢,则此人踩香蕉皮而滑倒时将贻笑大方,这项特殊行为在该阵内似已超出脉理中的常规。柯斯特勒的对配法不过是脉理内的互相交错。若举其他类型的阵为例,则对配行为也可能具有创造性。

可以料到柯斯特勒这个高度简化的创作观念受到指责,比如,他的生理学研究是可以置疑的,另一方面他似乎以为所有心理学家的所有时间都是在观看鼠迷机中的老鼠而不去考虑人类事(Moray,1963)。换言之,他为什么不采用已被大家接受的术语"类比"和"隐喻"?

让我们在看到他可能采用哪些机理之前,暂时先看看一个设计师可能进行哪几种综合。按我们表达的设计过程,设计师显然可以进行多种思维,不管是"不适合变量"或阿切尔(Archer)的"目标",还是在信封背面作天下闻名的快速草图,所有的思维形式均可用谱上各名称来表示;迟早园林设计师总要着手设计,分析和布置空间,对空间作三维划分,以便找到处理空间的具体办法,掌握造价,了解环境和了解能决定全部建筑的所有其他因素。

达到上述目的共有四种基本方法,即实效法,象形法,类比法和法则法。其中第一项是对实物的处理。若是老老实实讲究实效,就谈不上是类比而是实物自身。但象形法设计显然已是类比的一种特殊形式:是从"互相平行的事例去套用已经产生满意效果的形式;是藉助建立在先例模式上的语言文字或其他事物的重复过程"。事实上象形法的设计是颇为准确的类比。法则法设计也有类比的一面,它或为重复性的,即属严格的类比,或依靠图上的网格及对建筑的其他设计类比物。

园林技术也显然大受类比法设计所左右。结构、细部、设备、装饰莫不都是一个园林作品类比于另一个。图纸、模型、说明书、工程量估算书无一不是园林作品的类比物。显然如果没有这几种方式的类比,园林设计几乎无法进行。

也进一步说明,如果设计过程中有一个严格的评价阶段,则一个人就可放手搞,在综合阶段也确应尽量自由奔放。

因之,一个完备的设计过程应该促进这种创作活动。富有独创性的园林设计师直觉到这一层意义,在想像阶段的适当时刻他们倾向于类比性工作。赖特的设计中常有明证。他把约翰逊制蜡公司行政建筑(1936)设计成一群蘑菇,实际上原义是类比水莲,一一相接而形成屋面,中间剩余部分为玻璃顶,给人以置身水底的明确印象。威斯康辛州麦迪逊城的第一唯一神派教堂(The First Unitarian Church,1950)的造型为三角形,是他自己在祈祷中双手紧握的直接类比。

在冷静的叙述中这些类比物是如此朴实无华,但这些就是想像的素材。多数艺术家和建筑师们不愿承认他们的类比源泉,以为一旦承认就会贬低一些他们可敬的创造性。远不是这样,他们只承认他们有头脑和心理活动。人人岂非都有头脑。实际上如果承认他们的创作源泉,我们将更尊敬他们,因为人人虽都有同样的心理活动,他们却更善于运用。

我们已考虑过感知行为中的大脑的作用。就某种意义来说感知行为与创造行为是方向相反的。终身的感知行为使大脑内形成大量概念,贮存备用和进行评价。因而在神经元的网络中发展为极其复杂的细胞组合(印象 engram),其总和构成脑中的全部知识,且在大量专业知识之处,印象会布满大脑皮层的大部分。爱克尔斯(Eccles,1958)认为:凡印象未能合成或未能联系之处也可能就是求解的问题在神经系统中的相应部分。他进一步推测,"下意识心理活动"包括这些那些复杂得难以置信的神经系统内印象之间的相互关系。当印象图型之间反复交互发生作用,就可能按另外各种方式交互作用和凝聚。因此可从下意识活动中出现新的图型,有时新的图型在皮层内以某种谐振方式包罗和超越现有的图型,就可强化而进入意识之中,此时即出现了新的想法,并且立刻经受评论与评价机理的作用。

柯布西埃有时承认他的创作方法。在朗香教堂设计中(1958)他说:"1946 年我在纽约长岛拾得的一只蟹壳正置于我的绘图桌上,它将成为教堂的屋面形式。"正是它成为了教堂的屋面,或不如说,屋面具有奇特的内旋曲形状,这种形状确属从蟹壳而来。

类比还有其他来源。柯布西埃提出"视觉声学",人们可无误地看出教堂的钟形平面,其墙面为毛石砌成,厚墙中贯穿着开口外大内小的窗子,有阿拉伯风情(请记住他在 40 年前就有此强烈爱好),射进少许光线及辐射热,经窗口喇叭形侧边反射而渗透室内。柯布西埃建造此窗是如此坚决,以至于当承包商不认可用毛石建造厚墙时,他就设计成轻质混凝土框子,厚薄不一时而架梁,罩以钢丝网水泥以形成他所要求的外大内小的窗子。可见柯氏建此类比的决心之大,不惜制造一幅舞台布景。

第六节 "讨论"的力量

设计团体在设计过程中定期进行集体或分组讨论,已经成为业界常用的法则,但是第一次对讨论进行系统研究的人是奥斯本,他的"有组织的概念形成"实验在 1938 年进行,开始参加者称为这种试验的智囊团。这次试验已经被收录在韦伯大辞典中,读者可以用 Brainstorm 这个词查阅到相关的信息,它被定义为:"一种开放性实用技术,与会者对某一问题集体寻求答案,从成员中收集自然形成的所有想法。"我国其实早就使用这种方法了。实际上"讨论"只是生成核对单的技术,然后把成果用在设计各个阶段。奥斯本相信讨论之所以有效是有好几种理由的,特别是任何一个人想出一个办法时,不仅在自己的脑海中引起联想,同时也刺激了别人的联想,加上人各有好胜的心理,每人都想在出点子这种行为上超过别人,于是就有了相当大的互相增援作用。当一个人的一项想法被别人认可或者被别人加以发展时,就说明原来的想法已经有了效果,原提出的人就想进一步抛出想法。讨论之所以能够成功的要诀在于以下四点基本法则:

1. 不加批评,各种反对的论断应放到以后说。
2. 欢迎自由思考,思路愈广愈好,压制思路容易,开动脑筋难。
3. 要求数量尽可能多。想法愈多,愈能找到有用的想法。
4. 探求结合和改进,不仅自己提出想法,而且与会者还要把别人的想法发展为更好的想法,试试看能不能把两种或者三种想法和并成另一个想法。

当会议开到某一僵局时,单以第一条,即不加批评,就可收到解放思想的奇效。请对立的一方概括本方的意见而不要求对方做出的批评就可很容易地重新取得超过以前的开放思维的自由度。然而可能还是有许多人觉得不好办。他仍不让别人无阻拦地陈述推理性的意见。还有人不善于用一两个字或简洁的短语来概括问题,而坚持要多啰嗦几句,影响了讨论的进程而使人厌烦。集体讨论的效果特别要靠意见的迅速交火,所以多些短语甚至多二三个字都会嫌太长,妨碍集体讨论积累起来的动量。

会上所有的想法可以用现代计算机技术速记下来,迅速交火可以马上将各种意见隔行打印出来,分发给成员,凡事后想起的意见可以填在行与行之间,最终得到一套完整的意见书。然后最好请未参加讨论的专家组来检查各种想法的可行性。如果在几百条想法中能有二三条值得发展下去,讨论会议就算达到目的。

小组的规模大小不限。奥斯本举出200人的例子,我们就曾有50人开会成功的经验,但最佳的应在7~12人之间。奇数比偶数要有某些好处。正规的讨论会议必须设置1个组长,1个副组长,大约5个正式成员和数目差不多的客人。在与会者中所选的核心成员应具备能产生想法的能力,而邀请客人的作用是避免思想刻板化。与会者身份过分悬殊也可能会有困难。这也说明一项基本的应注意的事项,即应使会议开得活泼、轻松、愉快。据奥斯本说,许多最成功的讨论会议还包括一顿晚餐。每次开会时间宜在30~45分钟,这样长的时间内可得到100条意见。某一小组前10分钟曾产生27条意见,而最后的5分钟产生了86条意见。

"讨论"是最明显的协作精神的体现。

园林设计、建筑设计和工业设计等等的特色,决定了各个性质的设计师如果没有别人的充分合作,是无法发挥作用的。除了少数例外,设计者不可避免地是作为设计团体的一个成员,因为任何一个实质性的系统工程不可能是一个人完全可以做成的,它无疑会包含各种知识体系的融合,不论个体的能力有多么强大,团体总是需要许多人——景观园林设计师、建筑设计师、技术员、咨询工程师、承包商、结构评估师等来实现团队想法。正如在现实世界中,个人无法掌握世界上的所有知识一样,比如电视台中的所谓维护消费者权益的知识性节目,他们举例多种假冒伪劣商品的辨别方法,作为一个普通的消费者怎么能随时对已有的鉴别方法随时更新？更何况我们中大部分人既不是化学家又不是法律学者。于是这种所谓的知识可能在某一个层面上失去任何意义。需要特别声明的是：如果有建设需求的业主在选择和委托设计者的时候，如果调查发现委托的所谓的设计团队纯属乌有，或者干脆就是个人行为（一个人干所有事），那么设计作品的质量就可想而知了。

多数被格罗皮乌斯称呼为"唱主角"的设计者都能够高度重视与他人合作的价值。柯布西埃在他的著作《我的创作》一书中列出了合作者的名单，并对他们的协助表示感谢；赖特先生称呼他的设计团队为塔里埃森同人会；Lasdun(1965)在开始承接任务时与同事们的交谈，并且诚恳地采纳有价值的意见，哪怕是团队中最不起眼的职务承担者；Coia(1969)特别强调在他的设计事务所中由 Metztein、MacMillan 和一位专项建筑设计师所组成的工作组在创作中起到的非同一般的作用。以上都是团队精神的写照。

能够"讨论"至少是民主的，同时也多次证明的是，在同一级别的人之间的民主讨论很少触发起创作的想法，因为缺乏鼓动，容易形成漫谈而没有收获。倘若认为设计团体一直能够保持民主是荒唐的。无论设计团体是国有或者私营，小组成员的挑选常常按照一个人的标准，或者至少由几个连自己都是按照一个标准被挑选的人去挑选别人，最后按类似方式组成设计小组，组员能够凑在一起，只是因为他们在被选一事上存在共同之处。各人的身份、经验、资历互不相同，这些是平等活动最起作用的障碍，可以反映在私营设计公司中的签发工资单的职员心里，自然，他很容易察觉设计团队人员的微妙意见。在国有的设计团体中，资历最高的人也是最有权威的人，所以我们可以认为实际上从来没过有真正的民主的设计团体，除非一开始就由同一级的人组成，这可能存在于乌托邦中。

讨论可以发生在一个设计任务中的各个时间段，场所也不一定必须是正规的会议室，轻松的社会娱乐场所一样可以被用来当作严肃性质话题的讨论地点，特别是中国人所特有的吃饭情结，很多有意思的建议有可能在饭桌上生成，不过也别太当真，喝酒误事的道理连稚齿小儿都懂。在任务思路的各个阶段，比如在总体概念阶段、分项设计阶段、细部设计阶段等等从上到下逐渐细化的各个阶段的讨论，应该采用"不越级"的原则，比如都到了细部设计阶段了，就不要对总体概念设计阶段再提出所谓的建议了，因为它涉及到了整体性的问题，中国有句古话正是说明了这点："所谓牵一发而动全身"。

第七节　设计团队在设计中统一

音乐研究学家胡德尔（Andre Hodeir 1956）的《论爵士音乐》这本书极为敏锐的提到："集体创作由多种方式产生，要依靠一位艺术家在创作时心中是否有其他艺术家，让他人的创造叠加在自己的创造上,要看是否由几个艺术家能共同工作,同时并且合乎分寸地共同创造一件作品。有些贡献看上去可能是微不足道:如一位钢琴家修饰一个主题的谐音,一位击鼓手把他的技巧与节奏献给独唱家,但任何参加过爵士乐演奏会的人都从及时来临的谐音中得到刺激,从真正摇摆起来的钹声中得到刺激。"

这里,即席反应同样要受某些规则的严格约束。首先,整个乐队必须协同于同一旋律、同一谐音结构,任何一个演奏者均不能越轨。换言之,旋律需要一个特定的主调,即席创作要围绕这个主调音阶中的主音,中音、第五音、第八音(doh—mi—soh—doh),缀以柔和、渐弱、延长等变化。而且需要一定的节拍和相继演奏的顺序。整个乐曲将包括这些合奏、序曲、插曲、尾声等。

如果想集体即席创作,或者所谓的胡德尔的自然形成的多声部乐曲,则这些条件是必须的。他进一步把研究局限于两个或两个以上声部的重唱,各部重要性相等,共同做出贡献,谁也不差于谁的情况。但在这样严格规定的环境下,完全的民主纵然需要恐怕也不可能。"乐队可能由一位富有独创性的天才来统率,他的副手不一定常能理解他,或是,由几位身份差不多的人统率而不一定能达到必要的融合。"所以胡德尔说,自然形成的多声部乐曲决不能产生真正伟大的作品。Armstrong的第一个 Hot Five 乐队,由主乐师来统率,就比 Oliver 的由法国人后裔组成的 Creole 乐队更有独创性。当然,其素质均匀性无疑稍差。

假定有可能越过这些困难,建立了民主的设计队伍,按英国皇家建筑师协会《工作进程》那样,包括从事设计的园林设计师、建筑师和从事经营管理的建筑师,还有估算、结构及水电暖通、承包施工等各专业,实际工作将怎样?怎样使得同样一批人在民主设计小组内工作与在一位唱主角的建筑师统率下工作得到不同的成果呢?

实际上园林设计过程包括许多事情,比如:收集并分析使用人需要的资料,收集并分析场地的资料,设计园林建筑物以协调需要与条件之间的矛盾等等。显然,收集资料可以按小组进行,收集方法可以标准化,如采用表格、核对单等;然后再分配给小组成员讨论。一旦完成分析,各成员均聚到一起汇报其所收集的资料当然是有用的。下一步到了综合阶段,主张集体工作的人就与单干的设计师不相融洽了。

主张集体创作的人似乎认为园林设计师、估算师、施工工程师、业主、施工承包商在此时围桌而坐,就将出现奇迹,设计就会比一个头脑考虑问题更好、更经济、更易为社会所接受。如果真能这样综合,无疑对于参与者而言这项经验是极有价值的,但会如此吗?为了回答这一问题,我们将观察一下所牵涉的人,他们的作用及工作能力。

有一种说法也还有一定的道理:建筑师一开始选定这种职业就是想搞设计,至少是在传统上是这样培养设计人才的。建筑教育的核心工作就是设计方案,学生成绩好坏也主要看这方面的能力。若是这样,由设计转业为经营管理而放弃当初的意愿意味着他在设计方面不够令人满意,也可能不精于此道。这样看法当然把事情过分简化,因为有效的设计,实际上任何有效的创造性劳动,都包括对自己的事务有管理能力,许多私人的记述证实了这一点,如柯布西埃、斯特拉文斯基、毕加索和许多作家的传记。他们都承认有个人的工作制度,每天工作时间很长。事实上许多人认为工作的规律性是对创作的鞭策。

如果只谈管理自己的工作,则管理与设计并不矛盾,但若有想管理别人的欲望,自然就是另外一回事了。有些人觉得管理别人比自己从事具体创作更划得来。独创性设计师则似乎喜欢在不要太多的人与人交往的情况下搞工作,而非创造型园林设计师(管理型)则较多的为小组而考虑。

第八节 设计过程中的管理

园林作品设计过程流程通常如下:
(1)听取业主意图。
(2)收集资料阶段。
(3)方案设计阶段(概念性设计阶段)。
(4)反馈阶段。
(5)第二次方案阶段。
(6)反馈阶段。
(7)扩大初步设计阶段。
(8)反馈阶段。
(9)施工图设计阶段。

一、业主意图

在设计的最初的阶段,这部分内容做得越周到,对以后的工作的良好开展就越有好处。

园林作品从生物学意义上说就是调节气候的手段。若把气候的外延扩大,就包括社会、文化和审美各个方面的气候了,所以说,园林作品就是在生态学的、物理的、文化的、社会的、审美的意义上提供舒适或者其他刺激气候条件的场所。这样设计一个园林作品的意图就变得很清楚。业主之所以想营造绿地,是因为他想在土地上找到合适他目的的场地,合适他需要气候的场所。

他要在这个场所中放松自己的身心、游憩、运动、溜狗、溜冰、玩耍、看绿色植物……,但是也许原来的场地就不合适他的这些需要:面积太小、气候不适、交通不便、联系不便。这些缺点压制了人的需求生活,使人感到不适、不愉快、甚至效率低下。

有些业主会有些特别的要求,如要求修建豪华的园林,以此来直接炫耀自己的财富,正如炫耀自己的汽车、名画和夫人的珠宝一样。我们若以面向社会的业主,如小区团组业主委员会、医院或学校建设委员会,就不会有这样的动机,那无疑是自欺欺人。任何营建的决策都是社会性的决策;而且,不管业主的主观愿望如何,园林作品将会恰如其分地表示出其社会地位。然而,社会的、文化的和美学的动机都与园林作品的形象有密切关系。

面对业主无视社会正常秩序的要求,作为有明辨是非的设计团队应该予以抵制,我们可以说服业主放弃无理的要求,如果不能这样做,所创造出来的作品势必会对该设计团体的未来造成无可估量的负面影响。何况,国家的监督机构也不可能形同虚设。因此而得罪业主很可能会失去这项工作,导致经济上蒙受损失,但是对未来的团队形象和诚信度都有积极的建设作用。

对业主的意图进行整理后,请业主在公正人员的监督下签字,以免日后因为设计反映了业主意图但是业主却不认可所带来的麻烦,业主在设计过程中难免会有新的意图,在不影响设计阶段的情况下予以采纳,但是对上文所述的违反或者可能打乱设计过程的业主新意图,应该在最开始的公正书中标明不予采纳的条文。

二、收集资料

收集资料应该尽可能的详细和清楚,这是一个相当重要的阶段,设计师要取得园林设计目标地地形图和所涉及到的财产权和分析资料。然后对目标场所进行实地勘查。实地调查就像其他创作一样,如写作和报告稿或研究大纲,都必须深入了解其课题的背景知识和利弊条件,才能指导较后阶段的创作。

在进行设计前,必须准备作为一切分析和设计所需的基本图纸。一般所要求的基本图纸由业主提供(如产权图、地形图等)。假如业主无法提供此项资料,则可请测验人员进行各种有效的测绘(如地面测绘、航空航拍测绘等),这些花费都应由业主负担。

对于小型的用地如私人住宅,业主或住户能否有建筑和宅地范围的详细平面图、区域的现状图等。如果业主并不拥有这些资料,设计师必须实地踏勘,进行粗测,准备出所需要的平面图。作为小园址($0.1 \sim 2hm^2$)其比例尺应该为:1:10;1:25;1:100;1:200。而对于较大的设计目标场地其比例尺为:1:350;1:600;1:1200。比例尺的选择取决于设计目的所需的尺度。一般细部设计比例较大。图纸的大小也决定着设计的规模。在现状地形图上,应标出下列现状的状况:

1. 产权线(如果知道,应标出方位和距离)。
2. 地形(虚线表示的等高线,所需的高程点)。
3. 植物(在小的园址中,应标出树木的大小和种类)。
4. 水体(溪流、湖面、水池等)。

5. 建筑，包括下列内容：
(1) 底层平面的门窗的朝向。
(2) 地下室的窗户。
(3) 下水口。
(4) 室外水龙头。
(5) 室外电缆。
(6) 空调机和供暖泵位置。
(7) 室外照明（建筑物上及其园址上的）。
6. 其他构筑物，如：墙、围栅、电力、电话亭、电讯线、地下管道、消防栓等。
7. 道路、公路、停车场、散步小径、平台。
8. 园内外的公共施设，包括电力、电话、煤气、水、污水管道、雨水管。
9. 设计目标地有关的环境，如相邻的路和街道，相邻的建筑、电话亭、植物、水体等。
10. 对深入设计所需考虑的任何因素。

现状图要求简明、清晰，因为在设计程序较后的步骤中要用它（它可以是复制品）。其上的图例不要画得太复杂，太细致。例如，原有树就画一个简单的圆圈就行了，不要做出复杂的枝叶符号。要注意保持图纸简洁和完整，不要使图面内容杂乱无章，这样会妨碍以后作图的机动性。在设计中任何需要改变的因素，如原有的小径、道路、建筑或树木，都可用很轻的虚线来表示，使其不妨碍新的设计内容。

三、概念性设计阶段

这是近几年设计界出现的新词汇，其实就是方案设计阶段，只不过因为以后还有方案性设计的改进阶段，所以业界都这么称呼最初的方案设计。

概念性设计阶段包括设计目标地的分类与分析。设计目标地的现状图准备好以后，下一步则是对设计目标地进行调查和分析。最初的调查和分析的目的，在于使设计者尽可能地熟悉设计目标地（宛如设计者生活、工作在那一样），以便于确定和评价设计目标地的特征、存在的问题以及发展潜力。换言之，就是设计目标地的优缺点是什么？什么应该保留和强化？什么应该被改造或修正？如何发挥设计目标地的功能？什么是限制因素？你对设计目标地的感觉和反应如何？实质上，设计程序的这一步，很像你要写一篇文章或准备一篇学术报告，而去图书馆收集资料和研究一样，不知道要表现的内容和特征，是做不了设计或写不出文章的。

每一设计的处理，必须适合于设计目标地的先决条件。所以设计目标地分类和分析的第二个主要目的，是为设计提供"线索"或"钥匙"，来解决设计目标地上现存的问题，并具有最大的正效益和最小的负作用。因此，设计目标地的分类和分析，是协助设计者解决设计目标地问题最有效的工具，虽然也可以向园主解释设计方案的逻辑推理过程,但对园主的作用较小。

在设计目标地分类、分析中,必须记载和评估下列内容。每项内容有两个明显的部分。

(1)分类、定义和现状记录,如资料的收集,记录它们是什么,在什么地方。

(2)分析,对重要的情况作评估并做出判断。它是好还是坏,会如何影响设计,是否能被代替,是否会限制设计目标地上某些特点的发挥等等。记录设计目标地现状资料(分类)是较容易的。可以用各种方法将资料组织汇编在一起。在收集资料中,照相机是有效的工具。因为照片可以用来查对用在设计中的每一份资料,或帮助人们回忆设计目标地的现状情况。但决定资料或材料的重要性(也就是对资料的分析)则较为困难。事实上,没有经验的设计师常常容易忽略这一点。分析工作需要很多经验和知识才能知道什么对设计有利,什么有害,以及预知设计方案将对环境产生什么影响?分析能力需要准确的判断,下面的例子是财产编目和分析的情况:

在介绍设计目标地分类和分析时,大量的情况将被研究。以下是设计目标地现状应被考虑因素的纲要,但并非适用于任何状况的设计目标地,只是一个参考,对于某一些新设计目标地,园林设计师必须决定与分类和分析最有关的情况。因为一些不重要的因素并不能有效地帮助设计,甚至会造成干扰。因此,不要使你的工作弄得过于复杂和困难。

1. 设计目标地的位置和周围环境的关系

(1)设计目标地周围的用地状况和特点。
(2)相邻土地的使用情况和类型。
(3)相邻的道路和街道名称,其交通量。
(4)街道产生多少噪音和眩光?
(5)相邻环境识别特征。
(6)建筑物的年代、样式及高度。
(7)植物的生长发育情况。
(8)相邻环境的特点与感觉。
(9)相邻环境的构造和质地。
(10)标出地区、居住区中主要机关的位置。

如学校、警察局、消防站、商业中心和商业网点,公园和其他娱乐中心。

(11)标出相邻交通的状态。

如道路的类型、体系和使用量、交通量是否每日或随季节改变,到设计目标地的主要交通方式,假如两种以上何者最适用?附近公共汽车路线位置和时刻表。

(12)邻区的区分和建筑规范。

如允许的建筑形式,建筑的高度和宽度的限制,建筑红线的要求,道路宽度要求,限制围栅和墙的位置和高度。

2. 地形

(1)标出整个设计目标地中的不同坡度(坡度分析),标出供建筑所用的不同坡度,用地必须因地制宜,适应设计目标地中的不同坡度。

(2)标出主要地形态及每种的特色,如凸状地形,凹状地形,山脊,山谷等。

(3)标出冲刷区(坡度太陡)和表面易积水区(坡度太缓)。

(4)标出现有建筑物室内室外的标高。

(5)检查园址各区行走是否舒服(与坡度有关)。

(6)标出所有踏跺和挡土墙顶端和底部的高差。

3. 水文与排水

(1)标出每一汇水区域与分水线,并检查现在建筑各排水点,标出建筑排水口的流水方向。

(2)标出主要水体的表面高程和检查水质。

(3)标出河流、湖泊的季节变化和洪水的最高水位,检查冲刷区域。

(4)标出静止水的区域和潮湿区域。

(5)标出地下水情况和水位与季节的变化,以及含水量和再分配区域。

(6)标出设计目标地的排水,是否附近的径流流向目标地,若是,在什么时候,多少量,园址上的水需多少时间可排出。

4. 土壤

(1)标出土壤类型,是酸性土或碱性土,沙土还是黏土,肥力如何。

(2)标出表层土壤厚度。

(3)标出母土壤深度。

(4)标出土壤渗水率。

(5)标出不同土壤对建筑物的限制。

5. 植物

(1)标出现有植物的位置。

(2)对大面积的园址应标出:不同植物类型的分布带,树林的密度,树林的高度和树龄。

(3)对较小园址应标出:植物种类,大小(高度、宽度、和乔木的树冠高),外形,色彩(树叶和花)和季相的变化,质地,任何独特的外形或特色。

(4)标明所有现有植物的条件、价值和业主的意见(喜欢或不喜欢)。

(5)标明现有植物对发展的限制因素。

6. 小气候

(1) 全年季节变化,日出及日落的太阳方位。
(2) 全年不同季节、不同时间的太阳高度。
(3) 夏季和冬天阳光照射最多的方位区。
(4) 夏天午后太阳曝晒区。
(5) 夏季和冬季遮荫最多区域。
(6) 全年季风方位。
(7) 夏季微风吹拂区和避风区。
(8) 冬季冷风吹袭区和避风区。
(9) 年和日的温差范围。
(10) 冷空气侵袭区域。
(11) 最大和最小降雨量的研究与分析。
(12) 冰冻线深度。

7. 原有建筑物

(1) 建筑形式。
(2) 建筑物的通高。
(3) 建筑立面材料。
(4) 门窗的位置。
(5) 对小面积园址上的建筑要标明:室内的房间位置,如何使用和何时用,何种房间使用率更高,地下室窗户的位置(离地面深度),门窗的底部和顶部离地面多高,室外下水,水龙头,室外电源插头,室外建筑上附属的电灯,电表,煤气表,衣服干燥机通风口等,挑檐的位置和离地面高度,由室内看室外的景观如何,看到什么,是否遮蔽或加强景观效果。

8. 其他原有构筑物

(1) 标出墙、围栅、踏跺、平台、游泳池、道路的材料、状况和位置。
(2) 标出地面上的三维空间要素。

9. 公用设施

(1) 水管、煤气管、电缆、电话线、雨水管、化粪池、过滤池等在地上的高度和地下的深度与市政管线的联系,电话及变压器的位置。
(2) 空调机或暖气泵的高度和位置,检查空气流通方向。
(3) 水池设备和管网的位置。
(4) 照明位置和电缆设置。
(5) 灌溉系统位置。

10. 视线

(1)由设计目标地每个角度所观赏到的景物,若是好景,是否应强化,若景观不好,是否删去,还是无所谓好坏?

(2)了解和标出由室内(常使用的房间)向外看到的景观在设计中如何加以处理。

(3)由设计目标地内外看到的内容:由设计目标地外不同方位看园内的景观,由街道上看园内的景观,何处是园内最佳景观,何处是园内最差景观。

11. 空间与感觉

(1)标出现有的室外空间何处为"墙"(绿篱、墙体、植物群、山坡等),何处是荫翳的"天花板"(树冠等)。

(2)标出这些空间的感受和特色:开敞、封闭、欢乐、忧郁。

(3)标出特殊的或扰人的噪音及其位置:交通噪音,水流声,风吹松枝的声音。

(4)标出特殊的或扰人的气味及位置。

12. 园址的功能

(1)标出园林设计目标地怎样使用,做什么,在何处、何时用,怎样用。

(2)标出以下因素的位置,时间和频率:业主进出路线和时间、办公和休息时间、工作和养护时间、停车时间等。

虽然进行了大量的分析,甚至绘制了大量的分析图纸,但是这些分析图纸只是在反馈中展示给业主过目,而所有权并不归业主所有,因为大量的设计前期工作往往可能因为在团体投标中流标而前功尽弃,甚至有些恶意的业主就是希望不费力而获得不同的设计团队中的专业设计人员的大量设计分析,采集到这些有用的数据,暗中传达给早已指定的设计团队。我们可以把分析讲解给业主听,但是这些分析从始至终都不应该被业主所有,而应该作为设计团队的总体设计经验被设计团队长期保留。概念性设计阶段传达给业主的出图部分应该包括:总体平面图、总体鸟瞰效果图、细部透视效果图、平面视线分析图、区域划分分析图、节点透视效果图、节点平面分析图、交通平面分析图、游线平面分析图、概念性设计阶段设计说明书、成套的标识物设计表现图、建议园林小品器物表现图、整体形象设计说明(不是图纸)、植物景观设计说明(不是图纸)、景观结构平面图、以上内容合集、以上内容演示文档、以上内容必要性大图纸。

四、扩大初步设计阶段

扩大初步设计阶段一般已经发生在设计团队通过了竞标考验了,业主已经认可了这个设计团队,并且把业务托付给了该设计团队。扩大初步设计阶段的图纸已经不是天马行空的浪漫,而是步步到位的准确设计。图纸包括:竖向设计、精确坐标平面图、水电管道布置、道路分级布置、植物名录和位置布置、园林建筑小品布置、园林灯具位置、园林家具位置、铺装道路样式和面积统计、初步预算书等等。一般用 CAD 等矢量软件出图。

该阶段设计团队应该和业主更紧密地联系,甚至邀请业主亲自到设计机构中来,把图纸上的东西变成现实无疑是非常激动人心的事情。

五、施工图设计阶段

施工图设计阶段是整个工程最重要的阶段,对于设计人员来说,也是最花功夫的阶段,因为任何一张图纸都会落实到实处,一丝一毫都马虎不得。在如今计算机辅助设计时代,施工图全部用 CAD 等矢量软件绘制,要严格按照我国发布的国家标准绘制,比如:《中华人民共和国城市规划法》、《城市规划编制办法》、《城市规划编制办法实施细则》、《中华人民共和国行业标准——城市绿地分类标准 CJJ/T 85—2002 J 185—2002》、《中华人民共和国行业标准——风景园林图例图示标准 CJJ 67—95》、《中华人民共和国行业标准——城市道路绿化规划与设计规范 CJJ 75—97》、《中华人民共和国行业标准——公园设计规范 CJJ 48—92》、《中华人民共和国行业标准——城市居住区规划设计规范 GB 50180—93》、《中华人民共和国行业标准——风景名胜区规划规范 GB 50298—1999》等等。

设计团队要特别注意使用上述国家规范,做到每张图纸都不得违反国家行业相关规定,这也是为日后的安全高效施工打下坚实基础。在设计的最后阶段——施工图设计阶段,用《规范》衡量设计才是相当高明的管理方法。

施工图一般包括:

1. 总图
2. 定线图
3. 标高图
4. 铺装平面(如有需要还要画详图)
5. 板缝划分图
6. 铺装节点构造
7. 各种单体(花架、水池、亭……)施工图
8. 水电施工图
9. 绿化施工图

施工图完成之后,应该尽快送至业主,由业主组织专业施工人员进行施工,在施工过程中如果遇到因为设计单位疏忽导致施工不能顺利进行或者中断,业主有权要求设计团体尽快修改和完善施工图,而无需给设计单位任何经济上的补偿。设计团队也应该在施工中协助施工人员施工,给施工人员讲解特殊设计部分的结构等等有助于施工的正常进行。

设计费无疑是设计团体的经济命脉,在施工图完成之后,按照早先的合同,业主应

该付清设计费给设计团体。设计单位在合同书中往往会有这样的条文:"施工完成之后,设计单位负责养护园林作品一年(或者 6 个月),养护期之后,业主再付清最后的 20%设计费用",那就应该按照条文执行。设计团体的管理者一定要把设计费用的取得落实到实处(通俗说就是把钱拿到手)。因为这是在商品时代中对全体员工所付出的劳动的最真实的尊重。从以往笔者的实际经历来看,设计费的清付过程如下:总设计费用的 30%清付发生在业主认可概念性设计之后;总设计费用的 50%清付发生在业主认可施工图设计之后,最后的总设计费用的 20%清付发生在对施工后维护期满。也有如下清付过程:总设计费用的 40%清付发生在业主对方案设计认可后;总设计费用的 60%清付发生在施工图设计被业主认可后。同样对过于小的园林设计任务的清付过程,总设计费用的发生在方案设计之后。

各个设计阶段管理者和团队成员必须填写的表格见表 6-1、表 6-2、表 6-3。

表 6-1　工作计划表

计划名称		单位姓名	
主题目标			
人员		组　别	
领导者		协助者	
行动计划			
步骤			
日程表	必须注明什么工作从什么时间开始到什么时间结束		
成果			
检测			
评价	极好□　　好□　　良好□　　中□　　不好□　　差		

表 6-2 工作记录表

姓名	工作记录					备注
	月 日 (一)	月 日 (二)	月 日 (三)	月 日 (四)	月 日 (五)	

表 6-3 成效检查表

案名		
	问题的重点	改善措施
提示的问题	1. 误解指示 2. 自我观念太重 3. 报告、联络、协商不够充分 4. 修正指示太迟 5. 指示不够彻底	
人员的问题	1. 负责的人不适合 2. 人员不足 3. 团队合作不佳 4. 内外协调不充分	
物和钱的问题	1. 资料不齐全 2. 材料不够 3. 器具不够 4. 预算不足 5. 预算分配不均 6. 预算使用不当 7. 预估不当	
对方的问题	1. 工作布置不够完全 2. 调查对方不够详尽 3. 对方的情报掌握不够 4. 招待对方不够 5. 挑选对象的方式不当	
记载事项	设计团队成员意见	领导意见

六、表格的管理

计算机技术的飞速发展,已经渗透到人们工作的各个角落。现代设计团体企业管理的许多环节,往往也都需要计算机帮助完成。近年来,已有许多公司采用计算机作为从事管理甚至于决策的工具,而企业在管理过程中经常要凭借图表来进行。如何把计算机技术与图表管理手段结合在一起,这是任何一个现代企业所面临的重大问题,解决这一问题,可使企业管理和决策工作更加科学化和现代化。

当然,现在的计算机技术不能完全代替管理的整个过程,很多步骤譬如资料的提供、审核、修订等,都还必须依靠人力来完成,但至少计算机可帮助企业管理者提供更准确、详细、快捷的资料以供其分析和决策。因此我们说,计算机是管理技术向自动化迈进的唯一途径,也是我们研究管理图表与计算机作业的目的所在。下面分几个方面阐述这一问题。

1. 计算机运用的技术性问题

现今计算机在处理管理的过程中,仅可执行资料的处理、分析及保存的功能(其他工作必须由人力来完成),执行这一功能的前提是必须在机器内部建立一套资料,而这一套资料必须由足够的磁盘来储存,为了配合计算机作业,首先必须使这套资料系统化,包括必要的姓名、设备、客户等,使之形成一个有机的系统,这样可便于计算机作业的快捷和条理。当然,这仅仅是一个基础性的技术问题。

由于计算机本身仅仅是一部机器,本身没有思想,仅能依照人们的意图按照程序进行工作,所以,在运用计算机处理图表的过程中,明确工作步骤,可使工作事半功倍。

2. 确立格式及流程

计算机代替人力制表,首先必须妥善安排图表的格式,同时对于整套表格的流程也必须确定,并且图表格式及流程均无矛盾存在。

3. 确立图表名称及编号

在用计算机处理图表过程中,为设计程序的方便,每一个图表都应该有一个编号相对应,目的是为了方便管理和程式设计,简化工作步骤。

4. 确立储存档案

以上资料均应指定名称(亦即建立文件名)以便进行生产管理的方便运用。

5. 确立输入程序

这项工作主要包括设计输入资料的格式、储存位置的选定等。

6. 确立图表的处理程序

处理程序包括储存档案的更新以及日常电算处理。每当有新的订单介入或有其他改变事项时,主储存档数据库必须增减更新工作。平日则将有关日报表或其他资料一一输入处理。

7. 报表的输出

以上过程完成以后,便可输出报表,这种报表包括每月或每周的各种定期报表,原则上各报表可逐一处理印出,不需要将所有报表处理完成之后再印出,以减少不必要的记忆浪费。

表格及时打印,送到设计各部门和设计各阶段,及时送达,及时填写,及时讨论,使这种管理方法达到最好的效果。

以上粗略地介绍了园林设计过程中的管理工作。园林作品的设计过程实际上是一个非常复杂的过程,管理工作要求方方面面的繁重工作,团队的协作精神、管理工作尤为重要,讨论无疑是一个非常好的方法,掌握设计团队整体和个人的性格特性,改善工作环境,鼓励员工参与讨论、实践和体验是管理者应该注意的问题。只有良好的园林设计过程中的管理,园林作品的兴奋点设计才能落到实处,园林作品才会发挥它的优良的社会作用和效益。

第七章 园林建设施工管理

第一节 园林工程施工管理的基本知识

一、园林工程施工管理的意义

园林工程的施工管理是指运用现代管理理论和各种科学有效的管理方法,确保所承担的园林工程以最短的工期、严格的质量标准和尽可能低的造价,来实现施工项目的最大利润,并为将来取得良好的工程信誉为目的所进行的管理工作。其中造价、工期、质量标准称为约束工程的三要素。

二、园林工程施工管理内容

园林工程按造园的要素及工程属性,可分为土建工程和园林种植工程,而各部分又可分为若干项,见图7-1。

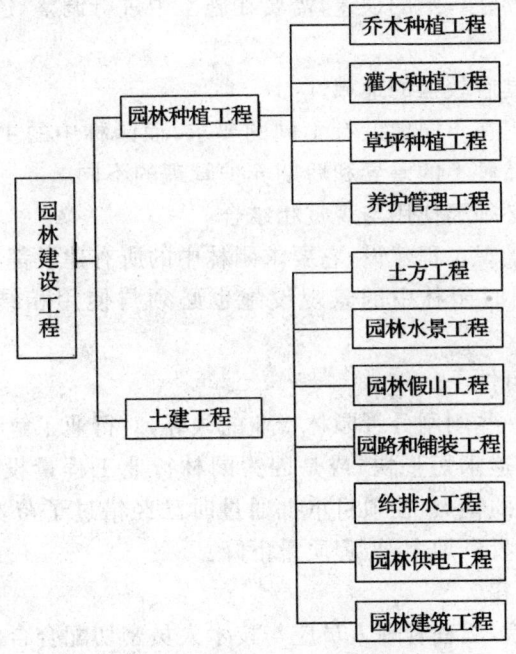

图7-1 园林工程施工管理内容

三、园林建设工程的特点

1. 园林建设是以有生命的绿色植物为主体

园林建设的目的是为人们提供良好的生态环境,而建设良好的生态环境的主体就是有生命的园林植物,园林植物随着季节的周期性变化而出现发芽、开花、结果、落叶的周期性变化,使得园林产生丰富的四季景观变化。

2. 园林建设工程中的植物栽植具有较强的季节性

园林建设的主体是有生命的植物,而植物有它的自身的生长发育规律,园林建设中的绿化种植工程必须符合植物的生长发育规律,才能提高成活率,降低造价。每种植物都有其最佳栽植期,如落叶树在落叶期为最佳栽植时期。

3. 园林建设工程的不规范性

与其他建设相比,园林建设中的材料规范性较差。园林中的假山石单靠定量的方法无法确定它的价值;在进行行道树种植时,要求树木有统一的高度和胸径,而对自然式种植的树木,同一树种有规格上的变化更能丰富园林景观;园林施工中多样的立地条件也使一些园林规范无法正常使用。

4. 施工图纸与施工现场的差异性

由于种种原因,使得园林施工图纸的设计深度不够或对现场的调查不够细致,造成施工图纸和现实情况存在一定的误差,需要在施工中进行调整,这在园林施工中是非常普遍的现象。

5. 园林建设工程具有较强的地域性

园林中的土建工程在不同地区有不同的要求,而园林中的主体——园林植物更是随着地区的不同出现品种上的差异和后期养护管理的不同。

6. 园林建设工程必须要使用与观赏相结合

园林建设是一项景观工程建设,它要求园林中的所有建设都必须与景观相结合,具有一定的观赏价值,同时园林中的景观设施也必须与使用相结合,满足使用功能的要求。

7. 领导决策的盲目性

有些领导特别是一些刚刚分管园林行业的领导,对行业了解不够,用管理其他行业的方法管理园林行业,追求短平快,或是因为园林行业工程量投资较小而放在最后决策,忽视了行业季节性的特点,在项目审批通过时已经错过了苗木的最佳栽植时期,给施工带来困难,并造成投资加大,工程质量下降。

四、施工管理的内容

园林工程开工之后,工程管理人员应与技术人员密切配合合作,共同搞好施工中的管理工作,包括工程管理、质量管理、安全管理、成本管理及劳务管理。

1. 工程管理

开工后,工程现场行使自主的施工管理,对甲方而言,是如何在确保工程质量的前提下,保证工程的顺利进行,并在合同规定的工期内完成建设项目。对乙方而言,则是以最少的投资取得最好的效益。工程管理的重要指标是工程速度,因而应在满足经济施工和质量要求的前提下,求得切实可行的最佳工期。

2. 材料管理

包括材料的定购、材料的验收、材料的保管和材料的领取等。

3. 质量管理

其目的是为了有效地建造出符合甲方要求的高质量的工程项目,因而需要确定施工现场作业标准量,并测定和分析这些数据,把相应的数据填入图表中并加以研究运用,即进行质量管理。有关管理人员和技术员正确掌握质量标准,根据质量管理图进行质量检查和生产管理,确保质量稳定。

4. 安全管理

这是杜绝劳动伤害、创造秩序井然的施工环境的重要管理业务,应在施工现场成立相应的安全管理组织,制定安全管理计划以便有效地实施安全管理,严格按照各工种的操作规范进行操作,并应经常对工人进行安全教育。

5. 成本管理

成本的目的是在保证园林工程质量的前提下,尽量减少消耗、降低成本、提高工程的利润率。

6. 劳务管理

包括招聘合同手续、劳动伤害保险、工资支付、劳务人员的生活管理等,它是施工项目顺利完成的必要保障。

第二节 园林建设工程的招投标

招投标是一种商品交易行为,它包括招标和投标两方面的内容。工程招投标是国际上广泛采用的达成建设工程交易的主要方式。它的特点是由唯一的买主(或卖主)设定标的,邀请若干卖主(或买主)通过秘密报价进行竞争,从中选择优胜者与之达成交易协议,随后按协议实现标的。

实行招标的目的是为计划兴建的工程项目选择适当的承包单位,将全部工程或其中的某一部分工程委托这个单位负责完成。承包单位则通过投标竞争决定自己的施工生产任务和服务对象,使产品得到社会的承认,从而完成施工生产计划并实现盈利计划。

一、园林工程的招标

1. 建设单位招标应具备的条件

(1)建设单位是法人或依法成立的其他组织。

(2)建设单位有与招标工程相适应的资金和技术管理人员。

(3)建设单位有组织编制招标文件的能力。

(4)建设单位有审查投标单位资质的能力。

(5)建设单位有组织开标、评标、定标的能力。

建设单位如不具备上述(2)~(5)项条件的,须委托具有相应资质的咨询、监理等单位代理招标。

2. 招标的建设项目应具备的条件

(1)概算已经批准。

(2)建设项目已正式列入国家、地方部门或企业的年度固定资产投资计划。

(3)建设用地已无争议。

(4)有能满足施工需要的施工图纸及技术资料。

(5)资金已经到位。

(6)已经建设项目所在地规划部门批准,具备施工条件。

3. 招标的方式

招标方式分为公开招标、邀请招标和议标三种方式。

(1)公开招标　是指招标人(单位)以招标公告的方式邀请不特定的法人进行投标。采用这种方式,可由招标单位通过报刊、信息网络或其他媒介发布,凡具备条件的企业均可报名参加投标。招标公告应载明招标人的名称和地址、招标项目的性质、数量、实施地点和时间以及获取招标文件的办法等事项。不受地区限制,各承包商一律机会均等。

公开招标的优点是可以给所有有法人资格的承包商提供平等竞争的机会,招标单位有较大的选择机会范围,便于开展竞争,打破垄断,促进承包商努力提高工程质量,缩短工期和降低造价。

(2)邀请招标　是指招标人以投标邀请书的方式,邀请特定的法人参加投标。应当向三个以上具备承担招标项目能力、信誉良好的企业发出投标邀请书,同样在邀请书中应载明招标人的名称和地址,招标项目的性质、数量、实施地点和时间,以及获取招标文件的办法等事项。

(3)议标　是建设单位和施工单位通过友好协商,最终确定工程造价的方式。议标一般是在工程量较小或在多个项目的招标中,其中一个标段因某种原因,造成招标无效的时候所采用方式。如参加招标的单位数量不符合招标文件的要求,或所有参加招标的单位的标的都不符合招标单位的要求等。

4. 招标文件内容

招标文件是作为建设项目的需求者向可能的承包商详细阐明项目建设意图的一系列文件,也是投标单位编制投标书的主要依据。通常包括下列基本内容:

(1)招标通告或招标邀请书　招标人通过发招标邀请书或在报刊、信息网络及其他媒介向企业或社会发布招标信息,内容包括:招标人的名称和地址;招标项目的内容、规模和资金来源;招标项目的实施地点和工期;获取招标文件的地点和时间;参加投标的费用收取;对投标人的资质等级要求以及企业应向招标人提供的其他企业资料。

(2)投标须知　是招标单位为了使招标工作能够顺利进行,对招标工程的详细情况以及投标人在投标过程中应注意的问题进行详细的介绍,以使投标人能够顺利完成投标文件的编辑和按时送达。

(3)投标书附件及附表　招标单位为使投标书规范化和便于评标,在招标书中附带一些标准格式的附件及表格,如投标书格式、合同协议书格式、中标通知书格式、资格审查资料格式、履约银行担保格式、授权书格式、技术人员简历表等。

(4)工程的综合说明(可附工程地质勘察报告和土壤监测报告)　为使投标人对招标工程有一个详细的了解,在招标文件中,招标单位对招标工程所进行的详细介绍,内容包括:工程名称、规模、地址、发包范围、场地与地基土质情况、周围环境、给水、电力供应、道路及通信情况以及工期要求等。

(5)设计图纸和技术说明　招标前招标人应向投标人提供投标工程的设计图纸和图纸的技术说明,目的在于使投标人了解工程的具体内容和工程的技术要求,据此拟定工程的施工方案和施工进度计划。

(6)工程量清单　是投标单位计算工程造价和招标单位评标的重要依据。工程量清单通常以每一个体工程为对象,按分项、单项列出工程数量。

(7)技术规范　是指园林工程在施工中所必须遵守的施工技术标准,它可以是国家标准,也可以是高于国家规范的标准。一般是以国家制定的技术规范为准。

(8)工程计量与支付　招标文件一般应载明工程量的计算方法、工程款的支付时间和支付方法。

(9)合同主要条款　是合同协议书的主要组成部分,对建设单位、施工单位和监理具有同等的约束力,包括合同通用条款和合同专用条款两部分。

(10)评标标准和评标方法　对投标书的每一部分的分值和评分标准提出具体的规定,作为评委评分的依据。

(11)补遗书　由于招标人的疏忽使招标文件出现错误或不明确的地方,以及投标单位提出的质疑,在招标文件发出后,招标单位对招标文件进行解释、修正和补充,而发放给投标单位的补充文件。它也是招标文件的组成部分。

二、园林工程的投标

1. 投标单位应具备的条件

(1)投标单位应具有法人资格,为合法的经营单位。

(2)投标单位应具有相应的施工资质 企业资质即承包商的资格和素质,是作为工程承包经营者必须具备的基本条件。按现行规定,我国是以建设业绩、人员素质、管理水平、资金数量、技术装备等为主要标准,将城市园林绿化企业分为四级,并规定了相应的承包工程的范围。

园林企业要求有《城市园林绿化企业施工资质证书》,方可从事园林工程的施工。在进行古建筑施工时还要求具有《古建筑工程施工企业资质证书》。按照我国的现行规定:国家一级资质证书由国家统一审批颁发,二级、三级、四级企业资质由省级主管部门颁发。一级资质的企业可参加国际、国内工程的投标和施工;二级资质的企业允许参加国内工程的投标和施工;三级资质企业允许在本省内参加工程的投标和施工,四级资质的企业只允许在本市内参加工程的投标和施工。

(3)投标单位要有完成工程的资金保证 目前我国现行的政策和管理方法是,建设单位为保证施工质量、减少投资风险,要求承建单位在施工期间都要有相应的资金垫付或在施工前预交施工保证金。因此,建设单位常要求投标单位为承包工程提供相应的资金保证。

(4)投标单位要有完成工程相应的技术力量保证 技术是工程质量的根本保证,只有可靠的技术作后盾,才能保证施工工程的质量。因此,相应的技术支撑是投标单位的必要条件。

(5)人员、机械等设备能满足投标工程的施工要求 全员职工人数,包括技术人员、技术工人数量及平均等级要能满足施工的要求。一些大型的园林工程,还需要有相应的机械设备作为完成工程的保证。

2. 投标资格的审查

资格审查是招标单位为保证工程的顺利完成和工程的施工质量,在招标前对投标企业的施工能力、施工信誉等进行的审查。投标资格的审查包括资格预审和资格后审两种形式。资格审查的内容包括:

(1)企业的营业执照和施工资质证书 营业执照和施工资质证书是否经过年检,是确定企业是否具有法人资格的依据,所列项目是否与施工项目相符,决定企业是否可以参加工程项目的投标。

(2)企业简历 企业的成立时间、企业的性质、经营状况。

(3)企业的自有资金情况 企业的流动资金状况决定了企业是否有能力承担本

工程。

(4)人员配备　企业的职工人数,包括企业的技术人员、技术工人数量及平均技术等级、企业的自有主要施工机械设备一览表等情况。

(5)企业的业绩　企业近几年所承担完成的工程项目,包括施工面积、合同金额、获奖情况等。

(6)企业的在建项目　企业所承担完成的在建工程项目,包括施工面积、合同金额、完成情况等。

3.投标前的准备工作

(1)研究招标文件　园林施工企业资格预审合格,取得了招标文件,即进入投标准备阶段。首先是仔细认真地研究招标文件,充分了解其内容和要求,发现应提交招标单位予以澄清的疑点。

①研究工程的综合说明,以对工程作一个整体性了解。

②熟悉并详细研究设计图纸和技术说明书,使制定施工方案和报价有确切的依据。对整个建设工程的设计图纸要吃透,发现不清楚或相互矛盾之处,应提请招标单位解释或更正。

③研究合同主要条款,明确中标后应承担的义务和责任及应享有的权利,重点是承包方式、开工时间和竣工时间、材料供应及价款结算办法、预付款的支付和工程款的决算办法、工程变更及停工、窝工损失的处理办法等。

④熟悉投标单位须知的内容,避免在投标过程中,出现与招标要求不相符的情况而造成废标。

(2)调查施工环境　施工环境是指招标工程项目所处的自然、经济和社会条件。这些条件都是工程施工的制约因素,必然会影响到工程的成本,投标报价时必须考虑。所以应在报价前通过勘察现场、查阅相关资料、市场调研等途径,尽可能地了解清楚。主要内容有:场地的地理位置;地上地下障碍物的情况;土壤情况(包括土质、土壤含水量、pH值大小等);气象情况(包括年降雨量、年最高气温、最低气温、无霜期等);地下水位、冻土深度、现场的交通状况;有无给水、供电和通讯设施;所需材料的当地供应状况、劳动力资源及工资水平等。

(3)制定投标策略　园林施工企业参加投标竞争,目的在于得到对自己最有利的施工合同,从而获得尽可能多的盈利。正确的策略是投标获胜的保证,而正确的策略来自实践经验的积累和对投标环境的调查分析,常用的投标策略有以下几种:

①做好施工组织设计,采取先进的工艺技术和机械设备;优选各种植物和其他造景材料;合理安排施工进度;选择可靠的分包单位。力求以最快的速度,最大限度地降低成本,以技术和管理优势取胜。

②尽量采用新工艺、新材料、新设备、新施工方案,以降低工程造价,提高施工方案的科学性。

③在保证企业有相应利润的前提下,以低报价取胜。

④为争取未来优势,宁可目前少盈利。如为了占据某些有发展前途的专业施工技术,着眼于未来,可适当降低造价,为占领新市场打下基础。

(4)制定施工方案　应由投标单位的技术负责人或项目经理主持制定,它反映出一个企业对工程承包的技术能力,主要包括下列基本内容:

①施工的总体部署和场地总平面图布置。

②施工总进度和单项(单位)工程进度。

③主要施工方法。

④主要施工机械设备配置及数量。

⑤劳动力来源、数量及配置。

⑥主要材料品种的规格、需用量、来源及分批进场的时间安排。

⑦大宗材料和大型机械设备的运输方式。

⑧现场水、电需用量、来源及供水、供电设施。

⑨临时设施的数量和标准。

(5)报价　是投标全过程的核心工作,它不仅是能否中标的关键,而且对中标后能否盈利和盈利多少,也在很大程度上起着决定性的作用。

①报价的基础工作。在详细研究了招标文件中的工程综合说明、设计图纸和技术说明,了解了工程内容、场地情况和技术要求后,进行成本核算,按照企业的计划利润进行合理报价。

②报价的内容。工程承包报价的内容,就是园林工程费的全部内容,它包括:直接费、间接费、计划盈利和税金等。

(6)投标文件的编制和送达

①投标文件的编制。投标单位对招标工程作出最后决策之后,即应编制投标书,主要内容有:投标书及其附件、法定代表人资格证明书、法定代表人授权委托书、划价的工程量清单、施工单位简介、主要拟派施工技术人员和管理人员学历及施工经验简历、近几年的企业业绩、企业财务状况表、投标保证书、单价表、施工图纸、技术说明、施工方案,主要施工机械设备清单以及某些重要或特殊材料的说明书和小样等与报价有关的技术文件;其他招标文件中要求提供的材料。

投标书实际上就是由投标的承包负责人签署的正式报价信,中标后,投标书及其附件即成为合同文件的重要组成部分。

②投标文件的送达。全部投标文件编号并校对无误之后,由项目负责人签署,加盖

公章后,按投标须知的规定分装和密封,在投标截止期之前送达招标单位指定的地点。

三、开标与评标

1. 开标

开标应当在招标文件确定的提交投标文件截止后,在招标文件规定的时间、地点进行,开标前应由投标单位检查自己的投标书,并确认无误、无拆封迹象。

2. 评标

评标由招标人依法组建的评委会负责,按招标文件规定的评标标准和评标方法,进行评标,最终确定中标人。大型招标还应由公证人员监督评审工作。

3. 决标

决标又称定标,由招标人根据评审结果,向中标单位发放中标通知书。

4. 议标

在进行多个标段的招标时,其中一个或几个因特殊情况无法确定中标人,如投标单位数量少于规定数量、所有投标人的投标报价都不符合投标人的要求,但又不宜重新招标的情况下,可参照其他标段,招标人和投标人通过友好协商,最终确定工程的造价方式。

四、园林建设工程施工承包合同

1. 园林建设工程施工承包的方式

(1)总承包 一个园林建设项目建设的全过程或其中某个阶段的全部工作,由一个承包单位负责组织实施,这个承包单位可以将若干个专业性工作交给不同的专业承包单位去完成,并统一协调和监督他们的工作。在一般情况下,建设单位仅同这个承包单位发生直接关系,这种承包方式叫做总承包。

(2)分承包 简称分包,是相对总承包而言的,即承包者不与建设单位发生直接关系,而是从总承包单位分包某一分项工程或某种专业工程,在现场上由总承包统筹安排其活动,并对总承包负责。分包单位通常为专业公司,一种是由建设单位指定分包单位与总承包单位签订分包合同,一种是由总承包单位自行选择分包单位签订分包合同。

(3)独立承包 是指承包单位依靠自身的力量完成承包任务,而不实行分包的承包方式。通常适用于中小规模、没有特殊技术和设备要求的园林建设工程。

(4)联合承包 是相对于独立承包而言的承包方式,即由两个以上承包单位联合起来承包一项园林建设工程任务。由参加联合的各单位推定代表统一与建设单位签订合同,共同对建设单位负责,并协调他们之间的关系。但参加联合体的各单位仍是各自独立经营的企业,只是在共同承包的工程项目上根据预先达成的协议,承担各自的义务和分享共同的收益。

(5)直接承包 是在同一工程项目上,不同的承包单位分别与建设单位签订承包合同,各自直接对建设单位负责。各承包商之间不存在总分包关系,现场可由建设单位或监理单位负责协调工作。

2.园林建设工程施工承包合同

为完成园林施工项目,承、发包方一般要签订各类系列合同。

(1)施工项目合同　这是建设单位和承包施工单位之间为完成某一园林施工项目,明确双方权利和义务而签订的协议。

(2)施工准备合同　这是较大或复杂的园林建设工程项目,在不具备直接签订施工承包合同的条件下,根据建设单位提供的国家批准建设任务书、投资计划及施工任务,做好准备工作,保证施工项目顺利开工,由建设单位与承包单位所签订的明确双方在施工准备阶段权利和义务而签订的合同协议。

(3)分包合同　在园林施工项目中,有些需要委托其他单位实施,接受单位为"分包",委托单位为"总包","分包"与"总包"所签订的合同协议称为分包合同。合同主要内容应包括:工程量、工程造价和施工期限;双方的主要责任;安全生产、工程质量及施工验收办法、付款方式及工程结算;奖罚及纠纷的调解和仲裁,以及其他应明确的事项。

分包合同通常有以下几种:

①机械施工分包合同。包括土方、打桩、大型钢结构吊装、运输等。

②设备安装分包合同。包括喷泉喷灌设备的安装、照明设备的安装等。

③分项工程、单项工程分包。

(4)物资供应合同　对于园林建设工程中用到的建筑材料、绿化材料,一般由施工承包单位与材料供应单位签订合同,合同内容明确材料的品种、规格、数量、质量、价格、交货期限和方式、结算方法和双方的责任。

(5)成品、半成品加工订货合同　包括成品、半成品的品种、规格数量、质量要求和加工价格等。

一般施工承包的合同文件包括中标单位的投标书及其附件、合同书、合同条款、中标通知书、补遗书、设计图纸、工程说明书、技术规范和有关标准、工程量清单和单价表,以及在招标和合同执行过程中的一切来往电函、传真和设计变更记录等全部文件。

五、合同的签订

施工单位通过竞标最终确定中标施工项目后,就要和建设单位签订书面的合同协议书,合同的签订意味着双方的权利和义务的确定。合同的内容主要包括:

1.所承担的施工工程的内容及工程完成的时间。

2.双方在保证完成任务的前提下所承担的义务和权利。

3.工程的验收方法。

4.甲方支付工程款的数量、方式以及期限等。

5.未尽事宜双方本着友好协商的原则处理,力求完成相关工程项目。

第三节　园林工程的施工组织与管理

通常园林施工项目包括施工准备、施工规划、项目施工、项目验收、绿化养护和竣工验收几个阶段。园林施工项目的管理主体是承包单位（园林施工企业），并为实现其经营目标而进行工作。它既可以是园林建设项目的施工、单项工程或单位工程的施工，也可以是部分工程或分项工程的施工。其工作内容包括：施工项目的准备、规划、实施和管理。

一、施工前的准备工作

在合同签订后，应对施工现场和设计图纸进行进一步的核实，并做好施工前的各项准备工作。

1. 熟悉图纸

在合同签订后，我们需要对设计图纸进行再次的认真审视，并由设计单位向施工单位进行设计交底，以便掌握设计意图；确认现场状况以便为编制施工组织设计提供各项依据；及时发现图纸中的问题并尽快与甲方取得沟通，需要变更的也要尽快以书面形式向甲方和监理送达变更报告。

2. 现场实地勘察

由于设计人员的疏忽、设计任务的紧迫或现状图纸的误差，都可能会导致图纸的某些设计无法实施。因此在熟悉图纸的同时，我们还要对施工现场进行实际勘察，及时发现图纸中的问题并尽快与甲方取得沟通，需要变更的也要尽快以书面形式向甲方和监理送达变更报告。

3. 物资的准备　园林施工工程的物资准备内容包括：土建材料的准备、绿化材料的准备、购（配）件和制品加工的准备、园林施工机具的准备。

4. 做好"四通一清"工作

施工前要确保施工现场的水通、电通、道路通、通信通，做好施工场地的清理工作，确保进场后施工的顺利进行。

5. 劳动组织与职工培训

组织施工人员，包括管理人员、技术人员、技术工人和普通工人，确保工程顺利开展工作。为了保证工程的质量，使新建项目建成后能顺利投入生产、交付使用，在建设施工前就必须对配套的管理人员和技术人员进行岗前培训。

6. 安全生产教育

为保证安全施工，在施工前还必须对职工进行安全生产教育。在施工现场成立相关的安全管理组织，设立安全生产专职管理人员，制定安全管理计划，以便有效地实施安全管理。教育职工在施工中应严格按照各工种的操作规范进行施工,杜绝劳动伤害,创造井然有序的施工环境。

二、施工组织设计

园林施工工程不是单纯的栽植工程,而是一项与土木、建筑等其他行业协同工作的综合性工程,因而精心做好施工组织设计是施工准备的核心。

施工组织设计是以施工项目为对象进行编制、用以指导其施工全过程各项施工活动的技术、经济、组织、协调和控制的综合性文件。按照施工项目规模的不同,分为施工组织总设计、单项(位)工程施工组织设计和分项工程的施工组织设计。

1. 施工组织设计的编制原则

(1)遵守国家有关基本建设的各项方针政策,严格执行建设程序和施工程序。

(2)与设计、建设单位相结合,做好施工部署和施工方案的选定。

(3)统筹全局,组织好施工协调工作,分期分批配套地组织施工。

(4)做好工、料、机、资金等生产要素的优化配置。

(5)积极采用新技术、新工艺、新材料、新设备,努力推进科技进步。

(6)认真制定质量保证和安全保证的措施,确保工程质量和施工安全。

(7)在技术经济指标的前提下,进行技术经济分析和多方案比较,提高经济效益。

2. 施工组织总设计

建设项目施工组织总设计是以一个园林建设项目为对象进行编制、用以指导其建设全过程各项全局性施工活动的技术、经济、组织、协调和控制的综合性文件。它是整个施工项目的战略部署,其编制范围广,内容比较概括。它是编制单项(位)工程施工组织设计或年度施工规划的依据。

3. 单项(位)工程施工组织设计

单项(位)工程施工组织设计是以一个园林施工工程中的分项工程为对象进行编制的文件。它是建设项目施工组织总设计或年度施工规划的具体化,其编制内容更详细。作为编制分部(项)工程施工设计或季(月)度施工进度计划的依据。

4. 分部(项)工程施工组织设计

分部(项)工程施工组织设计是以一个分部(项)工程或冬(雨)期施工项目为对象进行编制、用以指导其各项作业活动的文件。它是单项(位)工程施工组织设计和承包商季(月)度施工进度计划的具体化,其编制内容更具体,是在编制单项(位)工程施工组织设计的同时,由项目主管技术人员负责编制、作为指导该项目具体专业工程施工的依据。

5. 施工组织设计的内容

(1)施工方案、施工方法的选择,关键部位、工序采用的新技术、新工艺、新机械、新材料,以及投入的人力、机械设备数量等。

(2)施工进度计划,包括网络计划、开竣工日期及说明。

(3)施工平面图布置,水、电、路、生产、生活用施工设施的布置,用以和建设单位协调的用地。

(4)保证质量、进度、环保等项计划和措施。

(5)其他有关投标和签约的措施。

三、园林建设项目施工组织总设计

1. 园林项目施工组织总设计编制的依据

(1)园林建设项目基础文件。

(2)园林项目初步设计或技术设计图纸和说明书。

(3)园林项目施工招标文件和工程承包合同文件。

(4)有关工程建设政策、法规和规范资料。

(5)有关工程地形、工程地质、水文地质和地区气象资料。

(6)所在地区绿化材料、建筑材料、构配件和半成品供应状况资料。

(7)所在地区供水、供电、供热和电信能力的资料。

(8)施工现场地上、地下的现状,如水、电、电讯、煤气管线等状况,地上、地下构筑物、障碍物状况。

(9)类似施工项目经验资料,包括类似施工项目成本控制资料、工期控制资料、质量控制资料、技术新成果资料和管理新经验。

2. 园林项目施工组织总设计编制的内容

(1)工程概括

①建设项目名称、性质和建设地点;占地总面积和建设总规模;每个单项占地面积。

②施工组织总设计目标,包括建设项目施工总成本、总工期和总质量等级以及每个单项工程的施工成本、工期和重量等级要求。

③建设地区的自然条件状况,包括气象、工程地形和工程地质、工程水文地质以及历史上曾发生的地震及其危害情况。

④建设地区的经济状况,包括地方园林绿化施工企业及其施工过程的状况;主要材料和设备供应状况;供水、供电和电讯服务能力状况;社会劳动力和生活服务设施状况;地区园林绿化新技术、新工艺的运用状况。

⑤施工项目的施工条件,包括主要材料、特殊材料和设备供应条件;项目施工图纸供应的阶段划分和时间安排以及提供施工现场的标准和时间安排。

(2)施工总部署

①建立项目管理组织。成立施工项目管理组织(项目部),明确项目管理组织的目

标、组织内容和组织结构模式,建立统一的工程指挥系统,明确系统内的责任分工。组建综合或专业工作队组,合理划分每个承包单位的施工区域。

②认真做好施工总部署。安排好为全场性服务的施工设施,合理确定单项工程的开、竣工时间。

③做好主要项目的施工方案。根据项目图纸、项目承包合同和施工总部署要求,分别选择主要景区、景点的绿化、建筑和其他构筑物的施工方案。施工方案的内容包括:确定施工起点流向、施工工序、施工顺序和施工方法。

(3) 全场性施工准备计划 根据施工项目的施工总部署、施工总进度计划和施工总平面布局的要求,编制施工准备工作计划,具体内容包括:

①按照总平面图要求,做好现场控制网测量。落实绿化。

②组织项目采用的新结构、新材料、新技术试验工作。

③按照施工设施计划要求,优先落实大型施工设施工程。

④做好现场的"四通一清"工作。

⑤根据施工项目资源计划要求,落实绿化材料、建筑材料、购配件、加工品、施工机具和设备。

⑥认真做好工人岗前技术培训工作。

(4) 施工总进度计划 根据施工部署要求,合理确定每个独立交工系统及单项工程控制工期,并使它们相互之间最大限度地进行衔接,编制出施工总进度计划,并绘制出施工进度横道图。

①绘制施工进度计划横道图。以绘制横道图的形式,来反映各项工程的开、竣工时间。

②编制施工总进度计划

a. 根据独立交工系统的先后顺序,明确划分施工项目的施工阶段;按照施工部署要求,合理确定各阶段及其单项工程的开、竣工时间。

b. 按照施工阶段顺序,列出每个施工阶段内部的所有单项工程,并将它们分别分解至单位工程和分部工程。

c. 计算每个单项工程、单位工程和分部工程的工作量。

d. 根据施工部署和施工方案,合理确定单项工程、单位工程和分部工程的施工持续时间。

e. 科学地安排各分部工程之间的衔接关系,并绘制成控制性的施工网络计划或横道计划,施工网络计划图明确了各作业间的相互关系、作业顺序、施工时间和重点作业等,以弥补工程进度表的不足。

f. 在安排施工总进度计划时,要认真遵守编制施工组织设计的基本原则。

g.可对施工总进度计划初始方案进行优化设计,以有效地缩短总工期。

③制定施工总进度保障措施

a.组织保障措施:从组织上落实进度控制责任制,建立进度控制协调组织。

b.技术保障措施:编制施工进度计划实施细则,建立多级网络计划和施工作业周计划体系,强化施工工程进度控制。

c.经济保障措施:确保按时供应资金,以保证施工资源正常供应。

d.合同保障措施:全面履行工程承包合同,及时协调各分包单位施工进度。

(5)施工总质量计划 是以一个建设项目为对象进行编制、用以控制其施工全过程各项施工活动质量标准的综合性技术文件。应充分掌握设计图纸、施工说明书、特殊施工说明书等文件的质量标准要求,制定各工种施工的质量标准,制定各工种的作业标准、操作规程、作业顺序等,并分别对各工种的工人进行岗前培训及教育。

①明确工程设计的质量要求和特点。通过熟悉施工图纸和工程承包合同,明确设计单位和建设单位对建设项目及其单项工程的施工质量要求,经过项目质量影响因素分析,明确建设项目质量特点及其质量计划重点。

②确定施工质量总重点。根据建设项目施工图纸和工程承包合同的要求,以及国家颁布的相关的工程质量评定和验收标准,确定建设项目施工质量的总目标:优良或合格。

③确定并分解单项工程施工质量标准。根据建设项目施工质量总目标要求,确定每个单项工程施工质量目标,然后将该质量目标分解至单位工程质量目标和分部工程质量目标,即确定出每个分部工程施工质量等级:优良或合格。

④确定施工质量控制点。根据单位工程质量和分部工程施工质量等级要求,以及国家颁布的相关的工程质量评定和验收标准、施工规范和规程的要求,选定各工种的质量特性,确定各个分部(项)工程质量标准和作业标准,对于影响分部(项)工程质量的关键部位或环节,要设置施工质量控制点,以便加强对其进行质量控制。

⑤制定质量保证措施

a.组织保障措施:建立施工项目的施工质量体系,明确分工职责和质量监督制度,落实施工质量控制责任。

b.技术保障措施:编制施工质量计划实施细则,完善施工质量控制点和控制标准,强化施工质量事前、事中、事后的全过程控制。

c.经济保障措施:保证资金正常供应,奖励施工质量优秀者,惩罚施工质量低劣者,确保施工安全和施工资源正常供应。

d.合同保障措施:全面履行工程承包合同,严格控制施工质量,及时了解和处理分包单位施工质量,热情接受施工监理,尽量减少建设单位提出工程质量索赔的机会。

e. 建立施工质量认证体系。

(6)施工总成本计划 是以一个园林建设项目为对象进行编制、用以控制其施工全过程各项施工活动成本额度的综合性技术文件。由于园林建设工程施工的内容多,牵扯到的工种也多,计算标准成本很困难,但随着园林建设事业的发展以及不断进行的体制改革和规章制度的日益完善,园林业也和其他部门一样,正朝着制定标准成本的方向努力。

①施工成本分类

a. 施工预算成本:是工程的成本计划,是根据项目施工图、工程预算定额和相应取费标准所确定的工程费用总和,也称建设预算成本。制定过程预算书是进行成本管理的基础,同时根据设计书、图表、施工说明书、图纸等实行预算和成本计算。

b. 施工计划成本:是在施工预算成本的基础上、经过充分挖掘潜力、采取有效技术措施和加强经济核算的基础上,按企业内部定额,预先确定的工程项目计划费用总和,也称项目成本。施工预算成本与施工计划成本的差额,称为项目施工计划成本降低额。

c. 施工实际成本:是在项目施工过程中实际发生并按一定成本核算对象和成本项目归集的施工费用支出总和。施工预算成本与施工实际成本的差额,称为工程成本降低额,成本降低额与预算成本的比率,称为成本降低率。施工管理人员应找出成本差异发生的原因,在控制成本的同时,及时采取正确的施工措施。

②施工成本构成

a. 直接成本:即施工过程中消耗的构成工程实体或有助于工程形成,且能直接计入成本核算对象的费用,包括人工费、材料费、机器使用费等。

b. 间接成本:即项目经理部为施工准备、组织和管理施工生产而必须住宿的各种费用,又称施工间接费用。它不直接用于工程项目中,一般是按一定的标准计入工程成本,包括管理人员的工资补贴、现场办公费、差旅费等。

③编制施工总成本计划的步骤

a. 确定单项工程施工成本计划

- 收集和审查有关编制依据。
- 做好单项工程施工成本预测。
- 编制单项施工成本计划。

b. 编制建设项目施工总成本计划:根据园林建设项目施工部署要求,其总成本计划编制也要划分施工阶段,首先要确定每个施工阶段的各个单项工程施工成本计划,并编制每个施工阶段组成的项目施工成本计划,再将各个施工阶段的施工成本计划汇在一起,就成为该园林建设项目施工总成本计划,同时也求得了该建设项目工程计划成本总指标。

c.制定建设项目施工总成本保证措施
- 技术保障措施。
- 经济保障措施。
- 组织保障措施。
- 合同保障措施。

(7)施工总资源计划

①劳动力需要量计划。这是编制施工设施和组织工人进场的主要依据。劳务费平均占承包总额的30%～40%，它是施工管理人员实施管理的重要一环，在管理过程中要执行《劳动法》、《劳动安全卫生法》等法令、法规。劳动力需要量计划是根据施工总进度计划、概（预）算定额和有关经验资料，分别确定出每个单项工程专业工种人数和进场时间，然后逐项汇总直至确定出整个建设项目劳动力需要计划，是一项政策性很强的工作。

工程的劳动力可实行招聘制，并要订立相关合同，双方都要遵守劳动合同，认真地履行各自的权力和义务。

②主要材料需要量计划。这是组织施工材料和部分原材料加工、订货、运输、确定堆料场和仓库的依据。它是根据施工图纸、施工部署和施工总进度计划而编制的。园林施工中的特殊材料如掇山、置石的材料需要根据设计所要求的体态、体量、色泽、质地等经过相石、采石、运输等环节，因此需事先做好需要量计划。

③施工机具和设备需要量计划。这是确定施工机具和设备进场、施工用电量和选择施工用临时变压器的依据。它可根据施工部署、施工方案、工程量而确定，一般而言，园林施工中的大型施工机械不多见，但在土方工程、水景工程中要经常用到一些中小型机械。

(8)施工总平面布局

①施工总平面布局的原则

a.在满足施工需要的前提下，尽量减少施工用地，不占或少占农田，施工现场布置要紧凑合理，保护好施工现场的古树名木、原有树木和文物。

b.合理布置各项施工设施，科学规划施工道路，尽量降低运输费用。

c.科学确定施工区域和场地面积，尽量减少专业工种之间交叉作业。

d.尽量利用永久性建筑、构筑物或现有设施为施工服务，降低施工设施建造费用。尽量采用装配式施工设施，提高安装速度。

e.各项施工设施布置都要满足有利于施工、方便生活、安全防火和环境保护的要求。

②施工总平面布局的依据

a. 园林建设项目总平面图、竖向布置图和地下设施布置图。

b. 园林建设项目施工部署和主要项目施工方案。

c. 园林建设项目施工总进度计划、施工总质量计划和施工总成本计划。

d. 园林建设项目施工总资源计划和施工设施计划。

e. 园林建设项目施工用地范围和水、电源位置以及项目安全施工和防火标准。

③施工总平面布局的内容

a. 园林建设项目施工用地范围内地形和等高线；全部地上、地下已有和拟建的道路、广场、河湖水面、山丘、绿地及其他设施位置的标高和尺寸。

b. 标明园林植物种植的位置、各种构筑物和其他基础设施的坐标网。

c. 为整个建设项目施工服务的施工设施布置，包括生产性施工设施和生活性施工设施两类。

d. 建设项目必备的安全、防火和环境保护设施布置。

④编制建设项目施工设施需要量计划

a. 确定工程施工的生产性设施。

b. 确定工程施工的生活性设施。

c. 确定项目施工设施需要量计划核心部分。

⑤施工总平面图设计步骤

a. 确定仓库和堆料场的位置，特别注意植物材料的假植地点应选择背风背阴处。

b. 确定材料加工场地的位置。

c. 确定场内运输道路的位置。

d. 确定生活用施工设施的位置。

e. 确定水、电管网和动力设施的位置。

f. 评价施工总平面图指标。

（9）主要技术经济指标　为了评价每个建设项目施工组织设计各个可行方案的优劣，以便从中确定一个最优方案，通常采用以下技术经济指标进行方案评价。

①建设项目施工工期。

②建设项目施工总成本和利润。

③建设项目施工总质量。

④建设项目施工安全。

⑤建设项目施工效率。

⑥建设项目施工其他评价指标。

四、单项(位)工程施工组织设计

单项(位)工程施工组织设计是根据施工图和施工组织总设计来编织的，也是对总设计的具体化,由于要直接用于指导现场施工,所以内容比较详细和具体。

1. 单项(位)工程施工组织设计的依据

(1)单项(位)工程全部施工图纸及相关标准图。

(2)单项(位)工程工程地质勘察报告、地形图和工程测量控制网。

(3)单项(位)工程预算文件和资料。

(4)建设项目施工组织总设计对本工程的工期、质量和成本控制的目标要求。

(5)承包单位年度施工计划对本工程开、竣工的时间要求。

(6)有关国家方针、政策、规范、规程和工程预算定额。类似工程施工经验和技术新成果。

2. 单项(位)工程施工组织设计编制的内容

(1)工程地点　简要说明工程的结构和特点,对施工的要求,并附以主要工种工程量一览表。

(2)工程施工特征　综合园林建设工程的具体施工条件,找出其施工全过程的关键工程,并从施工方法和措施方面给以合理的解决。如在水池工程施工中要重点解决防水工程和饰面工程。

(3)施工方案(单项工程施工进度计划)

①用图表形式确定各施工工程开始的先后次序,相互衔接的关系和开、竣工日期。

②确定施工程序。

③确定施工顺序和施工方法。

④施工机械和设备的选择。

⑤主要材料和设备的运输方法。

⑥各施工过程的劳动组织。

⑦主要分项工程施工阶段的划分和流水顺序。

⑧冬季和雨季施工措施。

⑨确定安全事故措施。

(4)施工方案的评价体系

①定性评价指标。主要是施工操作难易程度和安全可靠性,为后续工程创造有利条件的可能性,利用现有或取得施工机械的可能性,冻雨季施工的可能性以及为现场文明施工创造有利条件的可能性。

②定量评价指标。主要是单项(位)工程施工工期、施工成本、施工质量、工程劳动力使用情况以及主要材料的消耗量。

(5)施工准备工作

①施工准备工作的内容。组建管理机构、确定各部门职能、确定岗位职责分工和选

聘岗位人员等,是建立工程管理组织的工作。

a.施工技术准备:包括编制施工进度控制目标、施工作业计划、施工质量控制细则和落实施工质量控制措施、施工成本控制细则和确定分项工程成本目标以及采取的有效成本控制措施;做好工程技术交底工作,可以采用书面交底、口头交底和现场示范操作交底等方式,常采用自上而下逐级进行交底。

b.劳动组织准备:主要是建立工程队伍,并建立工程队伍的管理体系,在队组内部技术工人等级比例要合理,并满足劳动力优化组合的要求;做好劳动力培训工作,并安排好工人进场后的生活,然后按工程对各工种的编制组织上岗前的培训,培训内容包括:规章制度、安全施工、操作技术和精神文明教育四个方面。

c.施工物资准备:包括建筑材料的准备、植物材料的准备、施工机具的准备和预制加工品的准备。

d.施工现场准备:清理现场障碍物,实现"四通一清",现场控制网测量,建造各种施工设施,组织施工物资和施工机具进场。

②编制施工准备工作计划。为落实各项准备工作,加强对施工准备工作的监督和检查,通常施工准备工作计划采用表格形式。

(6)施工进度计划。

(7)施工质量计划。

(8)施工成本计划。

(9)施工资源计划。

(10)施工平面布置。

(11)主要技术经济指标。

五、施工设施

1.施工房屋设施

施工房屋设施包括生产性设施、物资储存设施和生活用房屋设施。施工房屋设施应结合施工现场具体情况,统筹安排,合理布置。

2.施工供水设施

园林建设工程施工用水包括现场施工用水、施工机械用水、生活用水、灌溉用水、水景工程造景用水和消防用水。

3.施工供电设施

园林施工工地供电为临时供电,包括动力用电和照明用电两种。

六、施工项目管理

1.施工项目管理的概念

施工项目管理是园林施工企业对施工项目进行的管理。施工项目管理的对象是施工项目施工,项目管理的主体是施工企业,或其授权的项目经理部,采取有效方法对施工全过程的管理,包括投标、签约、施工准备、施工、验收、竣工结算和用后服务阶段,以及对各生产要素进行的决策、计划、组织、指挥、控制、协调、教育和激励。其主要内容有:建立施工项目管理组织,制定管理规划,按合同规定实施各项目标控制,对施工项目的生产要素进行优化配置。

2. 施工项目管理的内容

(1)施工项目管理的阶段

①投标签约阶段。在研究招标文件的基础上,编制施工组织设计方案,根据计划利润填写投标报价和确定最终报价,力争中标。

②施工准备阶段。在合同签订之后,即进入施工准备阶段。施工准备阶段应从组织、人力、物力、技术条件等方面,确保施工项目具备开工和连续施工的条件。包括:组建项目经理部、编制施工组织设计、进行施工现场准备,以达到开工要求,编写开工申请报告,等待下发开工令。

③施工阶段。按施工组织设计的要求进行施工,做好施工阶段的动态管理,严格履行承包合同,做到文明施工。确保在规定的工期内按质、按量完成全部施工任务,达到交工验收标准。

④验收交工与决算阶段。绘制竣工图,对施工工程进行自检,对不合格的工程项目及时返工,达到验收标准,按甲方的要求编写和整理竣工验收材料,提交竣工验收申请。在验收完成后进行决算,编写竣工总结报告,办理工程移交手续。

⑤用后服务阶段。与其他建设项目不同,园林工程在施工结束后都有一到二年的养护管理期,因此竣工验收也就是全部工程的结束。为总结施工经验、提高工程质量,对工程进行必要的回访。

(2)施工项目管理的内容

①建立施工项目管理组织。

②选聘施工项目经理。

③组建管理机构。

④制定施工管理制度。

⑤制定管理规划。

⑥进行工程项目分解,制定阶段控制目标。

⑦建立施工项目管理体系。

⑧编制施工管理规划。

⑨进行目标控制。

⑩生产要素管理。

⑪劳动管理。
⑫材料管理。
⑬机械设备管理。
⑭技术管理。
⑮资金管理。
⑯合同管理。
⑰档案管理。
⑱信息管理。

3. 施工项目的进度控制

园林施工项目进度控制是指施工项目经理部根据合同规定的工期要求编制施工进度计划,并以此作为进度控制的目标,对施工的全过程进行经常检查、对照、分析,及时发现施工中的偏差,采取有效措施,调整进度计划,排除干扰,保证工期目标实现的全部活动。

(1)影响施工项目进度计划的因素

①相关单位因素影响。项目经理部的外层关系单位很多,它们对项目施工活动的密切配合与支持,是保证项目施工按期顺利进行的必要条件。但是若其中任何一个单位,在某一个环节上发生失误或配合不够,都可能影响施工进度。

②项目经理内部影响。项目经理部的活动对于施工进度起着决定性的作用。它的工作失误,如施工组织不合理,人员、机械设备调配不当,质量不合格引起返工,与外层相关单位关系协调不善等都会影响施工进度。因而提高项目经理部的管理水平、技术水平,提高施工作业层的素质是非常重要的。

③不可预见因素影响。任何工程的施工都可能因自然灾害等原因影响工期,如园林施工中出现的持续恶劣的天气,严重的自然灾害,施工现场挖掘到文物,或施工现场的水文地质状况比设计及合同文件中所预计的要复杂的多,所有这些都可能造成临时停工,影响工期。

(2)施工项目进度控制的措施

①组织措施。主要是指建立进度实施和控制的组织系统及建立进度控制目标体系。如召开协调会议、落实各层次进度控制的人员、具体任务和工作职责;按施工项目的组成、进展阶段、合作分工等,将总进度计划分解,以制定切实可行的进度目标。

②合同措施。应保持总进度控制目标与合同总工期相一致,分包合同的工期与总包合同的工期相一致和协调。

③技术措施。主要是加快施工进度的技术方法,以保证在进度调整后仍能如期竣工。

④经济措施。是指实现进度计划的资金保证。

⑤信息管理措施。是指对施工实施过程进行检测、分析、反馈和建立相应的信息流动程序以及信息管理工作制度,以连续地对全过程实行动态控制。

4. 施工项目的质量控制与管理

(1)基本概念

①质量管理。是指确定质量方针、目标和职责,并在质量体系中通过诸如质量策划、质量控制、质量保证和质量改进使其实施全部管理职能的所有活动。

施工项目质量管理的首要任务是确定质量方针、目标和职责,核心是建立有效的质量体系,通过质量策划、质量控制、质量保证和质量改进确保质量方针、目标的实施和实现。

②全面质量管理。是指一个组织以质量为中心,以全员参与为基础,目的在于通过让顾客满意和本组织所有成员及社会效益而达到长期成功的管理途径。

③质量控制。是指为达到质量要求所采取的作业技术和活动。

园林建设产品质量有个产生、形成和实现的过程。在此过程中为使产品具有适用性,需要进行一系列的作业技术和活动,必须使这些作业技术和活动在受控制状态下进行,才能生产出满足规定质量要求的产品。质量控制要贯穿项目施工的全过程,包括施工准备阶段、施工阶段、交工验收阶段和保修阶段。

(2)全面质量管理的程序　质量管理和其他各项管理工作一样,要做到有计划、有措施、有执行、有检查、有总结,才能使整个管理工作循序渐进,保证工程质量不断提高。为不断揭示项目施工过程中的生产、技术、管理诸方面的质量问题,通常采用 PDCA 循环方法。该方法就是先有分析,提出设想,安排计划,按计划执行。执行中进行动态检查、控制和调整,执行完成后,进行总结处理。PDCA 分为四个阶段,即计划(P)、执行(D)、检查(C)、处理(A)。四个阶段又可分为八个步骤:

①第一个阶段为计划阶段(P)。确定任务、目标、活动计划和拟定措施。

第一步,分析现状,找出存在的质量问题,并用数据加以说明。

第二步,掌握质量规格、特性,分析产生质量问题的各种因素,并逐个进行分析。

第三步,找出影响质量问题的主要因素,通过抓重要因素解决质量问题。

第四步,针对影响质量问题的主要因素,制定计划和活动措施。计划和措施应该具体明确,有目标、有期限、有分工。

②第二阶段为执行(D)阶段。按照计划要求及制定的质量目标、质量标准、操作规程去组织实施,进行作业标准教育,按作业标准施工。

第五步,即第二阶段。

③第三阶段为检查(C)阶段。通过作业过程、作业结果将实际工作结果和计划内

容相对比,通过检查,看是否达到预期效果,找出问题和异常情况。

第六步,即第三阶段。

④第四阶段为处理(A)阶段。总结经验,改正缺点,将遗留问题转入下一轮循环。

第七步,处理检查结果,按检查结果,总结成败两方面的经验教训,成功的纳入标准、规程,予以巩固;不成功的出现异常时,应调查原因,消除异常,吸取教训,引以为戒,防止再次发生。

第八步,处理本循环尚未解决的问题,转入下一循环去,通过再次循环求得解决。

随着管理循环的不停转动,原有的矛盾解决了,又会产生新的矛盾,矛盾不断产生而不断被克服,克服后又会产生新的矛盾,如此循环不止,每一次循环都把质量管理活动推向一个新的高度。

(3)全面质量管理的步骤

①制定推进计划。根据全面质量管理的基本要求,结合施工项目的实际情况,提出分析阶段的全面质量管理目标、进行方针目标管理以及实现目标的措施和办法。

②建立综合性的质量管理机构。选拔热心于全面质量管理、有组织能力、精通业务的人员组建各级质量管理机构,负责推行全面质量管理工作。

③建立工序管理点。在工序作业中的薄弱环节或关键部位设立管理点,保证园林建设的质量。

④建立质量体系。以一个施工项目作为一个系数,建立完整的质量体系。项目的质量体系由各部门和各类人员的质量职责和权限、组织结构、所必需的资源和人员、质量体系各项活动的工作程序等组成。

⑤开展全过程的质量管理。即施工准备工作、施工过程、竣工交付和竣工后服务的质量管理。

(4)施工准备阶段的质量控制 园林建设工程施工准备是为保证园林施工正常进行而必须事先做好的工作。施工准备不仅在工程开工前做好,而且贯穿于整个施工过程。施工准备的基本任务是为工程建立一切必要的施工条件,确保施工生产顺利进行,确保工程质量符合要求。

①研究和会审图纸及技术交底。通过研究和会审图纸,可以广泛听取使用人员、施工人员的正确意见,弥补设计上的不足,提高设计质量;可以使施工人员了解设计意图、技术要求、施工难点。

②施工组织设计。是指导施工准备和组织施工的全面技术性文件,对施工组织设计要求进行两个方面的控制:一是选定施工方案制定施工进度时,必须考虑施工顺序、施工流向,主要分部、分项工程的施工方法,特殊项目的施工方法和技术措施能否保证工程质量;二是制定施工方案时,必须进行技术经济比较,使园林建设工程符合设计要

求并保证工程质量,求得施工工期短、成本低、安全生产效益好的施工过程。

③现场勘察"四通一平"和临时设施的搭建。掌握现场地质、水文勘察资料,检查"四通一平"和临时设施的搭建能否满足施工需要,保证工程顺利进行。

④物资准备。检查原材料、构配件是否符合质量要求,施工机具是否可以进入正常运行状态。

⑤劳动力准备。检查施工力量的集结,能否进入正常作业状态,特殊工种和缺门工种的培训是否具备应有的存在技术和资格,劳动力的调配、工种间的搭接,能否为后续工种创造合理的、足够的工作面。

(5)施工阶段的质量控制　按照施工组织设计的总进度计划,编制具体的月度和分项工程施工作业计划和相应的质量计划。对材料、机具设备、施工工艺、操作人员、生产环境等影响质量的因素进行控制,以保持园林建设产品总体质量处于稳定状态。

①施工工艺的质量控制。工程项目施工应编制"施工工艺技术标准",规定各项作业活动和各道工序的操作规程、作业规范要点、工作顺序、质量要求。上述内容应预先向操作者交底,并要求认真贯彻执行。对关键环节的质量、工序、材料环境应进行验证,使施工工艺的质量控制符合标准化、规范化、制度化要求。

②施工工序的质量控制。包括影响施工质量的五个因素(人、材料、机具、方法、环境),使工序质量的波动数据处于允许的范围内。

对直接影响质量的关键工序,对下道工序有较大影响的上道工序,对质量不稳定的、容易出现不良产品的工序,对用户反馈和过去有过返工现象的不良工序设立工序质量控制点。

对施工质量有重大影响的工序,对其操作人员、机具设备、材料、施工工艺、测试手段、环境条件等因素进行分析与验证,并进行必要的控制。

③人员素质控制。定期对职工进行规程、规范、工序工艺、标准、计量、检查等基础知识的培训和开展质量管理及质量意识教育。

(6)交工验收阶段的质量控制

①工序间的交工验收工作的质量控制。工程施工中,往往上道工序的质量成果被下道工序所掩盖;分项或分部工程质量被后续的分项或分部工程所掩盖。因此,要对施工全过程的分项或分部施工的各工序进行质量控制。要求班组实行保证本工序、监督前工序、服务后工序的自检、互检、交接检专业性的"中间"质量检查,保证不合格工序不转入下道工序。出现不合格工序时,做到"三不放过"(原因未查清不放过、责任未明确不放过、措施未落实不放过),并采取必要的措施,防止再次发生。

②竣工交付使用阶段的质量控制。单位工程或单项工程竣工后,由项目的主管部门严格按照设计图纸、施工说明及竣工验收标准对工程的施工质量进行全面鉴定,评定

等级,作为竣工交付的依据。工程进入交工验收阶段,应有计划、有步骤、有重点地进行收尾工程的清理工作,通过交工前的预验收,找出漏项项目和需要修补的工程,及早安排施工。做好竣工工程产品保护,提高工程的一次成优率和减少竣工后的返工修整。工程项目经自检、互检后,与建设单位、设计单位和上级有关部门进行正式的交工验收工作。

5. 施工项目成本控制

施工项目成本是项目经理部在承建并完成施工项目的过程中所发生的全部成本费用的总和,施工项目成本控制是项目经理部在项目施工的全过程中,为控制人工、机械、材料消费和费用支出,降低工程成本,达到预期的项目成本目标所进行的成本预测、计划、实施、检查、核算、分析、考评等一系列活动。

(1)全面控制的原则

①建立全员参加的责、权、利相结合的项目成本控制责任体系。

②项目经理、各部门、施工队、班组人员都负有成本控制的责任,在一定的范围内享有成本控制的权利。在成本控制方面的业绩与工资奖金挂钩,从而形成一个有效的成本控制责任网络。

③成本控制要贯穿施工工程的每一个阶段,每一项经济业务都要纳入成本控制的轨道。

(2)动态控制的原则

①在施工开始之前进行成本预测,确定目标成本,编制成本计划,制订或修订各种消费定额和费用开支标准。

②施工阶段重在执行成本计划,落实降低成本措施,实行成本目标管理。

③建立灵敏的成本信息反馈系统,使有关人员能及时获得信息,纠正不利成本偏差。

④制止不合理开支。

⑤竣工阶段,要进行整个项目的成本核算、分析和考评。

(3)开源节流的原则

①成本控制应坚持增收与节约相结合的原则。

②作为合同签约依据编制工程预算时,应"以支定收";而在保证预算收入的施工过程中,则要"以收定支",控制资源消耗和费用开支。

③核算成本费用是否符合预算收入,收支是否平衡。

④经常进行成本核算,并进行实际成本与预算收入的对比分析。

⑤抓住索赔时机,力争甲方或前期工程的合理赔偿。

⑥严格财务制度,对各项成本费用的支出进行限制和监督。

⑦提高施工项目的科学管理水平、优化施工方案,提高生产效率,节约人、财、物的消耗。

6.施工项目的安全控制与管理

园林施工项目安全控制是在项目施工的全过程中,运用科学的管理理论和方法,通过法规、技术和组织手段,进行的规范劳动者行为,控制劳动对象、劳动手段和施工环境条件,消除或减少不安全因素,使人、物、环境构成的施工生产体系达到最佳安全状态,实现项目的安全目标。

(1)安全生产控制的原则
①管生产必须管安全的原则。
②安全第一的原则。
③预防为主的原则。
④动态控制的原则。
⑤全面控制的原则。
⑥现场安全为重点的原则。

(2)安全管理的主要内容
①建立安全生产制度。
②贯彻安全技术管理。
③坚持安全教育和安全技术培训。
④组织安全检查。
⑤及时处理安全事故。
⑥强化安全生产指标。

(3)安全管理制度
①安全教育制度。
②安全生产责任制。
③安全技术措施计划。
④安全检查制度。
⑤伤亡事故处理。
⑥安全原始记录制度。
⑦工程保险。

7.施工项目的材料管理

施工项目的材料管理,是项目经理部为顺利完成工程项目施工任务,合理使用和节约材料,努力降低材料成本所进行的材料计划、订货采购、运输、库存保管、供应、加工、使用、回收等一系列的组织和管理工作。

(1)建立稳定的供货关系和资源基地　在广泛搜集信息的基础上,发展多种形式的横向联合,建立长远、稳定、多渠道的可供货源,以便获取优质低价的物资货源,为提高工程质量、缩短工期、降低工程成本打下牢固的物质基础。

(2)建立材料管理制度　激烈的市场竞争和项目法施工,要求必须建立一套完整的材料管理制度,包括材料目标管理制度、材料供应和使用制度,以便组织材料的采购、加工、运输、供应和回收,并进行有效的控制、监督和考核,保证顺利实现承包任务和材料使用工程的效益。

(3)合理使用材料,建立节约奖励和超耗惩罚制度。

(4)接受项目管理人员的指导、监督和考核。

8. 施工项目现场管理

施工项目现场管理是指项目经理部门按照《施工现场管理规定》和城市建设管理的有关法规,科学合理地安排使用施工现场,协调各专业管理和各项施工活动,控制污染,创造文明安全的施工环境和人流、物流、资金流、信息流畅通的施工秩序所进行的一系列管理工作。施工项目现场管理的内容包括:

(1)合理规划施工用地。

(2)科学设计施工总平面图。

(3)建立施工现场管理组织。

(4)建立文明施工现场。

七、施工阶段现场管理

1. 开工报告

在做好施工前的各项准备工作后,填写开工报告上报建设单位和施工监理。

2. 开工令

施工单位在接到开工令后即开始进入施工现场施工。

3. 定点放线

按照设计图纸和施工进度要求分步骤进行施工放线,主要有以下几个步骤:

(1)引测坐标控制点。

(2)按设计要求埋设水准点和坐标点,并妥善保存。

(3)按图纸要求测放方格网,方格网的大小一般在 20~50m 之间,对精度要求较高的地方,可增加辅助方格网。

(4)利用方格网将自然式园路、驳岸、山形、植物等测放到施工现场,对园林建筑可首先测放出它的位置,然后再进行精确测量。

(5)按竖向设计的要求,测出施工现场控制点的设计高程。

4. 园林工程的施工

园林工程的施工是一个复杂的系统工程,它的内容之广是一般建设项目所不及的。主要包括以下内容:

(1)土方工程 主要依据竖向设计的土方调配图进行土方填挖和运输,依据竖向设计图进行地形的塑造。

(2)给排水工程 依据管线设计图,进行给水管网和排水管网的铺设。

(3)水景工程 依据竖向设计图和单项施工设计图,进行园林水景的施工,包括喷泉工程、驳岸工程、护坡工程、水池工程和小型水闸工程。

(4)园路和铺装工程 依据竖向设计图中园路和广场的设计尺寸、单项工程中园路和广场的铺装图案和结构设计图进行施工。

(5)假山工程 包括置石、掇山和人工塑石工程。

(6)园林种植工程。

(7)园林建筑工程。

(8)园林供电和照明工程。

5.施工后的后期管理

园林工程在完成其全部施工任务后,根据招标文件和合同的要求,还必须对植物维持一到两年的养护管理期,养护的内容包括:浇水、施肥、中耕除草、整修与修建、防寒、病虫害防治。

八、竣工验收阶段

竣工验收阶段是园林建设工程的最后一环,是全面考核园林建设成果、检查设计和施工工程质量的重要步骤,也是园林建设交付使用的标志。

1.竣工验收的范围

根据国家现行规定所有建设项目按照上级批准的设计文件所规定的内容和施工图纸的要求全部建成。

2.竣工验收的准备工作

主要包括整理技术资料、绘制竣工图纸、编织竣工决算文件,编写施工总结报告。

3.组织项目验收

工程项目全部完工后,经过单项验收,符合设计要求,并具备竣工图表、竣工决算、工程总结等必要的文件资料,由项目主管单位向负责验收的单位提出竣工验收申请报告,由验收单位组织相应的人员进行审查、验收,作出评价。对不合格的工程则不予验收,工程的遗留问题则应提出具体意见,限期完成。

九、交工

在工程通过竣工验收、领取交工证书并办理终期支付后,该项工程即宣告结束。

第八章 公园管理

公园是城市绿化系统的重要组成部分,它是以植物材料为主体组成的绿化地带。随着植物的生命活动,发挥保护环境、提高环境质量的功能。公园是城市绿化建设的骨干,是城市中接待群众最多的公共场所,也是人民群众受益最直接的公共设施,对社会主义物质文明和精神文明建设,起着一定的作用。

随着社会主义建设事业的发展,人民物质文化生活水平的提高,人们对公园的要求日渐提高,这是社会安定、人民富裕、生活提高的象征。一个城市一般都以每个居民平均占有公共绿地面积的多少来衡量城市建设水平和文明程度。

在封建主义和半封建半殖民地的旧中国,虽有名目繁多的园林,却没有真正的公园。人民处于被剥削、被压迫、被奴役的地位,统治阶级连人民的死活都不顾,根本不可能建设公园。

公园是随着资产阶级的兴起而发展起来。14～16世纪,欧洲文艺复兴时期,资产阶级的先进思想家,为了摆脱经院哲学和教会思想的束缚,提出了人道主义作为反对封建、宗教统治的武器。主张以"人道"反对"神道",以"人权"反对"君权",提倡关怀人、尊重人。到了18世纪,资产阶级又把人道主义变为"自由、平等、博爱"的政治口号,为自己夺取政权服务。这些思想在资产阶级上升时期,曾广泛地反映在社会政治、文化、艺术各个方面。公园就是在这样的历史背景下产生的。早期的公园,大多是将帝王贵族的宫苑向公众开放,我国辛亥革命后,受资产阶级民主主义思潮的影响,仿效欧美、日本,也开放了部分皇室宫苑为公园,如北京的北海公园,同时也辟建一些公园,如北京的海王村公园、杭州的湖滨公园、成都的少成公园等,但一般面积都很小,艺术水平也较低。

中国的公园以上海的公园历史最长。上海的公园历史,是一部中华民族遭受帝国主义欺压凌辱的血泪史和中国人民不畏强暴的斗争史。从1840年鸦片战争失败以后,帝国主义就在上海建立了第一块租界。中国历史上第一个公园就出现在上海的外国租界里,就是现在的黄浦公园,原名 Public Garden,中文名很多,有公家花园、外滩公园等。1862年,外国人的上海运动事业基金董事会决定,花用白银1万两,把位于苏州河黄浦江交汇口的沙滩建成公园。到1868年6月,这个公园基本建成,于

8月8日宣布开放。这个拿中国人民身上搜刮来的钱,用中国的劳力,在中国土地上建造的公园,却不准中国人游览。公园刚建成,门口就由工部局巡捕站岗,除了少数洋人的走狗外,不准中国人进去。直到1881年4月6日,由一批爱国人士颜永京等多人写信给工部局秘书长,对不准中国人入园的规定提出抗议,工部局在4月20日复信中推托说:这个公园面积有限,因此只能给予"衣冠整洁的上等华人"以入园的权利,有时上等华人被阻园外,乃由巡捕之误会云云。时过五天,工部局在又一封信中公然声称:"兹奉董事会之命⋯⋯工部局不承认华人有享用公园的任何权利。"1885年,工部局所属的公家花园管理委员会在公园门口竖起一块大牌子,上有工部局规章24项,其中有两项是:①除西人庸仆外,华人不准入内;②小孩无西人同伴则不准入内。同年11月25日又有陈南、吴玉等8人联名写信给工部局,要求拆掉这块牌子。此后,要求开放公园的呼声越来越高,如1889年有华商数人呈文清政府道台当局,请与洋人交涉开放公园。呈文云:"其地为中国土地,经费亦多出自中国人民,而中国人民不得入园一步,实为不平之事,对吾个人为侮辱,于国家尊严允有大损。"可见当时人民的反抗激情。在此情况下工部局惧于众人之怒,耍个花招,宣布签发"华人游园证"。因签发手续甚繁,每证有效期仅一个星期,所以签证的人很少,1889年全年总共才发证183张。

八国联军以后,满清政府已是朝不保夕,帝国主义在中国更加肆无忌惮,索性在公园门口竖起"华人与狗不得入内"(Chinese and dogs not admitted)的木牌,虽然不断仍有官民交涉,但因国势贫弱,帝国主义根本没把这些交涉放在眼里。

直到1925年五卅运动后,工部局内定了接收华人董事进入董事会,1927年,在北伐的威胁下,西人大会才通过了开放公园的议案。

上海从1868年出现第一座公园起到1949年解放为止,前后80多年时间,经过几个时代的经营,也不过建造了14个公园,面积只有638.9hm^2,而少数的公园,大都集中在外国租界的所谓高等住宅区里。他们以高昂的票价或"衣冠不整,禁止入内"的种种限制,剥夺了劳动人民享受的权利。这种畸形状况直到解放后人民成了国家的主人,才从根本上得到了改变。大规模开辟公园建设绿地是在解放以后才开始的。公园建设贯彻了为生产、为人民生活服务的方针,积极扩大公园面积,注意合理地、均匀地分布,方便了人民群众就近活动的需要。解放50多年,随着建设事业的发展,上海公园增长了三倍以上。各个区都有了公园,有的区建设了几个公园。公园的布局、活动内容和管理制度,从人民群众的需要出发进行改革,公园的性质起了根本的变化。尽管这样,公园建设仍然是一个薄弱环节,仍然跟不上人民的需要。在新的形势下积极加速绿化建设,加强公园管理,提高园艺质量和服务质量,充分发挥现有公园的作用,是公园管理工作的当务之急。

第一节 公园的主要功能

一、提高环境质量,保持生态平衡

公园作为城市绿化系统的一部分,它的功能首先是发挥保护城市环境的作用。公园这个绿色空间的存在,本身就时时刻刻发挥着保护环境的作用。这就是我们所说的环境效益。但是也有人从门票价值出发,认为公园游客越多,效益越大,因而忽视对游客量较少的公园的养护管理,或是偏重于吸引游客的设施,而放松对植物的养护,这就削弱了公园的绿化功能。公园的环境效益是靠植物的作用才能发挥出来的,为此必须坚持以绿化为主的方向,经常做好园艺养护工作,绿化面积与建筑面积保持合理的比例;加强树木花卉地被植物的种植和养护管理,不但是供游客观赏的需要,也是发挥环境效益的需要。

二、公园是建设社会主义精神文明的大课堂

建设社会主义精神文明,是一个长期的历史任务,是全社会的共同事业,是各条战线的共同任务。党的十二大报告中指出:"文化建设也应该包括健康、愉快、生动活泼、丰富多彩的群众娱乐活动,使人民在紧张劳动后的休息中,得到高尚趣味的精神上的享受。"这个要求,给公园管理工作在精神文明建设中应该发挥怎样的作用指出了方向。精神文明包括广泛而丰富的内容,公园接触社会领域很广,联系群众的数量很大,在这个特定的环境中,结合公园管理体制,在精神文明建设方面可以做的事很多,关键在于要有充分的认识和高度的自觉。充分利用绿色环境的良好条件,为群众提供优美、整洁的休息环境,安排丰富多彩的文化活动,使人民群众在紧张劳动之后,得到满意的休憩。寓教育于文娱,在游览中向人们介绍植物学、动物学知识,开展科学普及活动,传播人类改造自然所获得的精神财富,启发人们特别是青少年一代爱科学、学科学的兴趣。在人民群众中提倡利用业余时间养花、种树、陶冶情操,培养对艺术的欣赏能力,丰富业余文化生活。也可以利用公园这个大量接触群众的特点,以喜闻乐见、生动活泼的形式,在群众中树立尊长爱幼、助人为乐、遵守社会公德、讲究文明礼貌的社会风尚。提倡"五讲四美三热爱"活动(讲文明、讲礼貌、讲卫生、讲秩序、讲道德。心灵美、语言美、行为美、环境美。热爱祖国、热爱社会主义、热爱党)。用多种方式向人民灌输共产主义思想,达到潜移默化的效果。要把公园经营成为建设社会主义精神文明的大课堂。

三、公园是人们业余生活重要的活动场所

城市人口较大,活动场地少,尤其是大中城市人口更加集中,矛盾尤为突出。生活在这种环境里的人们,在紧张的劳动工作以后,很需要到自然环境里去调剂精神,消除疲劳。公园是为人民群众提供游憩的好去处。在社会安定、物质文化生活水平逐步提高的情况下,这种要求更加迫切。近年来由于退休职工增加,社会人口结构发生了变化,公园游客逐年持续增加,例如上海公园游人量1982年达到7 500多万人次,比解放初期增加了32倍。广大退休职工,在党和政府的关怀下,生活安定,经济有靠,晚年幸福,有空闲时间,到公园里去,游憩散步,锻炼身体,因而大大增加了公园的游客量。特别是青少年一代及幼儿园的儿童们定期到公园里进行室外活动,越加显示公园与人民生活的密切关系。

公园是园林风景名胜、古迹和各种文化活动相结合的综合体,是发展旅游事业的基础。

第二节 公园管理工作的特点

做好公园管理工作首先要研究公园的特点,按照客观规律进行管理,才能把公园管好,发挥它应有的功能。各个公园的园艺结构不同,服务设施不同,活动内容不同,所在地区不同,服务对象不同,因此,具有不同的特点和规律。但公园也有其共同性的特点,公园的管理者要深入研究、具体掌握这些特点。公园的特点可以概括如下:

(1)公园是以植物材料为主体构成的绿色环境,这是区别于其他公共场所的根本标志。经营管理工作中要注意发挥以园艺为主的特点,保持规划设计中,绿化种植与建筑物的合理比例。目前有的单位在建设公园时常把大部分投资用在建筑上,对已建成的公园也不断地往里面增加建筑物,忽视了以植物材料为主体的建园原则。好不容易划出一块土地来辟建公园,却又被大量的建筑物塞满了。公园增加一座建筑物就等于减少一块绿地,这是削弱绿化效益而不是提高绿化效益。

建筑密度太大是我国古典园林中一个时期的特点。时代在变化,生活方式在变化,我们的园林建设也要变化,要适应中华民族向德、智、体全面发展,健康、开朗、乐观的精神面貌。我们要坚持走以植物为主,以自然为主,为广大人民服务,与生态保护相结合的建园道路。

社会舆论与公园游客,可能出于一时一事的需要,对公园提出各种各样的要求,但是,公园管理者要保持清醒的头脑,抓住主业,不宜轻易增加建筑物及与公园无关的活动内容,以防削弱公园主体而改变它原来的性质。过去工作中由此而造成的"折腾"的教训是很多的,有的公园,本来园林面貌很好,但根据一时的需要,逐步向里面加球场、游泳池、展览馆、活动室等等,最后面目全非,不成其公园,变成了"大世界"。这种教训并不少见。

(2)公园是接受社会影响最敏感的场所,也是容量最大、流量最多的公共场所。一切社会现象在公园都有反映,公园管理工作要紧跟形势,遵照党和政府的方针、政策去做。通过公园工作,发扬共产主义道德风尚,树立良好的社会风气。在广大群众中,提倡文明游园,发扬"五讲四美"的好风尚,抵制一切不良的社会风气,配合有关部门,打击歪风邪气,维护社会治安,保护人民的安全,促进安定团结。

(3)公园业务因季节不同,气候寒暖,阴晴风雨,休息节假等因素而有很大变化。所谓"风吹一半、落雨全无"是公园管理的经验之谈,一年中有淡季旺季,一周内有高峰低峰,一天内有高潮低潮,要做好管理工作,必须掌握变化规律,采取相应的服务措施,才能周到地主动地做好服务工作。又因为公园是以植物材料为主体的绿化地带,植物的种植、栽培、养护同样是季节性很强的工作,随着季节变化也存在着淡季之分,这是公园管理工作者必须认真探讨、切实掌握的特殊规律。

(4)公园每天接待成千上万的游客,他们因来源、年龄、文化、职业和爱好的不同,带着不同的目的,走进了公园,他们对公园有各种不同的要求。外地远道而来的游客,他们忙于浏览景色,摄影留念;邻近的游客常常是天天按时来打拳散步,锻炼身体;老年人希望有幽静的环境,休息散步,赏花赏草;青少年希望新颖有趣的活动,或登高,或划船,或乘坐惊险的大型游艺设备;年轻的父母希望带着独生子女到儿童公园里玩一下安全有趣的游戏设备;青年男女希望找一个安静的环境谈情说爱。公园管理工作者要懂得各类游客的需要,投其所好,安排不同的服务内容,使其各得其所,这样才能提高服务质量,完成接待任务,使来之满意,去则愉快。

(5)公园是一个最活跃的有机体。树木经历着种植、生长、衰老、更新的过程;花卉在不断地生长、盛开、凋谢、枯萎;草地需要不断地养护、修整、补植。建筑设备要不断地维修更新,环境要不断地清扫保洁,成千上万的游人川流不息,一批去了,一批来了,不断地更换。公园管理是在不间断地运动中,进行自己的工作,没有一项是一劳永逸的事,必须经常持久,一刻也不能间断。公园管理人员可能是千百次地重复固定的工序,但对每一个游园者来说,对公园中每一个环节、每一个局部,都可能是新鲜的初遇。每项工作的疏忽或不周,都可能给游客造成失望或不满,这就要求公园管理者,要以饱满的热情,高度的负责精神,天天像迎接盛大节日一样接待每一项具体细小的工作。

(6)公园的效益直接表现在为游客提供良好服务的社会效益上。从公园服务工作中,体现党和政府对人民生活的关怀,树立共产主义的人与人的关系,从而反映社会主义制度的优越性。公园的服务活动,不应该只是以盈利为目的,而是应该通过良好的服务,赢得游客的满意,自然可以获得相应的经济收入。还有一个文化艺术与经济收益的关系问题。过去有过"以园养园""园林结合生产"等口号,实行了一阵子问题不少,以收入为"纲",来管理公园出了不少毛病。根据公园管理的规律分析,服务质量的提高与经济收入不一定是成正比例增长,因为园林布置好,养护、维修水平高,清洁卫生好,服务周到,必然要投入较多的人力、物力、财力,增加必要的开支,所以公园管理水平的高低,不能单纯以经济收入来衡量,更不能以单纯的货币盈余为标志。

第三节 公园管理的主要内容

实现公园的功能,建园是基础。但是,即使有了很好的设计构想、美好的园艺布局、完善的服务设备,要想达到预期的目的,管理还是关键。管理工作的特点是通过人去做为他人服务的工作。牢固地树立全心全意为人民服务的思想,是做好管理工作的根据。公园所有的生产、业务活动都是为游客进行的,所有设施都是为游客而设的,可以说,没有游客,就没有公园。要时时处处为游客着想,一切为了满足游客的要求,一切为游客提供方便,因此公园管理应做到:经常保持幽美的园林景色及整洁的游览环境,要有周到的服务项目、丰富的活动内容。为了达到这些要求必须做好以下工作:

一、园艺养护

公园是以植物材料为主体的综合体,必须服从植物生长的自然规律,这一特点决定了园艺养护工作的重要性。首先,公园里花草树木是生命体,需要经常不断地进行养护管理,才能保持正常生长,达到美化园容的要求;其次,任何园林建设,都有一个逐步的过程,通过长期的养护、调整,才能使原来的设计思想日臻完善。第三,公园里装饰性、点缀性工作,如花坛布置、草地整修、绿篱修剪等要靠养护工作来实现。园艺养护的工作很多,包括树木栽培、花卉繁育、土壤改良、施肥、灌溉、植物保护等多种工序,要注意采用先进的科学技术,实行先进合理的操作方法,逐步摆脱传统的操作方法,解除笨重的体力劳动,提高工作效率,提高工作质量。园艺养护,还要注意提高艺术水平,公园里栽培植物的目的与一般农作不同,它是为了供人们欣赏,应该是生长良好、有欣赏价值的优良品种,要讲究季相变化,有色彩、造型、体量、协调等的要求。进行养护工作必须严格遵守建园的规划思想,逐步完善规划的要求。衡量园艺养护质量水平的高低,除了一般植物栽培的要求以外,还应该符合一定的园艺标准。

园艺养护要遵守季节,"不违农时"。根据植物生长规划和季节的特点制订《养护月历》作为安排工作的参考。同时制订各种养护质量标准,如花坛养护标准、草地养护标准、植物保护标准等。并制订相应的管理措施。

二、设备维修

重点是服务设备的维修。设备是实现服务的基本条件,设备维修要坚持经常持久,贯彻以修为主的原则,克服"重建轻修"、"喜新厌旧"的思想。对一些历史较长的公园,要注意保持它原来的面貌,不要轻易改动。尤其是具有历史意义的建筑物或设施,有的是帝国主义侵略我国的遗迹或罪证,有的是我国人民革命斗争的史迹,都是对后人进行爱国主义和革命传统教育的好教材,要妥善保护。对所有的设备,要达到保持安全、完好、美观、舒适的要求。在劳动组织上,要保持维修人员的稳定性。在工作制度上,根据各种设备的性能和使用要求,制订定期检查制度和维修保养制度,使设备的管理人员和使用人员,懂得设备的性能和操作方法,学会常规保养技术,以保证安全使用,安全运转,提高设备的完好率和使用率,最大限度地发挥设备效益。

三、创造整洁的环境

公园是接待客人的"大客厅",保持整洁的环境是对游客的礼貌,是文明接待游客的起码条件,也是"五讲四美"的具体内容之一。这是一项经常的细致的工作,公园本身整齐清洁的面貌,对社会对群众都有重要的影响。

无论环境卫生、饮食卫生,必须达到政府有关部门的卫生管理标准,尤其是餐厅、茶馆、小卖部、厕所的卫生更是重点部门。根据公园的特点要建立相应的卫生管理制度,落实卫生岗位责任制,建立固定的卫生管理组织和专职人员。

公园的一草一木、一山一水,每张招贴,每个标志,每个设备,都要讲究美观、艺术、有条不紊,给人以美的感觉。不要在游人所到之处,堆放杂物,不留死角,不乱张挂粗制滥造的标牌等等。要做好公园的环境保护工作,公园本身的炉灶要消烟除尘,要严格治理污水、排放和清理粪便,要遵照国家的规定执行,防止噪声、避免喧哗,保持环境的幽静。在做好公园整洁工作的同时,还要对游客进行宣传工作和管理工作。对那些文明游园讲求公共道德的好人好事,要宣传表扬;对危害公共卫生,不爱护公共财物的行为,要批评制止;对其中少数有严重危害行为的人,要按照游园规则进行制裁。关键在于公园本身工作做得好不好,如果公园能经常保持整齐清洁的环境面貌,它本身就是对游客的一个教育。身教重于言教,事实可以教育游客,尊重别人的劳动,遵守公共道德,比消极的管理更能奏效。

四、丰富活动内容

游客到公园来活动,或是来赏景、赏花;或是来划船、溜冰;或是来参观名胜古迹;或是来参观珍禽异兽;或是带孩子来玩某种游艺设备。公园管理者要体察游客的心理和愿望,除了做好一般的园艺布置外,要注意安排群众喜闻乐见的内容,满足游览的要求,给游客留下美好的记忆。

公园的活动内容要结合公园的特点进行。要充分利用公园的现有条件,发挥园艺的特点,举办花展、画展、工艺美术品展、业余养花品评会、普及植物知识等的活动,不宜安排那些与园林无关而违背公园基本功能的活动内容,例如有的公园举办"商品展销会",把公园变成了商场,有的在公园里耍马戏、演杂技,把公园搞得喧哗不堪,不像个公园,如此等等都是应该制止的。

五、良好的服务项目和质量

良好的服务是全心全意为游客服务的具体表现。要设身处地一切为游客的方便、舒适着想。要创造条件,开展多种服务项目,满足群众的各种需要,例如:为携带幼儿游园的游客出租童车;为外地过路游客寄存笨重行李物品;雨天出租雨伞;青少年团体游园出租茶桶;为外地及外国游客出售旅游纪念品。在饮食方面,既要供应高档的饮料,又要准备卫生价廉的茶水;为各种消费水平的游客,供应不同水平的饭菜;还可为青少年学生团体游客供应经济实惠的快餐。从失物招领到照顾失散儿童,都要给游客提供各种方便。要做好这方面的工作,必须加强对职工进行共产主义思想教育,树立共产主义的职业道德。

另一方面要加强治安保卫工作,与公安部门密切配合,打击在公共场合进行违法犯罪活动的坏人坏事,取缔伤风败俗的行为,保持公园的社会秩序和良好风气。打击少数坏人,正是为了保护大多数人愉快的游园活动。公园要配备专门力量进行这项工作。近年来,在一些公园里,成立了退休工人服务队,对加强公园管理、提高服务质量卓有成效,组织热心公益事业的退休工人,根据他们的特长,做些力所能及的服务工作,如有的辅导游客进行拳术等体育活动;有的帮助做治安保卫工作;有的帮助做环境卫生工作、宣传工作或爱护树木花草的纠察工作,这是值得提倡的一种群众路线的工作方法。

公园的商业部门与一般商业部门有显著的区别,它是公园服务工作的一部分,它要为游客的需要服务,一切服从于游客的方便。同时,他的经营活动,受公园业务特殊规律的支配,随着季节、气象的变化,业务的涨落幅度很大。例如,每年只有春秋两季高峰,每周只有一个高峰,每天只有一个中午高峰,这是与其他部门完全不同的。因此,在业务设备、人力调配、货源安排、服务项目和供应品种方面,都有特殊要求。多年来的实践经验证明,公园里的商业服务部门,由公园自己经营比较好,由公园集中领导,单独核算,这样可以根据服务工作的需要,统筹兼顾,减少矛盾,有利于提高质量,提高经济效益。

下面是公园管理示意图(图 8-1):

```
                                  ┌ 树木栽培
                     ┌ 园艺养护 ─┤ 花卉种植——花圃、温室
                     │            │ 草地养护
                     │            └ 植物保护(病虫害防治)
                     │            ┌ 水电设备维修
                     │ 设备维修 ─┤ 建筑物的维修、油漆、粉刷
                     │            │ 服务设备的检修和保养
                     │            └ 机械保养
                     │            ┌ 园地清扫、保洁
          公园管理 ─┤ 环境卫生 ─┤ 垃圾处理
                     │            │ 厕所保洁、管理
                     │            └ 下水道疏通和管理
                     │            ┌ 饮食服务(饭菜、饮料)
                     │ 商业服务 ─┤ 小卖部(旅游纪念)
                     │            └ 照相服务
                     │            ┌ 游戏设备的经营和管理
                     │ 游览服务 ─┤ 活动内容的组织和管理
                     │            └ 各种游览设施的经营和管理
                     └ 治安保卫
```

图 8-1　公园管理示意图

第九章 风景名胜区管理

第一节 风景名胜区的概念

一、概念

凡是具有较高美学、科学技术、艺术、历史价值，能供人们进行科学研究、科学普及、参观、娱乐和旅游的自然资源和人文资源，均可称为"风景旅游资源"，日本称为"观光资源"。凡是以人文资源占绝大优势的游览环境，如我国的敦煌、长城、西安古都等历史名城，美国的威廉斯堡、华盛顿国家首都公园等，埃及的金字塔，古罗马的庞贝城，法国的凡尔赛宫苑，印度的泰姬陵等等，都是举世闻名的历史文物资源，这类人文旅览环境，美国称为国家历史公园，我国则称为"国家历史文物保护区"。

凡是以自然资源占绝对优势的游览区，在我国被称为自然保护区，如四川的卧龙、广西的花坪银杉保护区、云南西双版纳热带雨林保护区、湖北的神农架自然保护区等。在美国称这类游览区为国家天然公园，如黄石公园、大峡谷等共40所，最大的面积达8 800余平方公里。在日本则称这类游览区为自然公园，在澳大利亚称为国家天然公园，德国称为自然保护区。

综上所述，凡是自然风景资源和历史文物资源都很丰富，两者又交互参差、交相辉映的游览环境，交通方便，自然资源与人文资源不相上下的地区，可称为"风景名胜区"。风景是指自然风景而言，名胜系指历史古迹和文物而言。现在我国山东的泰山、杭州的西湖、桂林的漓江、安徽的黄山、江苏的太湖、陕西的华山等均属"风景名胜区"。

二、类型

中国的风景名胜区系统大致可分为以下八大类型。

1. 山岳风景区

如安徽的黄山、山东的泰山、陕西的华山、四川的峨眉山、江西的庐山、山西的五台山、湖南的衡山、台湾的阿里山、云南的玉龙山、浙江的雁荡山、辽宁的千山、河南的嵩山、湖北的武当山。

2. 湖泊风景区

如江苏的太湖、杭州的西湖、昆明的滇池、大理的洱海、新疆天山的天池、新疆博乐的赛里木湖、青海的青海湖、台湾的日月潭、吉林白头山的天池、黑龙江的镜泊湖、武汉的东湖、广西七星岩的星湖。

3. 河川风景区

如桂林的漓江、长江的三峡、武夷山的九曲溪。

4. 海滨风景区

如山东的青岛、河北的北戴河、辽宁的大连、浙江的普陀、福建的厦门、广东的汕头、海南三亚的天涯海角。

5. 森林风景区

如四川的卧龙、湖北的神农架、吉林的长白山、福建的武夷山、云南的西双版纳、广西的花坪、广东的鼎湖山、浙江的天目山、陕西的秦岭。

6. 石林瀑布风景区

如云南的石林、贵州的黄果树瀑布。

7. 历史古迹名胜区

如北京古都、西安古都、北京长城、甘肃敦煌莫高窟、甘肃麦积山、河南洛阳龙门、山西云岗石窟、新疆丝绸之路、新疆吐鲁番盆地及山东曲阜、西藏拉萨、承德避暑山庄、苏州园林、扬州园林。

8. 革命纪念地

如陕西延安、江西井岗山、贵州遵义、福建古田、嘉兴南湖、南京中山陵、湖南韶山。

三、风景名胜区在社会主义建设中的地位和作用

党的十二大指出:"我们在建设高度物质文明的同时,一定要努力建设高度的社会主义精神文明,这是建设社会主义的一个战略问题。社会主义的历史经验和我国当前的现实情况都告诉我们,是否坚持这样的方针,将关系到社会主义的兴衰和成败。""文化建设也应当包括健康、愉快、生动、活泼、丰富多彩的群众性娱乐活动,使人民在紧张劳动后的休息中,得到高尚趣味的精神上的享受。"这给我们指出了搞好风景名胜区保护、建设和管理的意义。

(1)我国的风景名胜资源不仅是中华民族的宝贵财富,也是人类文明的重要组成部分,是世界人民的共同财富。

(2)风景名胜区的保护、建设和管理,既是物质文明建设的内容,又是社会主义精神文明建设的内容,它是社会主义现代化建设所不可缺少的组成部分。

(3)保护风景名胜区主要是保护人类赖以生存和享用的自然环境。现代生产力的提高形成了人们对自然改造的强大能力,创造出巨大的物质财富,但也破坏了生态平衡和许多自然美学;为人类获取了许多福利,也遭受了许多损失。到现在人们才意识到保护人类生存的自然环境的重要性,所以保护风景名胜区,从保护自然生态环境的意义上说也是社会主义物质文明建设所必须的。

(4)风景名胜区雄伟、优美的景观作为观察一个国家国土风貌的重要窗口,可以在很大程度上反映出一个民族、一个国家经济文化发展的水平,成为探测一个地区兴旺发达、文明进步程度的尺度。

(5)风景名胜区是供人们游览、休息,进行各种有益于身心健康的活动场所。安静优美的自然环境、清新的空气、灿烂的阳光能使人精神愉快,解除工作的疲劳,增进健康,这种休息活动是现代人们生活所必不可少的组成部分,也是一个发达的、有效率、进步的社会所必须具备的条件。

(6)风景名胜区壮丽的山河和灿烂的历史文化遗产,是文学艺术创作的重要源泉,自古以来不知孕育出多少文学艺术家,产生了多少不朽之作。今天更是丰富人民文化生活,增长知识,提高文化素养和审美鉴赏力,陶冶高尚道德、理想、情操的课堂。

(7)风景名胜区丰富的地质地貌,繁多的动植物物种,变幻莫测的气象、水文等等,可以给人们以科学的启迪,不仅是专家、学者探索不尽的宝藏,而且是进行科普教育的生动教材,是提高我们民族科学文化的一个阵地。

(8)风景名胜区对外开放旅游,可以介绍我国的自然和文化风貌,增进各国人民的相互了解和友谊,还可以给国家增加资金的积累。

(9)风景名胜区可以说是一个进行爱国主义教育的大课堂,祖先的业绩、历史文化、文学艺术创作、风俗民情等都是维系民族团结,凝聚民族自豪感,激励人们奋发图强,进行创造性劳动,缔造不朽功勋的生动教材。多少海外赤子、台湾同胞,之所以一往情深思念祖国,其原因也是感情深处往往也离不开祖国山河的风景名胜。

总之,风景名胜在我国社会主义建设中具有重要的地位和作用,保护、管理好风景名胜资源的意义非常重大。

第二节 风景名胜区的管理特点和要求

要做好风景名胜区的管理工作,首先必须研究风景名胜的特点,按照客观规律才能把风景名胜区管理好。各个风景名胜区自然景观和人文景观不同,所在地区不同,活动内容不同,服务对象不同,服务设施各异,因此具有不同的特点和规律。管理者必须深入研究,具体掌握。现将风景名胜区其共同的特性概括如下:

(1)风景名胜区具有较高的美学、科学技术、艺术、历史价值;有能供人们进行科学研究、科学普及、参观、娱乐、旅游的自然景观和人文景观相结合的特殊区域。所以在经营管理中,要根据这一特性,对那些具有极高的美学、科学价值的天然风景和自然资源,以及具有极高的艺术、科学技术和历史的文物古迹不能向对矿藏和荒地一样去"开发"、"改造"和"建设",对自然资源要按大自然原有的面貌保护下来;对历史人文资源,要按历史原状保护下来;对野外娱乐资源,如沙滩、急流、雪山,不得破坏自然面貌,也不得侵占移作别用,要提供人民野外娱乐场所。这是因为:

①如果自然风景、原始森林、野生动物和植物群落受到破坏,河川、湖泊、沼泽、海滨的水体受到污染,则许多生物将会灭绝,整个国土的生态平衡也会受到破坏,那么人类的农业生产、工业生产也都会相继受到破坏,自然灾害会不断发生,人民的健康和生存条件将会恶化。同时,人类生存的环境美学价值也随之破坏,使人类的精神生活感到枯燥。所谓"皮之不存,毛将焉附",那么人民的物质文明将无法建立,精神生活也将受到损害。

②许多科学研究工作将无法进行。

③许多科学普及工作将失去直观教学的现场。

④许多历史古迹和历史文物破坏以后,历史唯物主义哲学的研究将失去物证而陷于空谈。精神文明的建设将因割断历史而失去优秀传统的继承和借鉴。

⑤现代化城市居民的健康和文化生活将受到损害。

(2)风景名胜区既不是城市建设,也不是村镇建设。它与城市的园林绿化是两个不同的体系,在管理上如果涉及到文化文物、林业、旅游、城乡环保部门,则应以园林部门为主。

(3)风景名胜区包括的内容十分丰富,可谓天工、人巧交互增辉。也就是说是自然风景加上人工的创造,包括石、山、水、泉、花、草、树木和亭台、楼阁、道路、桥梁、坛庙、寺观等所组成的综合体。

(4)风景名胜区的直接效益表现在为游客提供良好服务的社会效益上。从风景名胜区服务工作中可以体现党和政府对人民生活的关怀,从自然、人文景观中可以体现祖国山河的壮丽和文化的丰富,从而反映社会主义制度的优越性。前几年曾把风景名胜区比喻为"无烟工厂"、"摇钱树"、"聚宝盆",这是从促进旅游事业发展来说的。而有的同志错误地把风景名胜理解为"工厂"、"商品"、"游乐场"等等,在讲求经济效益的口号下,有的把风景名胜区改变为"贸易发展中心",有的想把风景区变成"经济特区";有的在风景区内大建宾馆、饭店、商场、游乐场;有的见索道赚钱,建了一条不够,还想建三条、四条,甚至到处要建,全国名山都要建;有的大量出卖风景区内土地,美其名为"引进开发",让各单位纷纷建立一个个庄园,凡此等等,只要能赚钱,什么都可干,这种"利用",实质上是以"利用"、"开发"为名,对风景名胜区进行大肆破坏。这样的路不能继续再走下去了。

(5)风景名胜区同公园一样,每天接待成千上万的游客,他们因来源、年龄、文化、职业和爱好的不同，带着不同的目的，走进风景名胜区，他们对风景名胜区有着各种不同的要求，这就要求风景名胜区管理工作者，要懂得各类游客所好，使其各得其所，这样才能提高服务质量，使游客来的满意，走的愉快。

(6)风景名胜区依靠美好的景观和环境吸引旅游者，如果滥伐林木、乱炸山石、乱建房屋、乱排污水、乱倒垃圾，风景遭破坏，环境被恶化，即使是天下最好的风景区，也会因此而衰败，导致臭名远扬，失去游览价值。所以建设和管理风景名胜区首先要重视环境效益，有环境效益，才能有社会效益，才能转化为经济效益。风景愈好，吸引的游人就越多，社会效益则愈高。游人愈多，旅游业愈发达，则地方经济发展，经济效益愈高。这种先后、主次的联结关系，也就是风景名胜区环境效益、社会效益、经济效益三者统一的形式。我们对它必须有正确的理解，清楚的认识。

第三节 风景名胜区管理的主要内容

开发建设风景名胜区，首先要有一个正确的开发建设目标；其次要有相应的方针政策；第三要有一个科学的规划和一整套的规章制度和法规条例；第四要能法治，依法建设；第五要有精明强干的管理人员和健全的管理机构；第六要有一套科学的管理方法。但关键在于管理。

一个风景名胜区的好与坏，可以说是三分天姿，七分人为。如果三等风景一等管理，则三等风景可以变为一等；如果头等风景末等管理，则头等风景也会败落为末等。风景区的兴亡盛衰，关键在管理。

风景名胜区的管理工作是多方面的、复杂的，包括对环境保护、游览组织、旅客接待、交通运输、基本建设、设施维修、安全卫生、生活供应、工商摊贩、山林水源、垃圾污水等各项工作的管理。管理工作的特点是通过人去做为他人服务的工作，通过人的言行去影响他人，所以，牢固树立全心全意为游客服务的思想是做好管理工作的根本。风景名胜区的所有生产业务活动，都是为游客而进行的，所有的机械设施，都是为游客而设立的。可以这样设想，如果没有游客，没有观光览景、科学研究的游客，风景名胜本身也就失去其作用和意义。管理就要以游客为第一，处处为游客着想，一切为了满足游客要求，一切为游客提供方便，这样才能使我国的风景名胜区发挥它应有的作用和功能，才能弘扬民族灿烂文化，使其风景名胜的历史价值和艺术价值得到更充分的承认，让我国风景名胜分外妖绕，使人们更加热爱祖国，为壮丽河山讴歌。风景名胜区要保持幽美的景区景色、完美的艺术珍品、古迹文物，整洁的游览环境，周到的服务项目和丰富的活动内容。

一、保护森林,处理好林业与风景名胜的关系

森林素有人类摇篮之称,森林是风景的命脉,十二大报告中也曾指出"发达的林业是国家富强、民族繁荣的标志之一",处理好林业与风景名胜的关系是决定风景名胜有无生命力的大问题。山无树不算好山,水无树不算好水。风景名胜本身就是自然景观、人文景观、植物材料的综合体。而植物材料本身生长具有一定的规律性,破坏容易恢复难,所以需要经常不断地进行养护管理,才能保持森林的美化作用,才能使古树名木、奇花异草正常生长,达到美化景点的要求。其次,任何景区的开发建设都有一个逐步完善的过程,通过长期的养护调整,才能逐渐体现设计思想趋于完善,勾绘出尽善尽美的蓝图。第三,对于不在森林之中的风景名胜,其景色的装饰点缀,如花坛草地、绿篱、奇花等栽培修剪,必须靠人力来实现,这些养护性工作与公园、园艺养护基本相同。而目前,我国风景名胜区普遍存在乱砍滥伐树木的严重现象,如福建武夷山景区内有 631 户人家,3 161 人,每年生活用柴 3 786t,加工制茶 500 担,耗柴 400t,砖瓦窑 9 座,耗柴 900t,全年总耗柴 5 086t,折 5 086m^3。如解决不好林与景的关系,武夷山将变为"无衣山"。要保护好风景环境,撇开农副业是不行的,应以社会学的观点,制订好经济政策,改革景区的劳动结构体系,使景区内的农民也来关心景区的建设。只有旅游业与周围县、乡、村的经济结合起来,发展为景区服务的种植业、养殖业、手工工艺业,提高全民族文化素质,全民保景,景才能久存。

二、保全古迹文物,发挥其艺术和历史价值

风景名胜是稀有的自然遗产和文化遗产,愈古愈少,愈古愈珍。奇峰异石是亿万年遗存下来的古树名木,愈古则愈稀少愈珍贵,文物古迹也是年代越远,愈见珍贵。所以一般来讲不能移动、搬迁,不能人工再制,破坏了就没法利用,破坏一处就少一处,破坏一件就少一件,也就失去其风景名胜真正的艺术价值和历史价值。对于这些古迹文物必须很好保护,这是风景名胜的生命所在。

其他的内容,如设备维修、整洁环境、丰富的活动内容、良好的服务项目质量、安全保卫等与公园大同小异,不必占用篇幅。

第四节 风景名胜区资源开发利用

风景名胜区好似镶嵌在祖国锦绣大地上的玉石,经不起零敲碎打,经不起乱挖乱凿。建设开发利用风景名胜区,也要向雕刻玉石那样根据内外色泽斑纹设计,精雕细刻。应对风景区作全面调查、细致分析,制定全面规划。

(1)风景名胜区的规划,必须高瞻远瞩;一切工程设计,必须配合环境;建造任何工程,都必须文明施工。这是开发建设风景名胜区的必要条件,如果做不到,宁可暂时不建,留给后世子孙去画最美的图画。

规划建设风景区,首先要对这个风景区立一个高标准的远景发展目标,也可以说是远景发展的极限目标。根据这样的目标,制定总体规划,全面安排,综合平衡。然后根据总体规划及景点的开发次序计划,制定景区景点的详细规划。只有通过详细规划,才能指导制约具体工程的选址和设计。

(2)经营管理风景名胜区,不应有了一个总体规划就万事大吉,还需要一系列的规章制度、法规条例。这是实施规划的辅助手段。总体规划和详细规划一旦审定批准,就是风景区建设的蓝图,具有法律意义。一切工程建设必须按照规划选址设计,这样才能逐步把风景区建成一个完美的整体。

(3)风景名胜的开发利用,还涉及植物、动物、林学、地质、环境、生态建筑、历史、美学、经济等多门学科和旅游、商业、文物、宗教、林业、农业、园林等部门,牵扯面广,综合性强,必须在党中央、国务院有关指示的指引下,依靠各学科的专家、学者、工程技术人员和各有关部门的人员,通力协作,交流思想,总结经验,献策献计,才能把风景名胜区的工作搞好,把我国新兴的风景名胜区建设事业推向前进。

第十章　花木经营管理

第一节　花木商品的固有特点

花木产品是一种特殊产品,当进入商品流通领域后,也就成为特殊商品。与一般的商品相比较,它有如下几个方面的固有特点:

一、花木商品是有生命的物质商品

1. 在商品流通过程中,它必然要与自然界的空气、阳光、水分、土壤发生关系,并参与陆地生态大循环活动,在与各种环境因子保持相对平衡之中保存自己。

2. 当自然环境中某种自然因子欠缺而无法满足其生命活动所需时,则这种物质商品即会产生缺陷或成为废品(如苗木缺水而干枯,商品报废)。

3. 经营这种商品必须考虑应为其创造一定的环境条件,这样,商品才会有旺盛的生命力,才能实现较高的观赏价值。

二、花木商品是观赏性的植物商品

1. 其实体是由根、茎、枝、花等植物器官所组成,并且都是通过光合作用来维持其生命活动。

2. 尽管它是由乔、灌、花、草四大类数以万计的形态、习性各异的品种组成,但是它却均以土地为基本生产资料。

3. 作为商品,它的使用价值主要就是观赏价值,又由于其均有一定的物候季相的表现,因此在不同时期它的观赏价值是不同的。

三、花木商品是雅俗共赏的精神享受商品

1. 它专门满足人们业余时间的精神消费需求。

2. 它以其色彩、形状、姿态、香味以及生命活动中的各种表现来满足人们视觉、嗅觉、触觉等方面的特殊享受。

四、花木商品是特殊型的娇嫩珍贵商品

1. 商品各部位不容许碰、磕、挤、压,需得到特别护卫。

2. 流通过程的前、中、后必须对其采取保鲜、保活措施,商品才有实际意义。

3. 它需要特殊的精美包装(陶瓷盆、瓶、印花玻璃纸、金、银纸、缎带、精编花篮等)。

五、花木商品是弹性较大的大宗消费商品

1. 拥有不同层次的最广泛的消费者,上起国家元首、官宦富贾,下至知识工农、平民百姓,几乎都有品玩花木的嗜好与欲望。

2. 商品等级差异极大,既有上百、上千乃至超万元的单株商品,又有几十、几元,甚至几角线的单株商品。

3. 既有长达几年、十几年乃至几十年的长寿商品,又有几个月、几十天乃至几天的瞬间商品。

第二节　品种时空交错

花木商品由于品种浩瀚,异常复杂,按植物分类的方法,可分门、纲、目、科、属、种六个层次,多达三万余种。所以生产、经营花木商品时,在时间上及空间上也千差万别,可交错安排和布设。

一、时间上

一年四季 24 个节气的变化虽对植物在一年中生命活动基本规律的影响近乎一致,但对于每一个植物品种来说,则对节气变化的反应,有快、有慢,有松、有紧,有灵敏、有迟钝,有可逆、有不可逆之分。因而在物候、季相、叶期、花期、生长期、休眠期等方面都会表现出明显的差异。这种差异具体表现在两个方面:一是对节气反应的快、慢、先、后上,一是植物自身各个部分季相延续时间有长、有短。再加上南、北植物之间,木本、草本之间,针叶、阔叶之间,常绿、落叶之间都表现为反应时间先后、延续时间长短的差异上。而恰恰是这种差异可以被人们在生产及经营活动中予以充分利用,科学地安排生产经营,实现在短暂有限的季气里,生产出、经营好最多品种、最大数量的植物商品。

二、空间上

因花木商品包括乔、灌、花、草四大类,这四大类本身就显示出不同的立体层次;在每一个层次中又可分若干亚层(如乔木有主乔木、亚乔木、辅佐乔木之分,灌木有高灌、矮灌之分,花卉有木本、草本之分)。另外,植物的冠形多变(伞形、塔形、卵形、椭圆形等),冠幅、冠径大小不一(大至直径几米,小至几十公分、几公分),茎干粗细各异,根深(分深根性、浅根性)、根幅有别。这种种差异又给人们在生产经营植物商品时,在空间利用上提供了理论依据。可以合理地布设空间,最大限度地合理利用生产用地及经营场地。这种空间上的有序立体交错,不仅仅是节约生产及经营场地问题,还增添了立体的美感。

花木商品,无论是在生产过程中还是经营过程中,讲究品种的时空交错进行和布设,既可能,又可行,还十分重要,决不可轻视这个问题。因为它不仅仅是个节约和效率、效益问题,还是个和谐和艺术、技术效果问题。

第三节 经营场所

花木经营场所主要研究地点的选择、用地的规模、经营的重点及场所的基本设施。此外,经营场所又可分为生产经营型、纯经营性及代销型三种类型(见表10-1)。

一、生产经营型

这是指生产单位不经中间环节直接面向市场,面向用户。既生产又经营,这种产销一体化的形式,只限于具有一定经营人才的生产单位,才有可能赢得市场。通过以销定产,提高效益。但生产经营型单位又不能排除同时依靠纯经营型花木经营单位这个流通渠道推销产品。

二、纯经营型

这是指专从各地生产单位组织进货,以一定营销的手段,占领市场,从批零差价中获取盈利,不断发展和壮大自己的经营单位,这种经营类型应是花木流通的主渠道。

表10-1 经营场所分类表

场地类型	地点选择	用地规模	经营形式	基本设施
生产经营型	边、近郊或远郊,力争按照等距均匀布局原则进行选址	经营门点用地及生产用地两项合计宜在2 500 m²、上仅限于经营门点用地,面积可分小、中、大三种模型	专供大型绿地采购及以外批发经营为主,批量供应为辅	生产、经营办公用房;现装备温室(500m² 以上),多功能小型农用机械、货运车辆
纯经营型	镇各区(行政区、开发区、商贸区、文化区、居民区)中心地段及超级市场门脸地段	小型 30～50m² 中型 50～150m² 大型 150～300m²	大、中型租摆业务及零星小块绿地补给	经营门店用房;室内温、湿润控装置;人、货两用保温送花车辆(轻便汽车、摩托车)
代销型	市区中心地带的补品店、书店及其他适宜的门店,或专设代铺门店	单辟式增设营业面积5～10m²用地	零售	取花用车

三、代销型

这是指接受花木生产单位、生产经营型单位或纯花木经营型单位的委托代为销售花木商品的非花木专营门店的一种兼营形式和专门代销花木的代销门店。这种类型的经营只是从销售收入中获得一定比例的供销费维持生计,一般都是属于少品种、小规模的经营。

地点选择除生产经营型因受生产用地必须规模较大而只能选址城边市郊外,纯经营型及代销型必然要选择人口密度较大,消费需求旺盛,商品市场集中而活跃的地段,才能保证经营效果。

在用地规模上,生产经营型应从经营规模出发确定生产及经营总的用地面积,3 500 m^2 应作为最低起点,否则难以形成规模效应。纯经营型及代销型则完全从市场容量及占有率出发确定经营规模,以经营规模来确定用地规模,鉴于城区"寸土寸金"的特点,务必把握既满足经营规模的需要,又不无故扩大经营面积的原则。

确定经营形式首先应以商品品种和市场最大保有量,来确定其最适宜的面向市场的类型及市场规模,而后再确定具体的经营形式。

确定基本设施则应从经营的实际需要出发,必备设施一定要与经营规模相匹配,决不无原则的求详、求大、求全,最大限度地节省固定资金的投入量。

第四节 门点设计

花木商品既然是特殊商品,经营门店的设计也应该别具一格。应舍得投资,才能起到诱导和激发消费的作用。一个理想的花木经营门市部的门脸、照牌、店堂布设、货柜、橱窗可作如下设想:

一、门脸

门脸应尽量宽阔、豁亮,全透明展示(最好"顶天立地",透明玻璃镶装),便于店堂内花木商品展姿迎客。

二、招牌

招牌广告应立有明显行业标志(如以红花绿树图案为统一标志),招牌名称要简短、顺口,富有寓意和新意,要有竭诚待客、殷切服务的用语装点。有条件时,应设昼夜立体式霓虹灯招牌,给人以气势宏伟之感。

三、店堂布设

鉴于植物商品均对环境有交流作用,并具大量呼吸作用,店堂布置应尽量做到采光强、通风好,既能调温,又能控湿。因此店堂应设空调、加湿器,要有喷雾设备及营养液贮备。

四、货架

货架应用防锈蚀金属材料制作,既便于拆装作临时调整,又要紧固稳当,以便承受盆树、盆景、盆花的重荷。

五、货框

货框应用全透亮玻璃镶制,专用于展销花木辅佐品(如花种、花肥、花药、花土、营养基质、营养液、喷壶、花刷等)以及绢花制品等。

六、橱窗

橱窗应设有切花池、盆花台、盆景架、租摆套样柜、落地花篮专角、吊花篮横梁,进行立体布设。橱窗设于正门两侧,应是玻璃构架,使店堂里商品也能全方位透视。

如果有条件还可在门点后院附设 $10\sim20m^2$ 的玻璃库棚(也应保持一定的温湿条件),作为商品储流场所,以保证旺销商品的继续供应及某些品种的调整周转。

第五节 营销渠道

一、销售渠道的一般作用

从一定意义上讲,生产者总是希望自己的产品直接卖给消费者,消费者也同样期望能够从生产者手中直接买到自己需要的商品。但是在商品经济发达的社会条件下,绝大多数商品都是通过一定的销售渠道,经过一个或若干个中间商的运销,才能送到消费者手中,这是由生产、流通和消费的客观规律所制约的,更主要的是由销售渠道的特殊作用所决定的。其作用主要是:

1. 销售渠道的主体是中间商(经销者)

这是社会分工发展和生产力发达的客观需要,是历史的进步。因为中间商(经销者)主要的职能是集中、调节、平衡与扩散商品,在生产者与生产者之间、生产者与消费者之间起媒介作用,节约了生产者的时间,使生产者有更多的时间投入生产,有利于整个社会生产力的发展。与此同时,也更好地方便了消费者,为消费者节省了购买商品的时间,这可从图10-1及图10-2的比较中看出来。前一渠道,生产者必须同时对5个消费者进行销售,而消费者必须从两个生产者手中买到两样可心东西;后一种生产者只要对1个经销者产品即可脱手,而消费者也只要从1个经销者手中同时买到两种可心东西。这样,不仅给生产者和消费者节省了时间,而且缩短了距离。

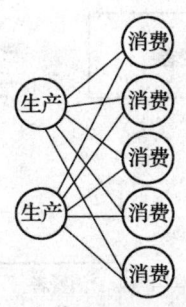 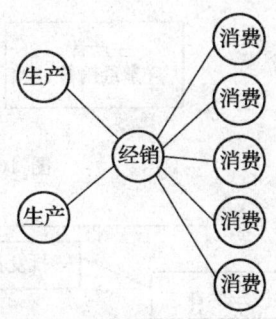

图 10-1　无经销者的销售渠道　　图 10-2　有经销者的销售渠道

2. 有利于扩大商品流通的范围和规模

由于生产者与消费者之间往往受地理、交通等诸多因素的限制,使得商品的生产和消费在空间上存在种种交叉的矛盾,而中间商(经销者)可通过长途贩运,调剂余缺,促进商品在地区间的交流,并根据不同地区和市场的产需情况,通过收购和短途运输等活动来解决商品生产和消费之间在空间上的矛盾,为商品开辟广阔的市场,促进流通规模和范围的扩大。

3. 有利于调节产销矛盾,使生产和消费协调发展

销售渠道的主体经销者具有集散商品和信息反馈的作用,因此,第一,它可调节生产和消费之间在商品数量上的矛盾,以"化零为整"、"化整为零"满足各种消费者的需要。第二,调节生产者和消费者之间在商品质量、花色、规格上的矛盾,通过分类、搭配、加工、配货等方法去满足消费者不同的需求。第三,调节生产者和消费者在时间上的矛盾,发挥其"蓄水池"的作用,变季节生产为常年销售,源源不断地满足消费者常年的需要。

4. 为生产和消费者双方提供许多方便,促进生产和消费的发展

中间商(经销者)对消费者可提供更大的选择余地,更多的服务项目,更灵活的购买方式,能大大促进消费;对生产者来说,中间商(经销者)是最大的买主,可分担生产者的仓储负担,加速资金的周转。

二、花木商品的营销渠道

1. 销售渠道类型

一般分为简单型和发达型两种。简单型销售渠道的基本特征是组织商品流通的职能由生产者自己承担,产销直接见面(见图 10-3),这种渠道能迅速具体地了解市场需求变化及用户的特殊要求,且无中间环节,缩短流通时间,减少流通费用,降低成本。但必须自设销售机构,组建销售队伍。发达型销售渠道的基本特征是由商业中介人即中间商(经销商)专门承担商品流通的职能,其中间环节可多可少,一般中间多为两个环节,包括批发商和零售商(图 10-4)。

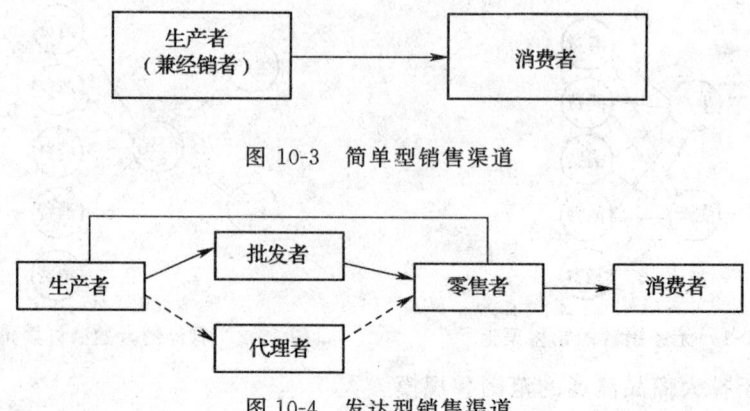

图 10-3　简单型销售渠道

图 10-4　发达型销售渠道

2. 花木商品的销售渠道

花木商品由于都是鲜活、怕碰、时间性较强、技术性又较高的产品，且新产品应市既多又快。为避免中间环节出现问题，又有利于资金尽快周转，因此，一般要求流通渠道越短越好，尽量采取简单型销售渠道为好。但是，花木商品本身又千差万别，如木本与草本之间、乔木与灌木之间、树木与花卉之间、花与草之间，无论是体形、质地、习性、功能等方面都不一样，对流通环节适应的能力也全然不一。如：处在休眠期的各种种籽易于包装，能经受较多的流通环节和较长的流通时间；休眠期树木比休眠期的花卉抗性（抗理化冲击）强，能经受长渠道流通；花卉中盆花与鲜切花之间差异又很大，盆花流通时间长短的弹性大，技术性强；鲜切花属于快速流通的瞬间商品，插花与花篮不仅技术性强，艺术要求高，时间性更强，这类商品只是走简单型销售渠道，并且随时订货、随时销售。

总之，花木商品的销售渠道基本上应以简单型为主，即使取发达型的销售渠道也最好是只有一个中间环节（生产者→零售者→消费者）。在植物休眠期内可以取长渠道，适当曾加中间环节，便于扩大商品辐射面积；树木与花卉比，树木可以走长渠道，花卉适宜短渠道，苗木与种籽比，苗木宜短渠道，种籽可以长渠道。

第六节　服务主体

花木经营的服务主体总的说是两个方面：一是服务于城市各种绿地建设及养护单位；二是服务于社会各界及居民家庭，以满足精神文化生活的需要。但是两种经营单位服务主体重点是不一样的，纯经营型的单位服务主体应以供应社会各界、居民家庭用花为主，补充绿地需要为辅；而生产经营型单位，则首先应服务于城市各种绿地建设及养护的需要，其次才是面向社会各界及居民家庭。

不同的主体对花木需求规律及服务要求是不同的。城市各类大小绿地，要求多为大宗品种，批量较大，规格比较整齐，但供货期短而集中，对技术咨询的服务要求不高；而社会各界及家庭则恰恰相反，对品种要求高，批量较小，要求规格全，质量高，供货期较长，对技术咨询要求迫切。这就说明，纯经营型单位与生产经营型单位应从不同侧面练好内功，潜心服务，才能不断扩展市场。

第七节 营销策略

一、全方位渗透策略

花木经营服务必须实行全方位渗透，所谓全方位是指面向全社会的各种交流活动，面向全社会各阶层，面向全部立体空间，面向全季候时间。

1. 全社会各种交流

包括国事活动，党、政、军务活动，商贸活动，社团活动，科教卫活动，文化旅游活动。

2. 全社会各阶层

包括全军士兵、广大农民、产业工人、商界人士、知识分子、机关干部、青年学生。

3. 全部立体空间

包括所有的场（机场、广场、体育场、剧场）、站（火车站、汽车站、轮船码头）、关（各种机关、各地海关）、馆（宾馆、旅馆、图书馆）、厅（音乐厅、歌舞厅、游艺厅、咖啡厅）、室（会客室、会议室、洽谈室、病室）等。

4. 全年季候佳期

包括重大节日装饰、法定假日消费、民俗盛典奉献（出生、新婚、寿诞、乔迁、奠基）。在全季方位渗透中各种花木盆景所处的地位不完全一样。

盆花一般作为门脸、会堂主席台、会议室、展览厅、洽谈席、主厅、中心广场、交通站、场等处的主体装饰并以盆景适当点缀。

鲜切花花束一般用于迎宾、婚礼、探病、追悼等。

花篮一般用于门店开张、企业挂牌、喜庆、新居、灵堂、基地等。

插花一般用于盛大谈判活动，如高级政治会谈、商务会谈等。

二、全主动服务策略

花木经营服务必须做到全主动服务。所谓全主动是指服务工作上想周想全，主动出击。它包括主动调查、设计、供花、服务等。具体可在下列方面下功夫：

1. 主动对新建绿地项目招标承揽，按设计优化配货，低价供货。

2. 主动对市区各地既有的公共绿地、专用绿地、街心绿地、街道绿带等进行调查，为拾遗补缺配料供货，送货到现场。

3. 主动为社会各方、街道居民提供礼仪套花设计,任选保供,如婚庆布绿(树)、新人、新房、礼堂、宴厅、车队等所需的花、花束、花环、花冠、花盆、花篮等全套设计。除此以外,还有老寿星寿诞花冠、花环、花饰;喜添千金贵子的全套礼品盆花、玉女套花;喜丧葬礼的白套花等等。

4. 主动为宾馆、写字楼、大型会议、大型展览、机关、团体等单位提供租摆样板展示(用照片)服务,以招揽租摆业务。

5. 主动为客户承担珍稀花木代培(育)代(采)购服务。

6. 主动设计并推出各种节日用花,如元旦、春节、情人节、母亲节、"五一"、"五四"、"六一"、"七一"、"八一"、"十一"及"老人节"用花,及时上市,为各阶层人民欢度节日增添异彩。

三、全优策略

花木经营服务必须坚持各个方面工作全优,以花木为媒,服务为本,以优取胜,占领市场。应做到:

1. 全心全意为城市绿地建设服务,公开让用户评"优"。
2. 为活跃城市人民文化精神生活真诚服务,默默地作奉献,由社会公众来评"优"。
3. 进入市场的一花一木一草要保优质、保成活、保实效,总体效果达"优"。

四、价格策略

花木商品要想走进市场、占领市场、扩大市场、把握市场,除了讲究上述三个方面的策略之外,还必须讲究价格策略。既然讲经营,就不能不讲效益。实现效益不能靠高价,但也不能过低压价。价格策略主要是在国家价格政策指导下,对供大于求的品种,采取微利保本、优质取胜、挤进市场。凡不易保存的品种宁亏保销,不压库存,不轻易退出市场。属于供求平衡正常的品种实行薄利多销,展声誉,夺市场。卖求大于供的商品时坚持平利扩销,扬名夺市场。当市场波动不稳时按常利稳销,以稳定价格去稳定市场。手握紧俏商品时选准老客户,低价畅销,扩大市场。所谓低价是指市场中属最低水平。所谓畅销则既不留后手,又不囤积。

第三编

风景园林经营管理与业务管理

第十一章 质量数量管理

第一节 经济管理

一、经济管理的概念

微观层面的经营业务管理主要涉及经济管理及其效果。经济管理是为了达到特定的经济目的,在群体中对人类行为所进行的程序制定、执行和调节。其效果是使人们在适当的时间、适当的空间、以适当的方式付出劳动,也就是提高时空符合度、减少无效劳动和浪费,从而以较少的劳动时间获取较大的有效生产量。如果把特定的经济目的从生产推广到流通分配、资金财务,甚至进一步推广到经济秩序和社会福利,那么经济管理的效果就包括使人们在适当的时间、适当的空间、以适当的方式把产品投入到市场或公共分配子系统,把游余资金存入银行或进行投资,以及通过对政府投资及税收政策的调节来增大实现效益量、增大综合覆盖度、减少供养系数或游离覆盖度。

二、经济管理的内容

程序制定就是对于有关经济行为进行时间排序,如园林建设可分为园林筹建、设计、审批、组织、施工、验收等阶段。其中每一个阶段又可进行更细致的程序制定,直至最后的操作环节。

程序执行就是将各个阶段的具体环节付诸实施,一般说来,它特指各级管理人员的指挥和基层人员按照规程及指挥进行操作及相互配合。

程序调节则是对于程序执行的效果加以控制,如果有关效果偏离了特定的经济目的,那么就要寻找原因并加以纠正。不具有调节程序的管理并不一定达不到目的,但是如果出现偏离,就只能在受到"硬性"约束时才能被发现,导致"紧张应变"的局面。相反,具有调节程序的管理则可以防微杜渐,把紧张应变化解在误差调节之中。调节程序的关键在于为有关的执行环节确定目标——在现代管理中常需确定数量化指标,这样才便于发现程序执行的结果是否偏离了特定的经济目的。早期指标主要针对数量,随着技术进步、工艺复杂化,越来越多的指标针对质量,力图进行"全面质量管理(TQC=Total Quality Control)"——对每一种质量事故总结教训,制定相应指标并落实到生产环节中去。日本企业有句名言:"好产品是生产出来的,不是靠最后检查出来的。"

程序制定的优劣主要取决于信息管理和人员管理。情报多少决定了对于一定资源条件下的生产要素及经济背景的了解，决定了是否能够知己知彼。知识水平主要指对于时间参照和空间参照的了解，以及关于有关经济行为的系统构成和规律的掌握。应变能力则决定了是否能够把"成型的知识"与"当前的条件"适当地结合起来以形成较好的行为程序。

由于经济行为相当复杂，统计游程较短，难以重复和检验，所以不存在一成不变的、普遍适用的"最好的"管理模式和方法，因此必须由有关人员把已有的知识灵活地应用到具体的环境条件之中（经济理论都是"学说"，其中证据最多的也只是"准科学"或"软科学"，而不是"科学"，因为它们未经"实验检验"，只经过"证据论证"。所以，经济现象中不存在像力学定律那样严格的普适定律，也不存在"在某日某时可以某地看日出"这样屡试不爽的程序指令）。

程序执行的优劣主要取决于质量管理（制定规程、执行规程、纠正违规或修订规程）、数量管理（合理调度、科学定额、控制进度）、物质管理（物资供应、设备良好、养护得法，储运得当）和人员管理（劳动者能否与指挥者相协调）。其中最复杂的是人与人之间的协调配合，由于不可能制定"无微不至"的详细的程序，指挥者需要发挥应变能力来把有关的知识运用到具体的环境及人事之中，以求弥补次级程序的缺失，从而把整个程序衔接起来。因此，指挥者必须取得劳动者的合作，甚至辅助。其方法大致分为物质奖惩（X理论）、心理激励（Y理论）、群体关系（Z理论）三种。这些方法的运用取决于人员管理水平及相关知识的运用，如对于人类行为及心理动机等的了解以及对于劳动者文化水平、文化类型等的掌握，更细致的管理甚至基于对个别劳动者的心理、生理状况的了解。劳动者的素质和积极性对于生产过程中未被标准化的环节具有极大的作用，还对于发现质量隐患、推动技术更新具有一定的作用。应该指出：惩罚和奖励都不限于物质和金钱形态，也不限于职务升层，还可能体现于关心（满足归属的需要）、保险（满足安全的需要）、尊重（满足自尊的需要）、文体（满足娱乐的需要）、分享机密（满足刺探隐秘的需要）、扶植成才（满足超越自我或自我实现的需要）等等。

程序调节的优劣，主要取决于信息管理和人员管理。前者如重要参量的选定及相关指标的制定、执行偏差的信息收集及加工等等；后者如建立起不断权衡与调节的决策取向、上下配合纠偏、堵塞漏洞、修改工艺等。

三、经济管理目标

经济管理就是要充分运用关于自然的和人类的各种知识和信息，形成时间上和空间上（指挥与协调）的特定秩序和流程，减少无效劳动和浪费，鼓励相互配合与创新，从而最经济地进行建设、生产和经营。在这方面，中华民族传统文化具有极大的潜力，日本企业家的许多管理"诀窍"就源于中华民族传统文化，如终身就业制和年功序列制是

"礼"的思想的体现,企业内的工会是"和为贵"思想的体现……贯彻了"爱人者人恒爱之、敬人者人恒敬之"等儒家思想。

第二节 质量管理

一、质量管理的概念

1. 质和质量

"质"是一物区别于它物的特征。"质量"是有关特征的特异程序,即鲜明程度。

人类通过特征识别(如色、声、嗅、味、重量等)、模式识别(如构形、质地等)和心理识别(如相貌、风景等)来确认"质"。例如通过掷石投河后的声响或动态差异可以区分水和冰;通过品尝味觉差异可以区分盐和糖;通过线条组合方式(模式)差异可以识别文字;通过更复杂的信息处理(中枢心理)过程可以区分同班同学的每个人,甚至区分孪生兄弟。

质量的区分则要借助于测量来把各种基本特征加以数量化,用测量单位与被测对象相比较,包括数数——以手指为测量单位。数是测量的结果,也就是说,数是选定单位及按进位制比例缩小的亚单位与被测对象有对应次数。质量标准是根据人类需要而选定的某一数值或数值区间;或取导出特征(由基本特征组合运算所得数值)的某一数值或数值区间。

例如,"金"的质量标准是含金量达到或大于某一数量。为了确定其质量,要对它的比重进行测量,而比重是重量和体积这两个基本特征测量值的组合(体积也可看作是长度这个基本特征的三次导出特征,长度单位是人为选定的标准如"米";重量单位也是人为规定的,如 $1m^3$ 的水的重量,即"千克";此外,还有一个基本特征,就是"时",也是人为选定的——现代选择一昼夜的二十四分之一,中国古代选择一昼夜的十二分之一)。再如,汽车的最大速度、草坪中的杂草杂物数量等等,都有一定的质量标准。随着技术水平的发展,常需多个特征来评价质量,例如汽车的自重、载重、震颤等(评价方法可见第三章第六节介绍的多目标评价)。对于比较复杂的系统,由于其涉及心理识别的对象,因此常需探索综合性的数量化方案来评价质量,例如园林的类别面积复合比。

2. 质量管理

质量管理就是为了达到一定的质量或标准而进行的程序制定、执行和调节。全面质量管理就是把有关程序层层分解到每一个已知的基础环节,并根据事故教训以及制定者及执行人所发现的影响质量的原因而对新的环节及特征加以数量化并纳入程序,或对旧的特征厘定新的指标。

二、园林设计的质量管理

园林设计的质量管理一般只包括三个一级(层)程序环节:提出要求(如功能和总体结构)、选择设计人、对设计方案进行评价和筛选。这三个环节除与特定的园林项目本身(如小区公园或名胜扩建等)相关之外,还受到该项目总面积和总投资规模的制约。例如,对于较大的面积和充裕的投资,不仅可以要求较大的类别面积复合比,还可以采用投标的方式选择设计人,并聘请专家进行评价,而对于规模较小的园林建设则难以照此办理。

与施工及养护不同,园林设计的质量管理只能从"外部"进行,对于"设计过程"的内部环节并不干预,因为"设计"本身的程序性较弱,除了必不可少的"勘察"了解之外,对于缺少创新的设计,主要是根据项目的要求及地点环境而查找检索已有的设计方案(设计参照),而对于创新的设计,设计过程所涉及的创造性构思一定是非程序化的——设计师的情感激发、直觉思维和方案形成都没有固定程序可依,对设计方案进行评价筛选也常受到评选人自身的偏好和文化水平的影响。此外,在图面设计与实物之间也存在着差距,不过这种差距正在被进展着的计算机技术缩小,人们可以通过三维的或全息的图像显示技术而"身临其境"、择优而用。

三、园林生产(施工)的质量管理

园林生产(施工)的质量管理包括确立规程、执行规程、检查执行情况、纠正违规或修订规程等四个一级(层)程序环节。

规程,就是规范的程序(二级或更次级环节的序列),是人们在同类行为中的经验教训的总结,是技术发展的重要内容。一个生产单位或一个施工队伍的优劣,重要标志之一就是看其执行什么样的规程和违规多少。一般说来,应对生产要素中的每一项确立规程,即工艺规程(C_{1i})、操作规程(C_{2i})、设备维护检修规程(W)、安全规程(T)、土地使用及环境保护规程 $L(A)$。对于施工质量管理来说,较重要的是前三项规程,但对于经济系统来说,最重要的是安全规程,其次是土地使用及环境保护规程,最后才是前三项规程。

执行规程是生产及施工质量管理的核心内容,规程是为了执行而确立的,检查是为了评价执行而进行的,修订是根据执行的结果而发生的。

为了保证规程的执行,除了检查之外,还要对执行者进行规程教育、技术培训和考核记录。检查执行情况也已从"成品检查"逐渐扩及"工序监查"(如实行卡片登记制度)和"用户追查"(产品记日编号,可根据登记卡片检索出有关生产环节及执行人)。其中,成品检查是对体现为有效生产量的物质、能量、信息进行"质量标准"的核对。生产质量或施工质量通常可被量化为一系列标准,例如花朵的尺寸,水泥的标度,土地的坡度、平整度,道路的路面宽度、厚度、承载量、寿命,屋梁的挠度、破损荷载量,活植株的密度、间距,分枝高度、冠高度、冠幅半径长度等等。

标准化的程度越高,越易于通过检查来控制质量。但与此同时,它会导致用于检查的人、财、物投入增加,即经济效益下降。因此,生产质量和施工质量的管理应以执行规程为"本",而以检查监督为"标"。另一方面,执行过程难以控制,标准核对却较易实行,所以对于大多数的质量管理,目前还是以标准化和检查方法(如抽样检查以减少投入)及检查策略(如重点检查薄弱环节)的改进为主。日本企业的特殊生命力就在于它们往往能够有效地控制执行过程,抓了"本",这与日本国民的文化教育水平、民族危机感和向心力、以苦为乐的奋斗精神以及同舟共济的管理思想都有关系。对日本企业管理方法的探讨,已成为经济管理中的热门话题。

纠正违规通常应辅以一定的惩罚措施,如违犯规程者或者是没有达到上岗资格,或者是因疏忽或故意而自行其是、偷工减料,对前者应予以撤换(重新培训,或调任他职,或从此脱离岗位),对后者应给以惩处(事先应有明文规定并签署合同)。

修订规程通常是在执行者并未违规而产品质量或工程质量没有达到标准的情况下进行的。其原因在于原有的或异地的规程不适于现在和本地("时空符合度"太小,或是因为原有的规程不够详细)。

因时因地修订规程有赖于专业技术人员对基础知识的掌握程度和对"土"生技术的调查了解,而把原有规程加以深化则有赖于专业技术人员对工艺及操作细节的熟悉程度及直接操作者的实践经验,即有赖于执行者的主动性。在最后这一点上,日本企业往往占有不少优势,值得作为空间参照。

比较重大的规程修订常被称为技术革新,除了上述两个原因可导致技术革新之外,新的科学原理的发现和新的相关技术的发明都可能导致技术革新。近代以来,科学技术日益成为经济管理的重要助手,凡不是鼠目寸光的管理人员都应该关注同行业中新技术的应用情况,关注有可能得到应用的专利发明,甚至关注新的纯科学研究,组织专业人员进行技术攻关。在这一点上,日本企业也堪称楷模,有些专利在原发明国被束之高阁,却常在日本转化成了新规程。

园林苗圃生产的二级环节及相应规程主要包括:选种(种籽、种条、组培母株)及其采收制作贮藏、选地及其翻整作床、适时播种扦插嫁接压条分株、灌排水、造肥施肥、除草松土、修剪防虫除病、移栽复种起苗运输(可略去)、出圃(挖掘包扎修剪运输)。园林施工的二级环节及相应规程主要包括:工程图纸到位核准放线、土方工程、基础(地下、隐蔽)工程、地上土木建筑、绿地建设(整地及苗木栽植等属于三级环节)。与上述环节相配合的设备原料的运输供应等则属于与质量管理相平行的数量管理(调度、定额、进度)的内容。

可供参考的行道树质量标准为:成活率95％、老树保存率99.8％、树干倾斜度小于10°、死树为零、活树间距相等(缺株需补)、枝下高及树高的差异小于15％、枝叶可见虫斑数为零、树冠完整均衡(有待量化)。可供参考的小区绿地质量标准为:成活率95％、老树保存率99.8%、树木不破相(生长良好、无虫害、无机械损伤,有待量化)、绿篱平整连续(有待量化,下同)、草皮无大量野草或较大空秃、树丛花丛及草坪的边界清晰、花坛有花、无明显枯枝烂叶、无积水污泥废弃杂物。

四、养护的质量管理

养护的质量管理是园林建设不同于一般基本建设的方面。由于园林中必含植物,而植物的生长和成型时期通常大于土木建设的工期,再加上植物栽植常需在土木建设基本完成之后进行,因此园林建设的质量常要在竣工后相当一段时间之后才能定型。这一特点使得养护质量的管理成为园林建设质量管理中十分重要的部分,甚至有"三分种七分养"的说法。

园林养护的质量管理,像生产和施工一样,包括确立规程、执行规程、检查执行情况、纠正违规或修订规程四个一级程序环节。不同之处在于:"养护"不仅涉及技术行为("养"),而且涉及文化行为("护")——弥补或防止人为的损害(见图1-1)。在养的方面,应制定有关季节性灌排水、施肥除草、修剪除虫以及及时更换病枯植株的规程;在护的方面,则往往要以"法规"为基础来制定相应的规程,因为有关行为涉及园林业与其他部门或个人的利害冲突。我国已有的相关大法有《土地法》、《森林法》和《文物保护法》,次一级的有《风景名胜区管理暂行条例》,再次一级的有《城市园林绿化管理暂行条例》、各城市的《城市绿化管理办法》等。依此可制定相应的养护规程,如建立绿地档案并巡查处理侵占绿地的行为、审批核准树木的砍伐、查处非法砍树、监督和组织施工移树及绿地恢复、配合供电修剪树木、建立名木古树档案并强化养护及复壮、巡查并阻止日常性小规模破坏(剥皮折枝、钉绳倾污、踏草摘花采籽、堆物围树搭棚、车辆机械损伤等)。

养护质量的标准仍可参考上述行道树质量标准和小区绿地质量标准。养护水平的高低不仅取决于园林业内部的管理水平,还取决于社会的文化水平和文明水平。尽管如此,园林业内部的管理水平还是具有重大作用的,尤其是把"公共关系"也纳入管理工作之后,其作用就更加可观了。公共关系是一个组织或个人不断进行的如下努力:(1)调查征询和分析评估;(2)确立真诚为人的意向并以正当方式来进行自身建设;(3)争取各种类型公众的理解和赏识;(4)造福社会、广传美名。从第(3)、(4)项出发,园林管理有必要包括调查公众的社会心理并加以引导和利用,有必要疏通与立法人员的交流渠道以争取更利于园林发展的立法,还有必要调查研究并如实宣传园林建设为人们带来的舒适、卫生、美感及延年益寿等效益和福利。

五、全面质量管理

科学技术的进步,对产品质量要求越来越高,这就要求企业对设计、生产准备、生产加工、生产经营管理以及产品使用等所有环节都进行质量管理,由此便出现了"全面质量管理",即Total Quality Control简称TQC。

全面质量管理可以定义为：企业全体职工及有关部门同心协力、综合运用管理技术、专业技术和科学方法，对产品的开发研制、生产和销售以及使用的全过程和影响产品质量的各因素进行全面管理，以保证使用户满意的一整套管理活动。

从全面质量管理的定义出发，全面质量管理有如下特点：

1. 是广义的质量管理

全面质量管理的对象不仅包括产品（工程）质量，还包括工作质量，并且以管好工作质量来作为重点，通过提高工作质量的水平，达到保证和提高产品质量的目的。

2. 是全过程的质量管理

全面质量管理不仅局限生产加工过程，还要求对质量形成全过程的各个环节都进行管理，并强调为用户服务，从用户需要出发，重视和加强产品在使用过程中的服务。同时，讲求用数据说话和以预防为主，从而形成一个稳定的生产用户满意产品的系统。

3. 全员参加的质量管理

全面质量管理重视"人"的因素，要求参与质量形成全过程的各个环节和各个部门的工作人员，都应围绕企业的质量目标去完成所承担的职责和任务，以本职的工作质量去保证产品质量目标的实现。

4. 综合运用一整套质量管理的方法

全面质量管理采取了以数理统计方法为主的各种各样的质量管理方法体系。运用数理统计的方法，找出影响产品质量的因素，揭示质量波动的规律、控制产品质量；运用PDCA循环的工作方法，使各项质量管理活动做到有根据、有条理、有效益；运用系统工程的理论和方法，使质量管理工作系统化、程序化。

城市园林绿化系统由于具有长期性、阶段性、季节性以及分散性的特点，更加决定了实行全面质量管理的必要性和迫切性。

六、园林系统全面质量管理目标及必须树立的观点

1. 全面质量管理的目标

总目标：向国内、国际社会提供人民群众及广大游客满意的廉价的具有净、美、香、雅、艺特色的经久不衰的园林产品及浏览景点。

具体目标为：

（1）保证向国内外提供富具特色、质量堪称一流的园林产品及游览景点。

（2）园林产品数量及园林景点建设速度力争满足越来越大的国内外市场的需求。

（3）以最低廉的国内外市场价格赢得信誉，占领市场。

（4）全心全意做好园林产品售后服务，热情周到地为游览提供服务。

2. 园林全面质量管理必须树立的几个观点

(1)"质量绝对第一"的观点　既是为人,更是为己的观点。只有质量指标项项从严,一丝不苟,坚持永久,才能招徕愈来愈多的游客,自己才能立于不败之地。

(2)"服务用户是第一需要"的观点　只有树立起"我为人人",将为人竭诚服务看成自我生存发展的需要,才能自觉地、心甘情愿地去为用户服好务。

(3)一切质量源于设计及制造(生产作业)过程之中的观点　只有抓住源头,从设计开始,每道工序,把好质量关,从"事先预防"上下功夫,而决不单纯靠"事后检查",才能获取最稳定最经济的高质量。

(4)质量具有波动规律的观点　正常波动、符合正态分布,因此废次品分布也是有规律的。认识、掌握和运用这一规律,在谷底的0.5%上下功夫,才能把握质量升级的主动权。

(5)质量要以自检为主的观点　自己最了解自己的工作质量,人人自觉自检自验,自我把关,才能把一切质量隐患消灭在萌芽之前或萌芽状态,将一切质量问题解决在生产过程之中。

(6)质量好坏要以数据说话的观点　质量问题容不得半点虚假,不能用"估计",更不能用"大概"、"差不多"等不贴切语言描述质量,只能用最公正、最实际的数据来表述好坏。

(7)质量是个系统工程的观点　要抓好质量,必须是由下而上,前后左右齐动手,都在"全"字上下功夫,做文章,只有使整个系统都动起来,质量才有真正的保证。

七、园林系统全面质量管理的基础工作

基础工作主要有六个方面,即组建质量管理小组(又称QC小组);标准化工作;计量理化工作;质量情报工作;质量教育工作;质量计划工作。

1.质量管理小组

又称QC小组。是在生产或工作岗位上,从事各种劳动的职工,围绕生产单位的方针、目标,运用质量管理的理论和方法以提高产品质量、工序质量、服务质量以及提高经济效益为目的,组织起来开展质量提高活动的群众性组织。质量管理小组的形式大体上有三种:

(1)班组型　在生产班组内成立的QC小组。

(2)跨班组型　由相互关联的不同班组、部门间成立的QC小组。

(3)攻关型　围绕解决关键质量问题而成立的QC小组。

QC小组一般5～7人为宜。

2.标准化工作

标准化工作是以制订和贯彻标准为主要内容的有组织的活动过程。标准是衡量产品质量和各项工作质量的尺度,也是生产单位进行各项生产技术活动和各项经营管理

工作的依据。质量管理的全过程都离不开标准。标准化工作包括两个方面的内容,即技术标准和管理标准的制定和贯彻。技术标准直接衡量产品质量和作业质量的技术尺度;管理标准是为提高产品质量、实现总目标而制定各方面的管理活动、管理业务的具体标准。加强标准化工作,对于实施全面质量管理,确保产品(工程)质量全优具有重大意义。

3.计量理化工作

计量理化工作(包括测试、化验、分析等)是基层生产的重要环节,是保证零部件互换、确保产品质量的重要手段和方法,搞好计量理化工作的主要要求是:需用的量及化验、分析仪器必须配备齐全,保证量具及化验、分析仪器的质量稳定,示值准确一致,修复要及时,并选择正确的测试计量方法,执行计量器具检定规程及有关规定等。

4.质量情报工作

质量情报指的是反映产品(工程)质量和供、产、销各个环节工作质量的原始记录、基本数据以及产品使用过程中反映出来的各种情报资料。它是改进产品质量,组织单位内外质量信息的原始资料的信息来源。为充分发挥质量情报的作用,一般要抓好三个环节:

(1)保证质量情报的准确、及时、全面。

(2)做好收集、整理、分类、立档等工作。

(3)建立质量卡片、质量档案和质量台账。

质量情报的来源主要有三方面:一是从产品(工程)实际使用中收集;二是从产品设计和生产加工中收集;三是从国内外同行业、同类产品的动向上去收集。

5.质量教育工作

为提高全面质量管理水平,质量教育理所当然地成为一项基础工作。质量教育内容主要有两个方面:一是一般的技术教育与训练;一是关于全面质量管理知识的宣传普及和教育,教育形式可以是:

(1)举办脱产或业余的质量管理讲座。

(2)鼓励并组织群众参与质量小组活动,针对质量问题改进研究。

(3)举办产品质量展览会,进行实物教育。

(4)编写发行质量管理手册。

(5)举办质量管理经验交流会。

(6)广泛开展产品质量信得过活动。

但是质量教育要有的放矢,讲求实效,不摆空架子,不走过场。

6.质量计划工作

开展全面质量管理必须有计划进度,按计划实现质量指标及质量升级活动。质量计划按时间长短可分年度、季度、月份三种,按目标内容又可分为:质量指标计划(合格率、废品率、一等品率);产品质量升级升特计划(Ⅲ→Ⅱ、Ⅱ→Ⅰ、Ⅰ→特);质量攻关计划。

编制质量计划时,质量目标必须明确,计划内容与目标必须一致。计划内容可归纳为(5W1H),即计划的必要性(Why)、目标是什么(What)、在哪里执行(Where)、何时执行(When)、谁负责(Who)以及如何执行计划(How)等。

八、全面质量管理的基本方法——PDCA循环

质量管理基本方法一般有:PDCA循环法、工程能力指数法、优选法(0.618)、正式试验法。城市园林绿化系统最适合于用PDCA循环法管理。

PDCA是由Plan(计划)、Do(实施)、Check(检查)和Action(总结)的英语第一字母简缩而成。即指质量管理应由计划、实施、检查、总结四个阶段组成。它是由美国学者戴明首先提出来的。戴明认为,质量管理这四个阶段是序次推进的,而且是按顺时针方向旋转的,且周而复始地转动,每转一周,质量级次提高一步。他将这种循环式转动形象地描绘成一个自转的环(以后人们把它称之为戴明环),这个环的转动即为PDCA循环。

PDCA循环有以下四个特点:①环顺时钟自转,环中P、D、C、A四个阶段工作在环内循序推进。这样反复循环,使产品质量不断提高,带动以质量为中心的整个单位的管理水平不断提高。②大环里面套小环。小环自转同时随大环公转,互相促进。大环中的小环是指工区、班组不同层次,也即工区、班组自己也要按PDCA管理,使质量不断上升,以保证全单位产品质量最佳。③PDCA每循环一次,环正好转动一周,质量随之提高一步,周而复始,不断提高。④PDCA必须连贯,不能机械,做到边想边干,边干边查,边查边改,边改边想,如此循环。见图11-1、图11-2、图11-3。

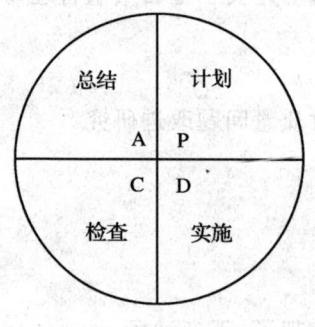

图11-1 戴明环

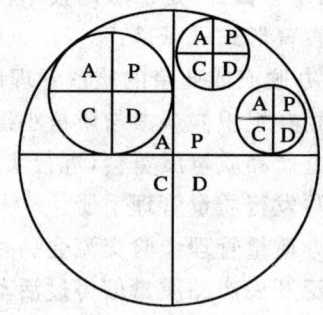

图11-2 大环套小环示意图

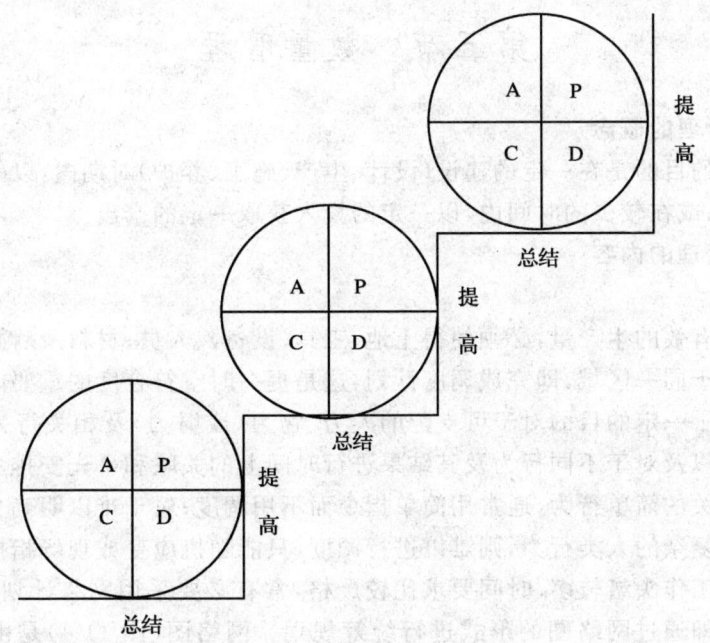

图 11-3 质量管理循环升级

PDCA 这四个阶段实际上分为八个工作步骤(表 11-1)。这八个步骤工作必须抓住:维持质量→提高质量→保证质量只升不降。

表 11-1　PDCA 工作步骤表

PDCA 循环	八 个 工 作 步 骤
计划阶段:P	①调查质量现状,找出存在的问题。 ②找出质量问题产生的原因。 ③找出影响质量的主要原因。 ④研究和制订出明确具体的措施计划。
实施阶段:D	⑤认真实施和执行预计的措施计划。
检查阶段:C	⑥检查执行措施计划的效果。 ⑦通过总结,巩固结果,把成功的经验形成标准化。失败的经验作为教训,防止重犯。
处理阶段:A	⑧把遗留下来尚未解决的问题转入到下一个 PDCA。

第三节 数量管理

一、数量管理的概念

数量管理的目的是在一定的建设（设计、生产、施工、养护）时期内，以较少的投入获取一定的产出；或在较少的时间内，以一定的投入获取一定的产出。

二、数量管理的内容

1. 调度

为了获得有效的生产量，必须使得土地、工具（设备）、人员、材料及后勤保障在一定的时间内集中于同一区域，即完成调度计划，这是提高时空符合度的重要内容之一。

调度是为了一定的目的对于可支配的人力、物力（或财力）及相关行为进行空间上的分工、定位，以及对于不同行为及其结果进行时间上的关联和事先安排。对于不存在分工和时间相关的简单行为，通常用简单指令而不用调度；对于难以明确分工和难以事先安排的过于复杂的人类行为，则难以进行调度，只能随机应变或现场指挥。

由于调度工作头绪较多、时间要求比较严格，常有必要采用网络计划技术（运筹学图论的分支），即通过网络图的形式进行统筹规划。网络图（图11-4）是由表示工序的箭线把表示工序开始时间及结束时间的节点连接起来所构成的图形。

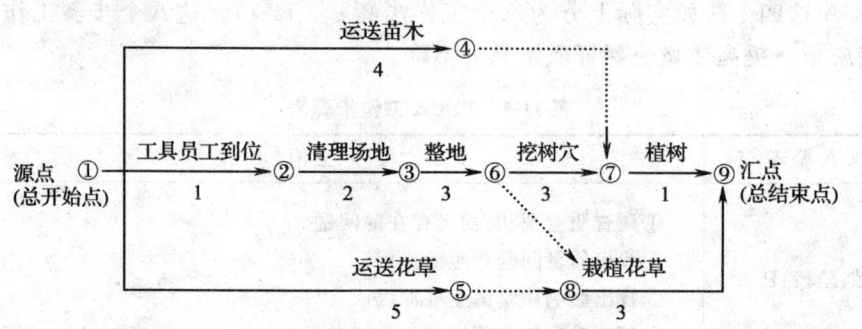

图11-4 绿地建设网络图（示意）

（圆圈内的数字表示节点内的序号，①是源点，⑨是汇点，箭线上的文字是工序内容，箭线下的数字是该工序所用时间，虚线表示不含工序即不消耗时间的先后次序。）

在总开始的节点（源点）和总结束的节点（汇点）之间，路长最长的线路所表示的工期之和就是整个工程的总工期。该线路称为关键线路，关键线路上的工序是关键工序。"线路"是从源点开始沿箭线方向依次到达汇点所经过的路径，线路上各工序的工期之和是该线路的路长。图11-4中线路①→④→⑦→⑨的路长是5，线路①→

⑤→⑧→⑨的路长是8,而线路①→②→③→⑥→⑦→⑨的路长是10。路长为10的这一条线路是关键线路,总工期是10。不在同一条线路上的工序叫平行工序,平行工序可同时分头进行,相互之间没有时间制约关系。

网络图的绘制规则如下:(1)只有一个源点和一个汇点,(2)任何一对相邻节点之间只有一条箭线,(3)没有循环回路,即没有首尾相接的箭线将若干节点连接起来,(4)没有曲线、交叉线和倒加箭线,(5)可以利用表示不含工序不耗时间的虚箭线。

上述规则使得网络图可以清晰地显示各工序的先后关系和平行关系,以及若干工序同时制约某一后续工序的关系——从任一节点发出的箭线所表示的工序,一定要在指向该节点的全部箭线(包括虚箭线)所表示的工序完成之后才能开始。

例如图11-4中从节点⑧发出的箭线表示"栽植花草"这一工序,它必须在"整地"和"运送花草"这两项平行工序都完成之后才能开始;另一方面,它又不必在"整地"之后立即开始,也不一定在"运送花草"之后立即开始,因此利用两条虚箭线指向节点⑧。如果去掉节点⑧,从节点⑤画虚箭线指向节点⑥,再从节点⑥画实箭(折)线指向节点⑨,就把节点⑥表示的开始时间当成了"栽植花草"的开始时间。但是,"栽植花草"可以在"整地"完成之后1小时开始而不影响总工期。因此,节点⑥表示的"开始时间"只是"挖树穴"的开始时间,它不能作用"栽植花草"这一工序的开始节点。同时,节点⑥不能用作"运送花草"的结束节点;节点⑦也不能用作"运送苗木"的结点,因此不能省略节点⑤和节点④,从而也就不能省略从节点⑤和节点④发出的虚箭线。它们常常表示有关线路上存在机动时间。

网络图显示了有关生产建设项目的总工期、关键工序和机动时间,它可以帮助调度人员争取最优的调度方案。例如,尽力缩短关键工序的工期,尽量利用机动时间,首先满足关键工序的机具和人力需要,必要时从机动时间多的工序调剂一部分人力、机具去从事关键工序。除此之外,还可以试探分解工序的新方案,或将已分解的工序进一步细分,从中寻找利用机动时间以缩小总工期的方案——机动时间被利用得越多,人力设备的浪费就越少,理想的调度方案是机动时间为零——人人有岗有事无闲。除了大机器流水线生产之外,机动时间很难达到零。尤其在园林建设中,不大可能实施过细的分工,因为苗花绿树都是有生命的植物,不大可能像其他工业原料一样事先储备,以供流水式作业。因此,对于工序的分解要适可而止,不宜过细。

网络图中每一个工序所有的时间,都有赖于"知己知彼"来进行估算。其中较易进行的估算是"己"——建设单位自身的人员数量、素质、设备能力、管理经验、技术水平;较难估算的是"彼"——立地质量和经济文化背景。尤其是经济文化背景,常常不易把握,导致原料供应紧张和"停工待料"现象,这不但要求管理人员注意公共关系从而"争取卖者,以便先于其他买者得到产品";而且事先要制定"替代"方案并留有"搜寻"时间。

2.定额

为了完成调度计划,组织生产,考核成本,必须进行预算及定额管理。工程预算是施工单位在工程开工之前,根据施工图纸、施工方案计算工程量,并在此基础上累计其全部直接费用,最后计算出单位工程造价和技术经济指标。园林工程概预算编制,一般包括如下步骤:

(1)在对设计图、施工图及现场调查结果进行分析的基础上,依据施工方案对拟进行施工的内容进行项目分类,分解出不同的单项工程科目。

(2)进行各工程量计算。

(3)参照相关定额规范及国家、地方或行业的相应法律、规章与设计施工要求,并进行单项工程预算。

(4)综合各单项概预算结果,编制出总概预算文件。

用于规划或初步设计的园林绿化工程预算,除按上述方法以外,对费用的估算,采用单位平均造价估费的方法进行。如在北京地区对园林绿化工程规划的估算经常用:单位面积费用估算×总面积,得出项目费用估算值的方法,即 50~200 元/m^2×总平方米数,得出该项目和费用估算值。

用作园林绿化工程招标、投标的概算,严格按上述步骤,并依市场情况及企业实际情况进行编制。

用于内部组织生产管理、核算等用的园林绿化工程概预算则应参照上述步骤和要求,根据企业自身的各种经营管理指标:如劳动定额指标、材料定额指标、机械定额指标及各种其他费用摊销等进行编制。下面就劳动定额指标作重点介绍,它是定额管理中的重要一环。

劳动定额,就是在一定的工作时间内应该完成一定的有效生产量。比较合理的定额是大多数工人都能达到或超过,同时又充分发挥工具设备的潜力的定额。例如美国人泰罗曾根据美国工人的体力,制造了 8~10 种大小不同的锹,在铲重物料时用小锹,铲轻物料时用大锹,使每锹的重量都接近 21 磅,依此规定工时定额,使劳动生产率提高了 2~3 倍。这是通过提高时空符合度以增加有效生产量的典型样例。另一个例子是,美国人福特采用生产标准化和移动式流水线作业以促成在线工人完成定额从而提高劳动生产率。

由于定额管理涉及到相当具体的操作行为,所以还与人类行为的动机、外界的环境刺激以及相互协调和程序等因素相关。计件工资、责任承包、轻松音乐、问寒送暖等管理方法,都对提高定额具有一定的作用。

对于可分解为更简单的操作和动作的工序(如可将图 11-4 中"挖树穴"分解为"插锹"、"撬起"、"翻出"、"铲边"),只要测出每个动作或操作所需的平均时间,就可根据树穴大小计算出该工序的个人劳动定额——时间定额,即每树穴所用时间,或产量定额,即每工作日完成树穴数。定额时间除包括上述直接实现操作过程的"作业时间"之外，还应加上相关的准备和结束时间，在树穴之间移动的中断时间以及工间休息恢复体力及饮水排泄等必要的生理行为的时间。总的来看，作业时间是定额时间中最主要的组成部分。确定作业时间应对若干测时对象测若干次，一般应在上工后、收工前及二者之间各测1次，对先进者及平均水平者各测几人，最后计算平均值并分析后者的改进余地。

对于较难分解和测定作业时间的工序，例如"整地"和"植树"（见图11-4），常需根据"经验"（时、空参照）来"估工"，并确定时间定额。对于存在更多不定因素的工序，例如"清理场地"，还需要进行"试工"，分几组几次进行，估算对某一特定场地进行清理的时间定额。显然，这只有对较大场地进行园林建设时才有经济效益。"试工"本身应作为一个工序纳入调度计划和网络图（见上文及图11-4）。

由于园林建设多在露天下进行手工操作或半机械化作业所以受风霜雨雪、土壤地形等因素影响很大，常常难以制定普遍适用的准确定额。因此，提高劳动生产率的主要措施常是以承包责任制或目标管理为主，即对于不能按时合格完成工序（达到目标）的承包个人或单位给经济惩罚，反之则奖励，且层层实施被分解的各级目标管理。管理者并不过细控制，只进行总体控制。承包制常可调动承包人自身的潜力和创新精神，缺点是结果并不稳定——如果承包人不能按时完工，经济惩罚并不能弥补有关园林建设的损失。此外，由于承包合同不可能面面俱到，某些承包人还可能利用各种借口（如供应不及时等其他"客观原因"）来逃避经济惩罚，或引发各种法律纠纷。

3. 进度

无论实施标准化定额制还是承包定额制，都可能因为执行过程中伪条件变化而出现误差。因此，还必须对园林建设的实际进度进行有效管理。尤其是对于关键工序，应该定期检查进展情况，如发现进度迟缓，应及时采取补救措施，又如增加人员、设备、资金、组织新的建设队伍等等。

能否有效实施进度管理是对管理人员应变能力的考验，而应变能力对于特定建设项目来说，正是管理人员的最重要素质。因为能否最后完成有效生产量的最基层决策就取决于管理人员的应变能力；也因为"养兵千日，用兵一时"，无论是网络图也好，制定定额也好，都还是"纸上谈兵"，只有落实到建设进度如期完成，才可以说是"真刀真枪、克敌制胜"。

即使最好的"学说或理论"，也只是拥有较多证据的"软科学"，而不是屡试不爽的"科学"，因此，管理实际本身决不可能由书本知识替代，优秀的管理人员一定是具有实践经验的人员，决不能指望初出校园的学生很快成为优秀的管理人员（他们很有可能成为优秀的科研人员、秘书、智囊，甚至教师）。

应变能力的培养不只取决于实际经验，同时取决于管理人员的知识背景、心理定势及智力素质。

过于注意"科学规律"以及过于执着"亲身阅历"的人员，都不易培养出较好的应变能力；以"事实"的积累为知识背景而又不局限于"个人事实"的知识背景，好"用时空整合事件"知识的人才较易培养应变能力。有关人员对于前人和他人的管理实践应十分重视，但不轻易地概括和理论化，只把经验教训作为同类事件的参考。相应的教学也主要传授"事实"，如"经济管理大事典"、"成功企业若干例"等等；而不应只传授"规律"或教条。

从心理定势来看，过于注重抽象思维和过于注重形象思维的人都不易培养出较好的应变能力，前者易脱离事实进行"超越"引申（俗称"钻牛角尖儿"），后者易沉溺于个别事实而以偏代全（即"感情用事"）。优秀的管理人员应该善于通过对事实的比较来恰如其分地进行"集群建类"和"归纳分析"，寻找事实之间的共同点和差异点。

至于智力素质，在智商、敏感性、内驱力等方面因人而异，可教性较低，但在"智力训练"方面，则与受教育水平相关。对于现代的管理人员来说，简单的审美教育（天真思维或非科学思维）和规范的理念教育（理智思维或准科学思维）固然不敷应用，就是实验的科学教育（科学思维）也是不够的，还应该上升到权衡的系统教育（系统思维）。即认识到作为复杂系统的社会或经济系统，不仅内部的因素或变量很多，而且受到外部因素或变量的约束和影响。管理人员必须经常地、不断地进行系统权衡和误差调节，从而应付各种因素的变化（可简称为"权变"），并且尽可能地使变量从定性发展为定量，从而利用计算机进行辅助，以求实现经济目标（如保证进度）。有关变量及数量化可参见表11-2。而制定切实可行的目标的程序可参见图11-5。

表11-2 经济系统变量及数量化

外部环境变量		内在变量	系统管理变量	行为管理变量	程序管理变量	数量化
大环境	小环境					
1. 文化背景	1. 供应者	1. 管理机构	1. 系统模拟与预测（含生产要素）	1. 学习与校正	1. 计划	1. 经济决策数量化
2. 政治法律	2. 需求者	2. 执行者		2. 激励活力	2. 组织	2. 重要目标数量化
3. 科学技术	3. 竞争者	3. 决策程序	2. 功能反馈与调节	（指挥）	3. 调度	3. 主要变量数量化
4. 经济技术		4. 非正式组织	3. 信息中心	3. 协调秩序（团体力学）	4. 通讯与协调	4. 结果反馈数量化
5. 通讯与协调		5. 生态与资源				5. 质量标准数量化
		6. 科技状况				

表11-2中第一列"大环境"是由特定的历史及地理状况决定的,因此是相对稳定的时空特性。第二列"小环境"受大环境制约,并由人类心理及行为参与而成。第三列"内在变量"表述更具体的经济系统(如企业、施工队伍、行业部门等)。第四列"系统管理变量"和第五列"行为管理变量"分别从"整体"与"个体"的角度表述经济系统中的人类行为及其与环境的相互作用。而第六列"程序管理变量"则表述了上述行为的序化程序。

图11-5所示"目标管理"的重要作用就是制定合理可行的目标并通过分解目标和明确目标来"激励活力"、完善"通讯与协调"。

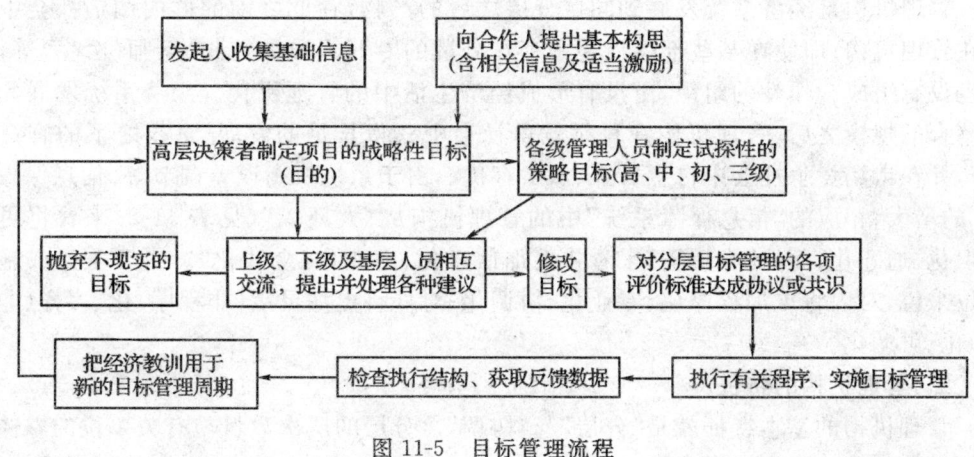

图11-5 目标管理流程

第四节 管理机构(组织)

一、管理机构的概念

无论进行质量管理,还是进行数量管理,都是以某些专职或半专职人员的存在为前提的。例如决策者、调度者、技术员、程序宣讲及监督者、质量检查员、数量核对记录员、财会人员、购销人员、安全防灾人员等,这些人员不同于一般的程序执行者(生产或施工中的工具操作者),统称为管理人员。由管理人员形成的分工明确的合作性组织(正式组织)称为管理机构。

组织是同类个体数目不少于两个而且个体之间既有分化(差异)又有关联(协调)的相对稳定的群体。社会组织是生物个体组成的组织(包括蜜蜂社会等)。其中,人类个体组成的社会组织也常简称为组织。

人类组织可分为正式组织和非正式组织两类。正式组织是不以年龄性别作为分工标准,而且具有明确分工和规章制度的人类群体;非正式组织是仅以年龄和性别作为分工标准的人类群体,或是没有明确分工和规章制度的人类群体。

除了官方机构与合法社团之外,许多黑社会团体也是正式组织。家庭和准家庭一般都是非正式组织。由于经常在一起相处而形成的较松散的小群体,也是非正式组织,如工厂和村落中的某些小群体,又如学生班级和体育队中的某些小群体等等。其人数少则二三个,多也不超过十几个、二十个。正式组织和非正式组织在功能上的最重要区别就是是否存在经常性的制度化管理,在结构上的最重要区别就是是否存在管理机构。

二、管理机构的发展过程

管理机构是经济系统发展到同域分层之后的产物,在此之前的群内调剂社会中不存在管理机构;即使在某些部落社会中存在分散的专职人员如酋长、巫师(医生)等,他们也没有组成合作性的组织,更没有形成经济生活中的管理机构。经济系统发展为异域整合的规模之后,管理机构在科举竞争社会中获得长足的发展(皇权之下的官吏士绅),并在市场竞争社会中自生自灭、汰劣存优。由于系统权衡误差调节等"信息保障需求"的增大,相应的"信息保障系统"中的管理机构从"大环境"(见表11-2)来看将更加知识化、通才化;而从"小环境"来看将更加信息化、商业化(金钱化)。对于生产或施工单位来说,对内将更加程序化、专业化、协调化;对外将更加灵活(非程序)化、多样(非专业)化、可调化。

三、管理机构的特征

管理机构的基本特征就是"分层"与"协调"。分层的层次数目与有关单位的整体规模及工艺技术的复杂程序(结构)直接相关。而协调程序则与管理水平直接相关。

协调程序是指下层服从上层指挥,同层之间的配合,以及上层对下层建议的反应程度。如果协调程度为零,则管理机构纯属虚设。正因为如此,"协调"是管理机构的基本特征——管理机构是分工明确而又"合作性"的组织。

正式组织中,上层人员的个人覆盖度一定大于下层人员。正因为如此,在非正式组织中往往有某些上层人员参与,否则很难形成有效的非正式组织。非正式组织在以"抗争"为观念价值的文化圈(如欧美)中往往干扰管理、减低协调程度;而在以"协调"为观念价值的文化圈(如日本、新加坡)中则可能有助于管理、增加协调程序。非正式组织是由于人们日常接触而形成的自发团体,虽没有成立正式组织,但是存在着"团体核心"、"外围"、"边缘"等层次,并在某种程度上协调着团体的行为,例如磨洋工,互相帮助,隐瞒过失,讲义气,互相督促竞赛等。

工业生产与建设(第二产业)的管理机构是"宝塔形",即层次较多且下层中的部门数和人数一定多于上层——最低层是10～15人左右的建制单位的指挥者,如班组长、维修站长等。班长负责操作规程及相应进度,并受次低层管理人员(工段长、车间主任、施工队长、某些职能科长、股长等)指挥。后者一般指挥3～6个同类单位或同一工艺流程中的相互衔接的单位。从次低层再向上,通常是一个相对独立的机构或建制单位的指挥者,如厂长(经理)、园林处长、绿化处长等。被指挥的次低层单位也在3～6个左右。

管理机构中的各层人员都是普通人,通常不易直接指挥太多的下属。才智较好的管理人员一般是"升层",而不是"兜揽"更多的直属单位(但1日2班或3班的单位,人数及班组等相应增多)。直属单位从类别上看,有可能少于3个,如绿化处下设绿化队和苗圃(图11-6),但从人数及建制上看一般仍是3～6个左右,即1个绿化处常下辖2～5个绿化队和1个苗圃。

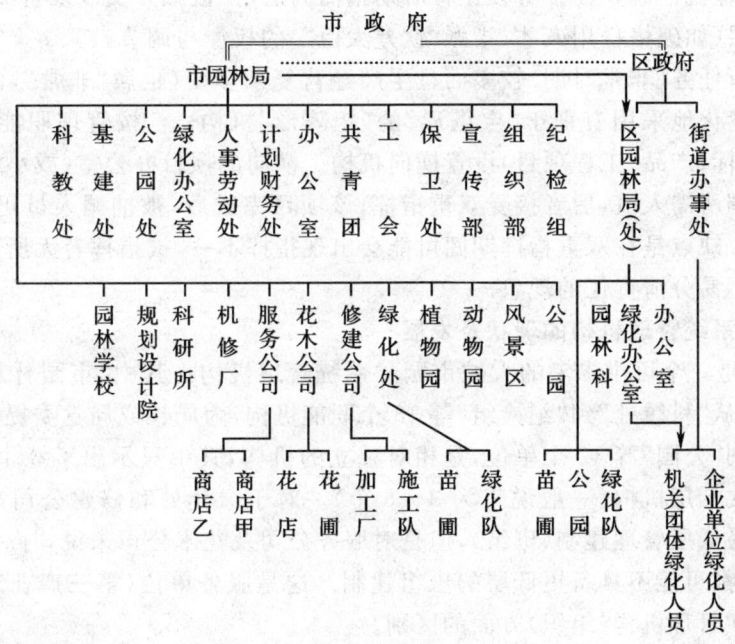

图 11-6 大城市园林系统机构示意

图例:—业务指挥 ＝行政关联(决策审批)
→业务指导 ……同层相关

相对独立的机构通常另外设有6～9个职能机构或办事人员以辅助其最高指挥者完成管理,例如技术室、人事室、计划财务室、供销室、公共关系安全保卫室等。这些职能机构通常都兼通内外,从而使整个单位与小环境及大环境相适应(参见表11-2)。例如引进或改良技术,聘用或调剂人才,资金往来及发放,物资采购与产品推销,与供应者(商人)、需求者(顾客)、竞争者处理好外部公共关系(如公关组),协调好本单位各部门及非正式组织或个人的内部公共关系(如工会)等。除此之外,对于兼具行政职能的独立机构,则还设有相应的组织人事、党团宣传、检查监督等辅助的职能部门。

把若干相对独立的机构整合为更大的行业实体,甚至跨行业、跨地区的实体,如大公司,则职能部门增长较少或不增长,而下属机构的数目则可能增长较快,其原因在于:在独立机构之上的各层管理比其下的各层管理要松散许多,管理的重点仍处在相对独立的机构之内。因此,愈是高层,愈易于滋生人浮于事的现象。另一方面,高层管理机构的存在可以避免或减缓"紧张状态"下的巨大损失(否则人类就不会走向"整合"),例如出现经济危机、社会动乱、竞争失利等情况时,较大的整合实体就具有较强的应变能力。因此,管理机构总是面临着在正常时期精简高层(如裁减开支以及官员),而在非常时期充实高层(如破格任用人才、指派"钦差大臣")的权衡与调节。

对于创新任务(非常时期)较多而且生产经营复杂多变(也属"非常")的公司来说,甚至可以制度化地采用有别于"宝塔形"的"矩阵形"机构——按管理职能设置纵向机构,按规划目标(产品、工程项目)设置横向机构。横向的项目办公室(或小组)从各纵向职能部门抽调所需人员,后者接受双重指挥;该项目完成后,被抽调人员仍回职能机构受单向指挥。缺点是在双重指挥期间可能会出现指挥不一,被指挥者无所适从,而且结果中的差错不易分清责任的现象。

四、园林系统管理机构的现状及发展

图 11-6 是一个可供参考的大城市园林系统管理机构。其中"市园林局"是整合性的行业实体,从"科教处"到"纪检组"等 13 个职能机构,为局长或局党委提供辅助,而从"园林学校"到"公园"等 12 个单位,是相对独立的机构,其中只示出了 3 个公司和绿化处的各两个次低层机构(一般说来为 3～6 个)。对于绿化处和修建公司来说,图 11-6 中没有示出最低层管理建制(班组),但是对服务公司及花木公司来说,"商店甲"、"商店乙"及"花店"都可能不具备更低层的班组建制。这是服务单位(第三产业)与工业单位(第二产业)在管理机构(组织)方面的区别。

农业(第一产业)与第二、三产业的差别在于:最低层管理单位常是家庭,一般不存在次低层管理单位(合作社及人民公社等时期例外),农户的管理常由相对独立的机构(如村长及其助理)直接进行。管理建制是"斗笠形"。其原因在于农业中的专职分工较少,工艺流程受环境约束而相对简单和松散,集约化程度较小。

与此相反,服务业则受需求牵引而趋于较多的变化,基层单位不宜过大;又由于专职分化出现在较高的层次,所以常常出现"纺锤形"管理建制,即高层、基层人数相对较少,而辅助性的职能部门的人数相对较多。

在园林建设中,图 11-6 中的"修建公司"和"绿化处"通常都是"乙方"或"施工企业";而"绿化办公室"或"公园处"等则是"甲方"或"建设单位"。施工企业完成的有效生产量(基本建设工程)全部移交给建设单位,同时向建设单位收取工程费用。任何一个建设项目(如"植物园"、"动物园"、"风景区"、"公园"、"机关团体"、"企业单位"、"苗圃"、"商店"等)的成立,都源于相关的经济决策。

在我国,有关决策的程序如下(图 11-6):由"公园处"或"绿化办公室"在调查、论证的基础上,编制计划任务书;经局长向市政府主管部门报告并批准后,成立建设项目。以此为依据而开始规划设计和投资概算(由"基建处"及"计划财务处"辅助),经批准后再下达给建设单位作为年度基建计划。建设单位(甲方)编制工程项目表,再由上级职能部门审核、备案,并通知施工单位(乙方)、物资部门、建设银行。常规决策至此完成。反馈阶段还有:在施工过程中,甲方有权进行监督检查(可委托工程监理进行,尤其对于易于偷工减料而又不易事后检验的项目,如水泥标号、混凝土内部空洞、地下基础等,应有检测能力)。

工程竣工之后,建设单位按照设计图、施工图及相关技术质量要求来验收;并向施工单位索取技术档案、有关资料及竣工图纸;在办理固定资产的转账手续后即可交付使用。若乙方不能满足甲方的合理要求,甲方可以拒收,建设银行有权拒付工程尾款。

甲方既是乙方的顾主,又是园林建设分工合作的最后一环。有关项目交付使用之后,就开始了以园林经营为主的行业功能。

新建单位如公园、苗圃等的管理人员及其他人员由图 11-6 中"人事劳动处"辅助公园处或绿化办安排;而园林学校、科研所等单位则由科教处与人事劳动处安排。

随着我国经济体制的改革和市场经济成分的增大,园林系统的绿化材料生产单位、花木商业单位、园林工业单位、园林施工单位、园林设计单位等,将逐步由原来的事业单位转为企业单位,与"主管部门"脱钩走向市场。这些企业的上述决策程序的最后决定权可能是"投资人"、"股东代表大会"或"董事会",而不是"主管部门"。

目前园林企业的经济体制改革方向是建立现代企业制度(如图 11-6 中涉及的园林公司、苗圃、花店、部分风景区及公园等),这里说的企业是指在社会分工的基础上,为适应市场要求,依法成立具有法人资格、自主经营、自负盈亏、自我发展、自我约束的商品生产和经营的基本单位,在市场经济条件下,企业有以下基本特征:(1)盈利性,(2)自主性,(3)风险性,(4)市场性。

现代企业制度是指适应社会化大生产需要,反映市场经济体制的要求,企业真正成为国际、国内市场的法人实体和市场竞争主体的一种企业体制,它主要包括:(1)完善的企业法人制度,(2)独立的产权经营制度,(3)债务的有限责任制度,(4)新型领导管理制度,(5)国际接轨的财会制度,(6)科学的内部规章制度。

现代企业制度的组织形式主要有无限责任公司、两合公司、有限责任公司、股份有限公司等。

第十二章 物质金钱管理

第一节 经　营

一、经营的概念

经营是为了减少无效消耗而进行的各种防御灾害破坏和促进物质金钱流通的程序行为,如安全、商业、财务、服务等。

生产出来的产品或施工完成的建设往往要通过公共分配系统或市场分配系统才能用来满足社会成员或集团的福利需要。与分配系统中相关的行业是"第三产业"的重要组成部分,即兼跨"技术行为"与"文化行为"或兼跨"技术行为"与"生理行为"的部分。

这种不只面向物质、能量、信息,而且面向"人"的经济活动,常被称为"经营"。经营是以减少无效消耗量为目的的程序行为,也就是说,经营活动的主要目的,已经不是积累有效生产量(Y),而是减少无效消耗量(X)——使得产品或建设能够"应用"或"运转"。而"应用"的媒介或"运转"的润滑剂往往是货币或金钱。

有些中文书刊把"经营"说成是企业为实现其预期目标所开展的一切经济活动,等同于"经济行为",从而包括了生产和建设。这样,就与我国经济生活中实际应用的"经营"一词的含义不符。我们说"由生产型单位向生产经营型单位转化",而不说"由生产型单位向经营型单位转化",其原因在于英语文献中的某些术语并不是与汉语"一一对应"的。在西方经济生活中不大需要把企业分成"生产型"和"生产经营型",而我国又不大需要把"管理"分成智谋型、导控型和行政型。因此,汉语中的"经营"并不等于manage或govern,"管理"也不等于administer。事实上,除了涉及二者差别的场合,中文书刊都往往把management译成"管理",而非"经营"。经济行为是受到一定的自然和社会环境制约的人类行为。我国受资源约束较紧,不可能以强烈的分工来开发利用资源,因此,不可处处套用西方经济在资源约束较松的环境中形成的术语。尤其不宜生吞活剥,否则,就可能导致"自己都说不明白,却要说服别人明白"的现象。

二、经营行为的内容

1. 安全行为

"安全"行为包括两方面:一是防护自然灾害,二是防护人为破坏。仓储、防雷、防

第十二章 物质金钱管理

虫、防鼠、活物的养护、基础设施的维修保养、环境卫生的清理等,属于前者,以技术行为为主。防人为失火、防爆炸、防偷盗抢劫等,属于后者,以文化行为为主。严格说来,"偷盗抢劫"不是真正的"无效消耗"——有关产品满足了窃贼抢匪的福利需要,他们也是社会成员的一类。但是,从"文化行为"的角度来看,偷盗抢劫等社会行为无论在哪一个文化圈中都是遭到排斥的(因为"占有器具"或"化物为奴"是早于其他文化行为的原初行为),因此也属防范对象。不过,在统计中,这一部分产品不是计入"无效消耗量",而是计入"游离覆盖度",其效果是减小"保障比积"。

2. 商业行为

"商业"行为也包括两方面:采购推销和包装运输。这是物质(含能源信息源)管理的重要内容——作为"商品"形态的产品、物资、设备等物质的管理。物质管理是物资管理、产品管理、设备管理、活物管理和基础设施管理的通称。其中,物资是原材料和燃料以及未交付使用的工具设备及活物,设备是除去随身工具之外的各种工具(手工器械、动力机器、仪器、电脑),活物指生长或衰败中的植物及非人类动物——对农林牧渔猎业来说,它们是有待开发或有待成熟的"资源";对园林业来说,它们常是已被开发的"产品",人类借靠它们来改善居住环境和休憩环境。基础设施是除去活物之外的园林建设,如建筑、管道、电力线等。产品则是各种终端消费品以及提供给社会(包括本单位)的物资。广义的产品还包括基本建设和各种服务。在园林生产与施工的过程中,也存在物质管理问题。但由于物质管理在园林经营中所占的比重更大,所以合并在本章中一起讲述。对于财务管理,也是这样处理。反过来,在经营活动中也存在质量管理和数量管理,如提高服务质量、完成销售额、提高设备利用率、提高资金周转率等等。

3. 财务行为

"财务"行为包括理财、聚财和保险3个方面。理财包括预算、收入、支出、决算、监督;聚财包括生产经营的赢利、征收、募捐、储蓄、发行债券股票货币,以及非法的聚财方式;保险包括投保和理赔。

通常所说的"财务管理"常兼含商业行为的管理,对某些部门来说,还包括"会计"行为。其实,"会计"是根据凭证对财金事务进行全面的复式记录以便核查(财务会计),往往不止于经营活动及钱财记录,还包括生产、施工等活动的记录及统计分析(管理会计)。"会计"行为的目的是提供基础数据、建立起数据档案并利用有关数据来改善管理。它作为"管理"的辅助,在层次上略高于安全、商业、财务。但是,由于某些机构的记录主要是财务记录,所以有可能把"财务会计"合并成一个子机构(图 11-3 中甚至把"计划财务"合并为一个"处")。

经营活动之所以要促进"物"与"钱"的周转,是因为一切搁置的"物"都会自然消耗;而一切搁置的"钱"也会逐步被贬为"废纸"或递减为微不足道的"心理安慰"——对于发展中的市场竞争社会来说,适度的通货膨胀是与产业升级相伴的正常现象,搁置的金钱必然逐渐贬值。

4. 服务行为

"服务"行为就是为了促进物与钱的周转而发展起来的,它与安全、商业、财务行为之间有不少重合,却又有所不同,它所提供的各种"服务"(service)常常是以信息成分为主(有利于物与钱的周转,甚至是"刺激需求"),与物质形态的"商品"(goods)和金钱都有所不同。服务行为包括面向法人(企业)、面向个人和兼营3个方面。企业服务包括管理咨询(如法律法规、管理模式、市场预测等)、会计审计、建筑及设备租赁、汽车服务、广告、公共关系、商品检验等。个人服务包括医疗保健、美容殡葬、教育培训、家庭服务、旅游消遣、宗教信仰、心理咨询等。兼营服务包括数据处理、法律代理、职业介绍、安全保卫等(从1984年起,美国劳工统计把原属于农业的林业和渔业也作为服务业,因为森林和水生环境已更多地与人们的休娱消遣相关,较少相关于提供商品)。

第二节　物资管理与产品管理

一、物资管理

1. 物资计划

在制定园林建设计划的时期,以及在进行年度预算时都要制定物资计划,相应地列出品种、数量、规格、到货期等项目。计划出台之后,应了解统一分配及市场上对有关物资的供应情况,制定采购计划(可纳入网络图,见图11-4)。对于十分紧缺的物资,除增强采购力量之外,还要考虑替代物资。总之,应保证"兵马未动,粮草先行"。

2. 物资采购

物资采购可采用定点协作供应、物资运输部门合同供应、市场供应等方式。在计划经济体制中,协作供应与合同供应适于大宗大量物资和计划分配的物资,并受国家统一计划的指导。市场供应则常用于小额物资。随着我国经济体制的改革和市场经济成分的增加,这种情况正在发生变化。

定点协作的优点是产需直接见面,减少中间环节,降低流通费用和无效消耗。这种协作的进一步发展往往形成联合公司或生产经营兼有的经济集团。但是,它受到终端产品或服务的制约,而且不易灵活转轨。

计划分配的物资有三类:国家统一分配(统配物资或一类物资)、中央各部分配(部管物资或二类物资)、地方平衡分配,它们受较高层经济决策的影响最大,同时也是各小单位的"公关人员"的用武之地。

市场分配(非计划分配)的物资在"资源约束"型的经济系统中,常常出现"卖方市场"、"供不应求"等情况,采购人员不但要有公关本领,而且要信息灵通。

3. 物资储备

物资储备(仓库)管理包括制定储备定额和保证定额储备两方面,并通过仓库管理来与其他管理环节(如预算、财务、取用)相衔接。

储备定额可分为经常性、季节性、保险性3类。经常储备定额等于每日平均需要量与进料间隔日数之积。如果物资准备日数(如播种前处理种子的日数,又如加工木材前干燥木材的日数等)大于进料间隔日数,那么储备定额就应该是每日平均需要量与物资准备日数之积。进料间隔日数是相邻两批物资入库时间的间隔日数。由于它受采购环节的影响,通常不是常数,所以经常储备定额往往取得较大,即把间隔日数估算过高。季节性储备定额等于每日平均需要量与季节性储备日数之积。季节性储备日数是因季节变化而导致供应中断的日数,往往要参照历史记载和往年经验来确定。保险储备定额等于正常储备定额与保险系数之积。保险系数根据往年到货误期平均日数及自然损耗率来确定。正常储备定额与保险储备定额之和就是仓库的最高储备量。在正常情况下,随着物资取用,最高储备量从进货日开始下降,直到下一次进货的前一日,达到最低储备量,即保险定额。

保证定额储备,就是在正常时期要把库存物资控制在最高储备与最低储备之间,防止超储积压和停工待料。在资源约束型经济中,许多企业常认为超储积压总比停工待料好,其实应该通过成本利润分析来进行权衡。至于从整个经济系统来看,库存积压所导致的无效消耗甚至可能成为制约整个经济发展的因素。因此,如何运用知识和信息来克服资源约束型经济的弱点,就是个十分重要的问题。

除了定额合理之外,仓库本身的管理也对保证定额储备具有重要贡献。仓库管理包括验收入库、登账立卡、定位摆放、防变质失窃、定期清仓盘点等项。验收时要核查采购手续(是否按计划)及单据(是否合法流通)、核查物资数量及质量(是否与计划及单据相符)。登账立卡及定位摆放通常采用"分类分区",即不同的品种、规格不相混淆,号码不相穿插,以保证账、卡、位、物相符。物资验收入账之后,财务才能核付销兑料款。防止物资变质是技术问题,常需制定相应规程;而防止失窃则涉及社会问题,既有赖于相应法规,又有赖于"公共关系"及管理人员的积极性(内部公关)。清仓盘点有经常性的自查和物资、财务、仓库联合检查两类,目的则是相同的:分析盘盈盘亏的原因,追究责任、堵塞漏洞;及时发现多余物资,尽量加以利用,减少无效消耗。

4. 物资取用

物资取用管理从仓库来看,包括核对计划消耗定额、填写领料单据(一式2～4份,料务、财务、用者等各持1份)、相关人员签章、凭单发料、登记入账、退料另填红字单据、鼓励修旧利废及节约使用、检查并控制私设"小仓库"等项。

这主要是从"取"的方面进行管理。从"用"的方面来看,常需专设材料工具保管员,明确各级签章人员。保管员的职责类似于仓库管理员,但在手续上可松可紧,行为上可正可歪,涉及到人事关系及其他文化行为。一般只能通过"内行"(心中有数)和"对比"(时空参照)来进行约束,同时要求保管员做好日常、季末、年末的记账、算账、汇总等项工作,定期清理节余物资、分析超额原因。取用管理的一头一尾是"数量管理"。"头"是计划的物资消耗定额,"尾"是仓库管理员以及班组长心中有数。后者之"数"与定额的差异在于:消耗定额是根据统计分析实际操作数据,或仅根据时空参照(以往经验、其他同类单位的消耗)来制定;而每一个班组在特定的时空条件下都有其特定的环境和消耗量。定额只是大框框,基层管理才是"真刀真枪"。日本企业的优势往往都在于上下一心,协调共进。

二、产品管理

1. 产品贮存

产品贮存与物资储备一样,需要有数量控制和仓库(贮运站)管理。一般说来,经常性贮存额度应等于每日平均出库量与平均出库间隔日数之积。在计划经济中,这往往是个不大的常数,甚至为零——生产多少,调出多少,然后由商业部门负责储存包装运输。但在市场竞争社会中,必须通过比较准确的市场调查和预测,以及通过与对手竞争,提高自身的经营水平和公关能力,才能把贮存产品控制在较少的数量水平。贮存越少,积压所造成的无效消耗量越少,实现效益量越高,产出实现率(即 S/Y)也越高。但是,由于人类需求受到各种消费心理的影响,对于某些特定产品来说,有可能在较多的消耗(较长时间库存)之后再投入市场而使得金钱上的盈利较大(成本利润率较高),即所谓"囤积居奇"效益。这往往要求生产者具有较长远的经营眼光,掌握宏观需求格局和市场信息动态,以制定合理有效的贮存额度。

产成品库或贮运站的管理与上节所述仓库管理的区别在于"防变质"一项是与生产环节紧密配合的——贮存中发现的问题往往要反馈到生产工艺之中来解决。例如木材的防腐;松香、生漆、桐油、茶油的包装等等。

2. 产品包装

包装在市场竞争社会中已不只是为了防变质、防损坏,同时还为了便于运输、销售和消费。尤其是果品、菌品(木耳、蘑菇等)、蜂蜜等产品,包装设计对于提高产品的竞争能力常有重要影响。商标名称及设计,以及按照国际惯例采用条形码(便于微机售货系统进行识别)等项,也有助于产品打开市场。内地某些大宗产品曾被港澳台及国外商人改为小包装而从滞销变为畅销,说明产品不只需要物质质量,而且需要文化质量,才能满足社会成员或集团的福利需要。

3. 产品定价

产品价格的确定对于计划经济来说,主要是通过总体平衡和决策目标的选择来确定有关产品在整个经济系统中的相应比重或份额。对于市场竞争社会来说,产品价格一般由均衡价格来调节。同时,经营者为了进入市场还常常采用一定的定价策略。例如,采用低于平均水平的"渗透价格",待产品在市场上站稳之后,再逐渐提高价格。又如,一开始就把价格定得较高("顶撤 skim 价格"),如果高消费者的购买总额太少,再逐渐削减价格。新推出的高新产品可以采用这种策略(赚取创新或风险利润)。

4. 产品流通

产品流通管理以商业行为为主,除商业部门之外,生产经营型单位也更密切注意市场信号,利用广告和其他合法的公关方式促进产品流通。

5. 售后服务和反馈

产品管理还应包括售后服务和信息反馈,减少无效消耗。

第三节 设备管理

一、设备安装及调试管理

设备安装既可能在基本建设阶段完成,也可能在生产经营时期的新增与更换中进行。安装质量的管理与一般生产施工的质量管理没有什么不同,即包括制定规程、执行规程、检查执行情况、纠正违规或修改规程第一级环节。不同之处在于:安装质量的标准除了静态的数量标准之外,还有动态的运行状况——通常要通过调试来检测。设备调试应由称职的技术人员进行,除了与安装质量相关的水平度、震动性等之外,还要检测设备说明书上载明的各项功能是否达到要求。尤其对于一些较复杂的高功能设备,如果调试水平不足,就可能在低功能状况下运行(操作者根本不知道有关设备具备较高功能),形成"小用"无效消耗量。这样就浪费了设备潜力,降低了时空符合度,也降低了购买有关设备所用较高资金的经济效益。

二、设备高效运行的管理

设备高效运行的管理基于合格的安装与调试,同时相关于"物资计划"和经营水平。如果在制定计划时无视经营特点,盲目追求大型设备和先进设备,那么无论经营水平如何,都不可能使设备高效运行,不可避免地出现"高射炮打苍蝇"式的浪费("小用"无效消耗)。经营水平对设备高效运行的作用在于:尽量促成满额运行,减少低额运行和闲置,从而减少"小用"无效消耗。满额运行俗称让设备"吃得饱",这就要求设备拥有足够的生产任务和服务对象,也就是受到需求牵引。如果经营不当,业务太少,就往往会出现低效运行或闲置。设备利用程度的指标是设备能力利用率(实际利用与利用能力之比)和标准产量实现率(实际产量与设备可达到的产量之比)。每台设备的利用能力是设备在满额运行的情况下一年内按正常工作日计算可达到的功能及相应数额。

设备可靠运行的管理基于安装调试质量,同时要杜绝超载运行、预测检验隐患、总结事故教训。尤其涉及高空、水中、电击等人身安全的设备,绝对不能见利忘义,仅仅因为"生意兴隆"就超负荷超时间运行。预测检验隐患除根据环境变化(如气温过高、湿度过大等)进行之外,还可根据设备运行状态变化的数据,利用概率统计或随机过程等数字模拟来加以分析论证和检测。可靠性管理的这一领域尚处于新兴阶段,有待开发。总结事故教训并进行统计分析,制定相应的安全规程,在目前仍是可靠性管理的主要内容——"亡羊补牢,未为迟也"。人类的进步常常是以一定的代价来换取的,只有"重蹈复辙"才是真正可悲的,当然也是不经济的,不但增大设备的无效消耗量,而且可能危害人类自身,从而违背了发展经济的目的。

三、设备保养维修的管理

设备保养维修的管理包括环境调节、合理操作、清扫润滑、定期检修以及及时排除故障。除了设备说明书特殊指明的设备工作环境之外,大多数设备都不宜在过热、过湿及尘垢环境中运行;如遇这类环境,应设法通风降温,除尘扫垢。合理操作即不宜使设备超越说明书的指定范围运行,对于贵重设备,应制定操作规程。清扫设备和润滑加油应成为日常规范。定期检修则根据设备使用频度和损耗经验记录来进行,无论有关设备运行是否正常,到期都应进行检修,以便排除隐患。对于某些并不贵重且不会危及人身安全的设备,也可延期检修或不检修。其前提是设备本身的可能损失小于停工检修所引起的经济损失。由于园林经营的季节性较强,有的专用机具在忙时不必安排检修,但在闲置之前应该检修保养。设备故障应及时排除,否则设备就处于无效消耗状态。设备保养维修的管理指标是设备完好率(完好设备台数与实有设备台数之比)和设备动用率(设备实际运行时间与设备按正常工作日计算的可运行时间之比)。排除故障及定期检修常由专职维修人员进行,但随着管理水平的提高,操作人员也应具备相应常识。正如一个司机学习修汽车,不但可及时排除较小的故障,也对于合理操作大有裨益。较大设备的维修可按"大修—小修—小修—中修—小修—小修—大修"的周期进行。

四、设备折旧报废管理

设备折旧报废管理与更新换代的管理是相辅相成的。设备在运行中不断磨损、变形、腐蚀、结垢、老化,逐渐丧失功能;有关设备的利用能力与可达到的产量都会降低,如果不作折旧,那么"设备完好率"、"运用率"就会与"设备能力利用率"及"标准产量实现率"出现矛盾,只有适当折旧,才能正确了解已有设备的能力,安排更新措施,从而保证以一定的质量和数量完成有效生产量。例如,如果1台设备的年折旧率是5%,那么用过1年之后,就只能按照0.95台设备来计算其标准产量实现率。用过20年之后,就结束其使用。当设备寿命结束后,应予以报废,重新购置所需设备。设备寿命的估算与物资管理直接相关。在"资源约束"型经济中常以设备的"物质寿命"作为指标,即有关设备的利用能力为零且无法修复时,才予以报废。其原因在于设备一旦报废,就脱离了正常管理;由于存在需求,有关设备可能被用来非法赢利、以次充好、扰乱市场,从而损害经济秩序,如地下废旧汽车市场等。在"需求不足"型经济中,多以设备的"赢利寿命"(常被称为"经济寿命")作为指标,即有关设备的检修费用的投资效益小于购买新设备的投资效益时,就予以报废。其原因在于人们受"最大利润准则"支配,宁可浪费资源,不愿减少金钱收益。在"信息保障"型经济中,则应以设备的"系统寿命"(常被称为"技术寿命")为指标,即有关设备落后于新技术发展而导致浪费资源或污染环境时,予以报废。

五、设备更新换代的管理

重新延续"物质寿命"或"赢利寿命",称之为"更新";获取新的"系统寿命",称之为"换代"。设备更新又分为"修旧利废"和"购置新的固定资产"两类(在计划经济中,前者决策易而后者决策难,因为修理费用可以报销,而购置费用则需重新立项。设备换代也可分为"技术改造"与"汰旧用新"两类(在计划经济中,前者较易而后者较难)。

第四节 活 物 管 理

一、生态、代谢、繁殖、驯化

活物管理是园林经营与其他产品或服务的经营所不同的方面,常称为"养护"。"养"与"护"分别涉及技术行为和文化行为两个方面,相应的管理程序涉及"规程"和"法规"。其中,水、肥、草、虫等管理规程是为了保证植物的生态条件、新陈代谢;对于动物来说,则还有饮食、活动、卫生、医疗等。一般说来,园林经营中的动物还有繁殖和驯化等技术行为需要由专业人员管理。植物如花卉、树木等可以在花圃苗圃中引种、繁殖,动物却往往难以专设生产单位,只能由经营部门如动物园、森林公园等一并进行。其原因在于,除了猫、狗、金鱼等宠物的经济需求有可能使有关的生产行业相对独立之外,其他的非畜牧业动物,都还只能作为稀有资源饲养并繁殖于动物园中。动物园的数目远远少于其他园林,拥有较多种类动物的动物园至今为止还仅见于较大城市。

二、修剪、改良、更新

园林植物的修剪、改良、更新等既涉及技术行为,又涉及文化行为——有关审美方面的文化行为。对于技术方面的管理,程序性较强,但对于文化方面的追求,则程序性较弱,并且与不同文化圈相关——西欧北美往往注重显示人类改造自然的能力,以强度的修剪加工为美;我国往往注重人类与自然的协调,以不饰雕琢为美。应该指出,这二者不是互斥的,而是可以互补的。管理者应该扩大自身的审美情趣和范围。

在"更新"管理方面,合理"存旧"是园林经营中最为特殊的内容。人类文化行为的动因之一是"刺探隐秘",而愈是古旧的活物,愈具有揭示时间隐秘的功能。活文物的价值甚至比死文物还要大,有的公园甚至可以仅因其千年古木而名扬天下。因此,园林经营不仅要对古树名木进行特殊养护,而且要诉诸现代科研,采取复壮措施。除此之外,目光远大的经营者还应该有意识地筛选可能长寿的植物加以特护及保存,随着岁月的推移,它们之中就可能产生"传园之宝"。

三、防止人为损害

防止人为损害动植物的管理可分为"疏导"与"阻禁"。用导游图、指路标、斜向穿插小路等疏导措施可有效减少游人"找路"或"抄近路"等"最小耗能"行为造成的活物损害。设置公安机构或巡查人员是对有意破坏活物者的阻禁以及对无意破坏者的示警。除了直接损害活物的行为应该防止之外,还应防止间接损害活物的行为,例如破坏环境卫生、排放有害气体及污水、污物等。对人的阻禁是有相当对抗性的社会行为,往往需要制定相应的法规。

第五节 基础设施管理

一般说来,基础设施(建筑、道路、椅凳、管道、电力线等)都是比较牢固、经久耐用的"产品"("有效生产量"),无需纳入日常管理范围。但是,园林中基础设施的使用频繁程度较大,使用者又是被服务的对象,对有关设施要求较高却并不一定去加以爱惜,因此,往往需要经营者加以适当管理。包括以下方面:

一、清洁卫生

保持清洁卫生包括清扫各处杂物垃圾、打扫消毒厕所、清除水面污物等。通常专设班组,并实行分片包干:定人、定地段、定要求(指标)。必要时经上级统一规定有关"随地吐痰罚款"、"随地大小便罚款"、"禁止吸烟"、"禁止乱扔乱堆杂物"等条款,同时设立"果皮箱"、"吸烟角"等加以疏导。

二、制止随意刻涂

制止随意刻涂是园林设施管理中十分特异的内容。人们在获得闲暇而去园林休憩时,最易产生"超越自我"的需求,而对不少人来说,把自己的大名刻在赏心悦目之所,仿佛就具有超越时空的意义。至于题诗作画,乱写乱涂,也使人抒展闲情雅致。因此,园林中不妨专设某些区域及设施,供游人尽其游兴;同时制止游人在其他区域随意刻涂,以保持基础设施的完整和整个园容的整洁。

三、维修设施

设施维修应及时进行,"一针及时省九针"。无论是道路房屋、碑匾亭台、楼阁池桥、山石湖岸、供水排水、供电供暖还是露天桌椅等,及时维修不仅可以减少无效消耗量,而且可以减少坍塌毁坏。保持园容,也就是保证园林服务的质量。其中,具有文物价值的古旧设施,常需专业化的施工维修队伍进行维修。为了保持原貌,甚至要利用现代新工艺重现古代旧面貌。在维修施工期间,如果仍然向游人开放其他园林设施,那么还需对施工中的材料运输及堆放以及操作现场划定区域、加以隔离;必要时夜间运输。施工准备及调度应仔细筹谋,一旦开工则应连续进行,决不拖延工期。

四、防范违章建筑

防范违章建筑主要是针对商业性服务站、棚,同时包括流动性商业车辆。尤其对于绿面时间比本来就比较小的园林,如果"见利忘义",把有限的空间租让给商业摊点,就违背了以园林经营的宗旨。

第六节 财务管理

一、财务管理的概念

财务是关于货币或金钱的事务,在早期人类的群内调剂社会中,只有物质管理,没有财务管理。在同域分层社会中,财务管理所占的比例较小。但是在异域整合社会中,财务管理的重要性大大增加。尤其在市场竞争社会中,财务管理几乎成了调节经济活力与经济秩序的唯一杠杆。

财务管理可分国家、地区或部门、基层单位、家庭或个人等4个层次,其中,收支管理分为预算、支出、收入、决算、监督等5项内容。正式组织的预算一般要由上级机构审批,国家预算在现代多由人代会或议会审批。

二、财务管理的内容

1. 预算管理

预算是相对独立的经济实体对于未来年度(或若干年)的收入和支出所列出的尽可能完整、准确的数据构成。以私有制为主的国家预算中,来自分配、消费子系统中的税收是主要的收入构成,而来自生产子系统的收入较少。以公有制为主的国家预算中,来自生产子系统中国营企业上交利润的收入占有较大比重,对于集体及个体经济的税收也不以分配(流通)或消费子系统为主,而是含有生产利润分成的成分。在所有权与经营权分离的情况下,收入构成往往兼有上述两种所有权的特征。

支出构成对各国来说大致相似,包括议会(人代会)、行政、司法、国防、外交、科学文教卫生、社会福利保险、国家经营的交通运输、环境、住房及其他项目,如偿还国债的利息等等。某些国家还包括执政党的费用,我国同时包括民主党派社团的费用。

此外,国家掌握造币特权,可从货币流通中获取收入。对于发展中国家,则可能从国际硬通货币的流通中超额支出,常需实施比发达国家更严格的外币管理。

地区或部门的预算收入与国家类似(国营企业需相应改为地方企业,国家税收需相应改为地方税收等),但在预算支出方面,通常不含国防、外交等大项支出。基层单位的预算收入对于企业单位来说主要是借贷、自身盈利及股票集资,而对事业、行政单位来说主要是国家或地区拨款以及社会性赞助与集资。园林单位常介于企业单位与事业单位之间。基层单位的预算支出主要有工资、物资、管理费用等。支出与收入可用来评价有关单位的资金财务效益。

对于没有经常性收入的园林单位,如行道树养护单位等,预算管理是全额式的,即所需预算支出全部由上级主管部门中的相应预算拨款,所取得的各种收入全部上缴。

对于有经常性业务收入的单位,如公园等,预算管理是差额式的,即单位预算中的一部分支出由自己的收入来支付,大于收入的支出部分由上级预算拨款来支付,而大于支出的收入部分上缴,作为上级预算的收入。

对于苗圃、花圃、公园内部的餐厅、照相部、花木商店等,其产品或服务受需求影响而周转较快,盈亏幅度也受经营水平而起伏较大,所以可实行企业化预算管理,即预算收入全部来自单位自身的收入、集资或贷款,不含上级财政的预算拨款;同时,预算支出(包括上缴利润和税收)由预算收入来支付。

由于园林业是比较新兴的行业,编制预算的依据有待积累。下面是可供参考的养护支出项目:人员工资及福利补贴、环卫费、树苗充实补种费、除虫费、肥料费、水电费、树桩费、花卉费、维修费、工具材料费、其他费用(包括防台风、火灾等不定灾害的费用)。将这些项目劳动定额及物资消耗定额等加以汇总,可制定"经常养护支出定额"。如上海市1984年定额,街道绿地:一级每亩* 762元,二级每亩508元,三级每亩304.80元,林带每亩254元;行道树:胸径25cm以上悬铃木(大树)每株8.80元,胸径25～15cm悬铃木(中树)每株5.70元,胸径小于15cm悬铃木(小树)每株3.50元,其他树种不分大小每株2.93元。预算愈细,愈能准确评价资金财务效益,也有可能开源节流。例如上述树苗充实补种费中,树苗价格由立木价格、起苗运输销售价格、相应比例的税收价格等组成。如果立木价格很高,那么自办苗圃往往是一种有效的节流措施;相反,如果起运价格很高,那么自派人员与车辆去起运树苗更能节流。

2. 收入管理

收入管理就是由财务职能机构(处、室等)核准、纳入、记录每一项收入,并加以汇总。其中,上级拨款、折旧提成、发行股票及借贷收入有较严格的审批程序及拨付途径

---

* 1亩=666.6m²。

和手续,因此,收入管理的重点是在经营过程中所获得的收入,即出售产品和提供服务所获得的收入。这些收入来自各种顾客个人或社会团体(法人),也可能来自政府的消费活动。如果管理不善,就可能因为多收或漏收而影响物与钱的周转——多收影响信誉,减少了顾客,漏收则减少本单位收入;管理不善还可能造成财务漏洞,为贪污盗窃者提供获取非法收入的机会,其结果是扰乱正常经济秩序,提高游离覆盖度,从而降低保障比积。

收入管理的主要措施是对每一项收入都建立相关的票、据、凭证,售票及开出凭据的人员接纳货币金钱,交出产品或提供服务的人员核收等值票据,二者在财务部门汇总核对。如果出现金钱与票据不等值的情况,就要追查原因,堵塞漏洞。票据本身应连续编号,不得伪造,不许涂改。主管部门和监查部门还应经常抽查核对,鼓励公民对于财务漏洞进行检举揭发。用一句不好听的话来说:为了减少财务漏洞,就必须把每个"与钱打交道"的工作人员都当成"小人"甚至"恶人"来管——如果只是"防君子不防小人",那就用不着财务制度了。

园林收入的项目主要是:门票、游艺服务(如游戏机、摄影、录像等)、花卉苗木等产品、罚款(票据不回收,需另行核查)、提供场地、专项旅游、饮食商业等。由于收入管理人员常与"开辟财源"相关,业务往来较多,因此对于增加收入的项目开发常能提供具有建设性的建议,以供决策者参考。然而,由于"经济"决不等于"财务",决策者不宜仅从"财务"的角度来进行决策。例如利用公园水面养鱼,虽可增加生产收入,但是如果降低了绿面时间比或降低类别面积复合比,就影响了公园为园林需求提供服务的质量。

3. 支出管理

支出管理是由财务职能机构(处、室等)核准、付出、记录每一项支出,并加以汇总。其中,除在编人员的工资及统一规定的补贴是相对稳定的支出项目之外,大多数支出都需要逐项核准其财务依据(预算、计划、专用等),以及有关的费用开支标准(开支范围及额度),核准其财务手续(票据、签章)及数额。

支出管理不善与收入管理不善的后果相同,过多及过少的支出影响物与钱的周转,还可能为吃里扒外、贪污盗窃造成可乘之机。支出管理的主要措施也与收入管理相似,即每一项都要有收款人签章,除稳定日常性支出如工资外,还要有票据等凭证,有主管人签章和付款人签章。支出汇总后要与财务依据相符,否则就要追查原因、堵塞漏洞。对于伪造、涂改票据等行为应有制约措施(如定期或不定期检查)。

支出管理人员应该熟记重要的费用开支标准,正如法官和律师应该熟记重要的法律条款。此外,还应该了解并能及时查找一切有关的费用开支标准,以保证各种支出的合法性。费用开支标准主要分为国家、地区及部门、基层单位3个层次。愈是高层厘定的标准,愈具有较强的法律性规范力。例如国务院关于限制社会集团(机关、团体、部队、企业、事业等法人实体或单位)购买力的费用开支标准,就比某单位自行规定的一次报销现金(非支票)的费用开支标准具有较强的约束性。再如基层单位的预算内的各项开支费用,如基本建设资金、事业拨款、专用拨款、生产或经营周转金等,一般是由上级主管部门批准的,也比单位内部的费用开支标准有较强的约束性,不可移作其他用途,更不能用于预算外开支。而某些具有特定资金来源和专门用途的专项资金(如从木材、竹材和部分林产品销售环节征收的育林费),也必须专款专用。

支出管理人员有权拒绝支付违反财务规定的资金。由于支出管理人员常与"资金流出"相关,因此对于"节流"(节约开支)常可提供具有建设性的建议。财务主管人员与出纳人员的协调,对于财务管理具有的重要性,正如生产、施工的管理人员与操作人员的协调,对于质量管理的重要性一样。

4. 决算管理

决算是相对独立的经济实体对于过去年度(或几年)的实际收入和支出所列出的完整、详尽、准确的数据构成。它与该年度(或几年)预算的差异源于实际收支环节出现的各种条件变化以及预算外收支(通常另外制表,附于总表)。决算结果比预算方案具有更强的实践性,一般都成为后续预算的基础构成(时间参照)。

有关经济实体在进行年终收支清理(结清预算拨借款、清理往来款项、清查财产物资)后制定决算表格,其中包括决算收支(资金活动)表、基本数字表、其他附表等三类:

第一类如收支总表、收入明细表、支出明细表、分级分区表、年终资金活动(预算资金的分布和运用结果)表、拨入经费增减情况表等。

第二类是以机构、人员为主要项目列出的开支统计表。

第三类是对经济实体内部的不同组分所制成的收支决算表,如卫生支出医疗机构收支决算表,文化支出剧团收支决算表等,用来显示差额预算单位的金额收支结果。

其中,第一类的"总表"内同时列出"预算数"与"决算数",以利分析比较。第二类常列出年末人数、车船数等以及相应的全年平均数,以显示变化情况。

决算编成后,一般要写出决算说明书,用文字概括表内情况、分析成败得失、总结经验教训、提出改进意见。

介于预算与决算之间的总结、调整、改进方式是季度收支计划,即对上一季度的收支情况逐项核算,及时扬长避短,争取全年平衡。尤其对于受季节影响较强的农林、园林等经济实体来说,这类计划有其必要性。

5. 财务监督

财务监督是人类社会中最重要的两项以"收集社会行为信息"为业的专职分工

之——对金钱的监督。另一项是"行政监督"——对权力的监督。金钱与权力对于异域整合社会的重要性使得有关社会对于它们的监督具有了较大的边际效用和需求。尤其在市场竞争社会中,金钱多少决定了人们对资源的占用。除了纯真的青少年和极少数"谦谦君子"之外,大多数人都不拒绝从各种漏洞中掉落到自己手中的金钱(不违法),还有少数人主动去寻觅漏洞,甚至违法攫取金钱。尤其在推崇金钱而又缺少信仰或"国魂"的社群中,"最小耗能地"非法获取金钱往往成为相当普遍的日常行为。因此,为了维护经济系统的正常秩序,从而满足社会中各成员和集团的福利需要,有必要进行财务监督,堵塞财务漏洞,打击违法谋利,促进货币的正常周转。

由于财务监督对现代经济系统十分重要,往往从不同的两套机构同时进行,即财务职能机构和审计机构(我国已于1983年成立国家审计署),以及股份制企业中的会计部门和监事会(股东会在推选董事会的同时,一般还要推举相对独立于董事会的监事会,监事会最重要的作用就是进行财务监督)。

财务机构上级主管人员除了主持预算、决算及日常管理之外,其重要职责之一就是对下级人员进行财务监督;下级财务管理人员也有权检举揭发上级主管人员的违法违规行为。上述收入管理和支出管理中的各种措施,就是为了便于监督而设,其主要内容就是尽量保证每一笔金钱都有据可依、有人可证、有档可查。其中,"有人可证"不是1人,而是至少2人,他们都要在有关票据上签章。上级对于下属实行日常财务监督的重要方式就是抽查票据,主要是看是否有据可依、是否合乎手续、有无涂改以及有否明显超额或亏缺。为了防止同谋作弊,必要时还需将票据与实物相对照(如清仓查库),以及与实际编制相对照(防止"吃空额")。

定期财务监督的主要方式就是清点对账,如清仓、年终收支清理等等。后者既是决算的准备,又是清查票据并实施监督的重要内容。决算汇总之后,还可从总体的盈亏情况分析原因,发现漏洞(如随意借支、非法挪用、白条抵库、套取现金、私设金库等)。必要时向检查、司法机构申请立案。下级对上级的揭发一般只有通过更高级主管机构或检察、司法机构才能实施有效监督。

审计机构是与财务机构并立的机构(同属行政主管)。审计机构的唯一职能就是进行财务监督或审查,具有独立性、公正性、权威性。审查内容主要是:审查核算会计资料的正确性和真实性,审查计划和预算的制定与执行,审查经济事项的合理性和合法性,揭露贪污盗窃和投机倒把等各种涉及金钱的违法乱纪行为,检查财务机构内部监控制度的建立和执行情况。其中,"审查经济事项的合理性"不仅对整个经济系统有利,也往往对于被审查单位自身的收支改善有利。

由于审计机构具有公正性和权威性,还可对被审查单位的经济情况和经济事项进行公证。因此,对于"问心有愧"的经济单位来说,应该欢迎审计监督,并尽力与审计人员合作，从而得到后者的帮助。

三、财务管理指标

财务管理的综合性指标是资金利润率和资金周转率——资金周转次数或资金周转天数。资金周转次数是流动资金在一定时期（年、季、月）内，从货币资金形态开始，通过支出转变为其他形态（物、人、土地、专利等），最后又通过售出产品及提供服务的收入回到货币资金形态的次数。通常以每年销售服务收入总额与资金平均占用额之比来作为周转次数；而以 365 天除以 1 年内的资金周转次数作为周转天数。

四、金融与保险知识

下面简介常识性的金融与保险知识。

金融与保险是两种差异明显但又具有互补性质的经济行为。金融通常是指把暂时退出流通的货币金钱汇聚融合起来，使之恢复流通性和增殖能力（如发行股票债券及银行贷款等）；保险则是把一部分资金用于购买"风险担保"，从而使得这一部分资金退出流通。因此，金融是为了"发"，保险是为了"稳"；前者促进经济活力，后者维系经济稳定和秩序。

银行除了融资功能之外，还具有安全保存现金和减少现金流通（减少现金计数磨损丢失）的功能。除了中央银行之外，各商业银行的运行资金是存、贷款之间的利润差额——一般说来，存款利率较小，贷款利率较大，因此，银行支付给存款人的利润总数小于从贷款人那里收回的利润总数。如果存、贷款之间的利润差额不足以维持银行运行，银行就面临倒闭。如果人们为了安全去存款，而要贷款的人又较少，银行就可能不向存款人支付利息，甚至要向存款人收取费用。

与此不同，保险公司的运行资金主要来源于投保人交纳的保险费与支付的赔款之间的差额。如果这个差额较大，保险公司还可以有余力进行投资盈利。相反，如果赔款太多，保险公司也可能倒闭。

由于金融保险业是完全"跟钱打交道"的行业，所以在非欧美社会中常常受到较多的"不规范行为"的骚扰。例如由于"三角债务"或其他的赖账行为使得贷出的款成了"肉包子打狗"——连本金也收不回来；又如，由于不善于把投保人当成"恶人"（其至"一帮恶人"）来防范而给"骗赔"行为以可乘之机——通过冒名顶替、偷梁换柱、伪造日期、出具假证等各种手法骗取赔款等等。更不用说内外勾结、吃里扒外、贪污腐败所造成的资金亏损了。除了法制不健全之外，有些行为还与文化制约及资源制约等条件相关。因此，对于发展中国家来说，不可盲目照搬欧美模式。

对园林企事业单位来说，银行存款主要是出于稳定和秩序需要：一方面银行的安全行为比一般单位更完善；另一方面银行对收支管理的财务行为也比一般单位更严格——中央银行代表着国家行使财务管理职能，商业银行受到中央银行监督。

各单位要根据国家预算支出科目分"款"(如专用基金存款、银行结算户存款、其他存款等)开设存款户或账户;以及根据资金的不同来源和不同作用,分别向银行申请开设不同的存款户(非国营性质的单位或个人也要经过有关部门如工商部门的批准)。

各级园林单位可根据自身业务量,开设一二个或若干个账户,如拨款户(存放在工商银行的园林事业费)、其他存款户(存放预算外存款);又如专用基金存款户(如更改基金、职工福利基金、包干结余、科技项目等)、经费存款户(各级财政部门的拨款凭证转入受款单位存款户的存款)、基本建设存款户(存放在建设银行和工商银行的基建户)等等。开设账户时除需要财政及园林主管部门的批准手续外,还要交存款预留印鉴或签名(目前我国主要使用印鉴,其实印鉴比签名更易伪造和较难查破)。

在会计制度向欧美靠拢("与国际惯例接轨"是指靠拢欧美制度,而不是非洲制度)之后,以上的做法有所变化,即减少硬性的科目划分,给生产经营者更多的回旋余地。同时增大了堵塞财务漏洞的难度——欧美各国经过一二百年"以恶抗恶"的相互"磨合"所形成的财务管理模式,移植后往往"走样儿"(日本与中国的差别在于:1.日本在明治维新之前仍处于封建割据的相互抗争时代,没有完成异域整合;2.日本国民的民族凝聚力较强,从来没有"革"本民族文化的"命")。

账户存款与库存现金的重要差异就是,前者主要是通过非现金结算,这样不但可以控制现金发行,同时也减少了现金流通中的风险损失和繁琐计数——只需将有关数额记录在支票、银行本票、银行汇票、汇兑凭证、委托收款凭证、商业汇票等票面上,就完成了货币荷载有关信息的使命。这些信息从某一账户发出,完成其功能,并转化或再生成新信息(含功能为零,未受加工的原信息)而返回原账户,与原发出信息勾通(冲账)之后,才结束其"账面结算"(应收、应付等)状态,而进入该账户的"货币形态"(存款额或库存现金额)。

单位的库存现金也有一部分是非现金结算,如通过支票。真正由财务部门下发的现金只有工资奖金福利、向个人收购农副产品(如种苗)及其他物资的现金、出差人员随身携带的差旅费(备用金)、零星(少于500元)的支出或银行同意的某些开支。银行还通过"库存现金限额"(3~5天,边远地区不得超过15天的日常零星开支)来控制现金发放。

此外,财务制度规定不许坐支现金,即不能从本单位的现金收入中支付现金,现金收入应当日送存开户银行(或确定送存时间)。如经银行同意,可动用收入的现金(相当于已送存,不属坐支)。

当库存现金及各账户存款出现不足和短缺时,可以按规定手续申请并办理短期贷款或向部门借款(利用银行的"金融"功能)。这类贷款或借款不能用于基本建设和非生产性开支,而且必须按期归还。能否守"信用",是银行批准或不批准贷款的重要依据。因此,这类经济行为常称为"信贷",申请单位对于资金偿还的信用程度常称为"资信"。随着我国改革开放的进程,各单位与金融机构如银行的相关联系将更趋频繁与复杂。

同样,保险机构也正以日新月异的进展渗入到我国的经济生活。市场竞争系统之所以具有较大的经济活力,重要原因之一就是把"机会"和"风险"同时放到了较低层的单位或个人的身上,也就是常说的"权力下放"、"自负盈亏"。为了减小风险损失,从而鼓励更多的投资者大胆地把设想落实为行动,保险公司应运而生。

目前我国已经开展的自愿保险有普通(企业、家庭)财产保险、农业保险和人身保险等;并正在议论质量保险。对外开展的保险种类更多,除财产、人身等项外,还有雇主责任保险、公众责任保险、产品责任保险、雇员忠诚保险、履约保证保险等等——由于各国法律和文化背景不同,必须为国外的投资者提供这样一些保险种类,他们才能放心地进行投资(非自愿保险即法定保险带有更多的"税收"性质,只不过是"专税专用"罢了,例如火车、轮船、飞机的乘客需进行人身安全保险,又如失业的救济保险等)。至于国外开展的各种保险更是五花八门,甚至涉及猫狗等宠物。

办理保险时要确定种类及保险责任(如企业财产、家庭财产;家庭财产中的火灾、偷盗等;类似于开设银行账户中的法人、个人;个人中的活期、定期等)、确定保险标及其金额(类似于银行存款数目)以及保险期限(一般都是 1 年,但对于"营业中断"规定 3~12 个月的"损失赔偿期",对于"诚实"规定 6 个月的"损失发现期"等)。与银行存款不同之处是:还需交纳保险费(如 0.2% 的保标),而保险标的金额并不进入保险公司。也就是说,权利人用 0.2% 的金钱从保险人那里"购买"了被保险物(保险标)的"风险补偿"。

一旦风险发生,可以遵照下述的理赔程序来减轻权利人的损失:(1)尽快通知保险公司损失中的发生情况;(2)保险公司检验有关损失;(3)审核各项单据证明;(4)核实损失原因;(5)核实损失程序和数据;(6)对损失后剩下的财物作出安排(损余处理);(7)支付赔款。我国除国营的中国人民保险公司之外,还有合营的中国保险公司及中国人寿保险公司等。

由于保险公司本身也要面临风险,有时甚至是巨大风险,因此国外已开展了"对保险人分担风险的保险",即"再保险"。这种更高层次的保险,可以说是在市场竞争系统的框架之内所进行的有组织的"异域整合"尝试。

五、会计知识

会计是以货币单位为量纲,连续、详尽、忠实、完备地记录及汇总有关单位的收支状况、经济活动及相关成果的行为。"连续"是时间不间断,"详尽"是同时的相关空间不漏失,"忠实"是以凭证为依据,"完备"是同时在两个(借与贷)或两个以上(一借二贷或数贷)的账户中记录每一项相关事务,即进行"复式记账"。"汇总"则包括会计核算、会计分析和会计检查。

会计行为的成果是会计报表,因此,它是以"信息"为主要对象的经济行为。早期的会计报表都是财务报表,这些报表主要是为企业外部同企业有经济利益关系的各种社会集团(含上级)、投资人、债权人等服务。自20世纪初开始,逐步发展出相对独立的管理报表,主要是为企业内部的经营管理服务。这样,会计信息系统就包括了财务会计和管理会计两部分(图 12-1)。管理会计是对财务会计的有关资料信息进行加工、改制和延伸,从而对各种经济方案的经济效果进行分析对比。下面主要介绍财务会计的管理。

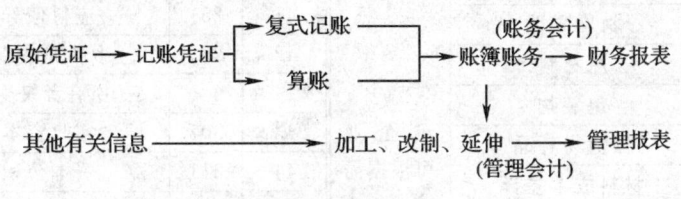

图 12-1　会计信息系统

首先是设立会计账簿,即日记账、分类账(总分类账和明细分类账)和备查账。它们可采用订本、活页、卡片等形式。每种账簿内都按会计科目分为不同的账户,我国现行会计科目中的一级科目(总账)、二级科目的设置是由财政部门统一规定的,各单位可作适当的兼并和补充(见表 12-1)。每个账户的基本结构是分为左右两方。在借贷记账法中(增减记账法和收付记账法类似,但企业要求使用借贷记账法),左方为"借"方,右方为"贷"方。经济业务发生后,使得资产类(资产、成本、费用、支出)账户核算内容增加时记入该账户借方,核算内容减少时,记入该账户贷方;权益类(负债、所有者权益、收入)账户的借方和贷方登记的内容正相反,使该账户核算内容增加时,记入账户贷方,内容减少时,记入借方。在一定时期内,账户所登记的借方或贷方的合计数,称为借方或贷方的本期发生额(每笔账都是有借必有贷,借贷必相等)。除基本结构之外,账户中还设"余额"栏目,可置于借方(资产类账户),也可置于贷方(权益类账户)。借方期末余额=借方期初余额+借方本期发生额—贷方本期发生额;贷方的期末余额将上式右边的"借方"改"贷方","贷方"改"借方"即得。

其次,收取认定原始凭证,如发票、收据(外来原始凭证)、收料单、领料单(自制原始凭证)等。

表 12-1 会计科目

顺序号	编号	名称	备注	顺序号	编号	名称	备注
		一、资产类		31	204	预收账款	
1	101	现金		32	209	其他应付款	
2	102	银行存款		33	211	应付工资	
3	109	其他货币资金		34	214	应付福利费	
4	111	短期投资		35	221	应交税金	
5	112	应收票据		36	223	应付利润	
6	113	应收账款		37	229	其他应交款	
7	114	坏账准备		38	231	预提费用	
8	115	预付账款		39	233	待扣税金	
9	119	其他应收款		40	241	长期借款	
10	121	材料采购		41	251	应付债券	
11	123	原材料		42	261	长期应付款	
12	128	包装物				三、所有者权益类	
13	129	低值易耗品	企业可根据需要，对会计科目作必要的增、减或合并	43	301	实收资本	
14	131	材料成本差异		44	311	资本公积	
15	133	委托加工材料		45	313	盈余公积	
16	135	自制半成品		46	321	本年利润	
17	137	产成品		47	322	利润分配	
18	138	分期收款发出商品				四、成本类	
19	139	待摊费用		48	401	生产成本	
20	151	长期投资		49	405	制造费用	
21	161	固定资产				五、损益类	
22	165	累计折旧		50	501	产品销售收入	
23	166	固定资产清理		51	502	产品销售成本	
24	169	在建工程		52	503	产品销售费用	
25	171	无形资产		53	504	产品销售税金及附加	
26	181	递延资产		54	511	其他业务收入	
27	191	待处理财产损溢		55	512	其他业务支出	
		二、负债类		56	521	管理费用	
28	201	短期借款		57	522	财务费用	
29	202	应付票据		58	531	投资收益	
30	203	应付账款		59	541	营业外收入	
				60	542	营业外支出	

第三，根据审核无误的原始凭证(或原始凭证汇总表)填制记账凭证(又称分录凭证)。

第四，根据分录凭证进行平行登记，即同时在总分类账和相应的明细分类账中进行登记。二者方向一致，金额相等，依据相同。

第五，进行会计核算，即对于本期内应收应付的一切发生额(权责发生核算制)，或对于本期内实收实付的一切发生额(收付实现核算制)，逐级相加求和(仍分为借方与贷方)并计算余额。权责发生或应收应付核算较复杂，因为这种方法对于属于本期的收支，不论它们在本期内是否收到或付出，都纳入求和之列；而不属于本期的收支，即使在本期内已收到或付出，也不作为被加数。因此，这种方法能够比较准确地反映本期的盈亏状况，比较适用于生产及经营单位。相反，收付实现或实收实付的核算方法比较简单，凡在本期内实际收到或付出的一切收支都参与求和，比较适用于行政、事业单位。

第六，编制会计财务报表，如某月、某季、某年的资产负债表、损益表、现金流量表等(其中可包括下属基层单位的分表及编制单位的汇总报表)。

第七，进行会计分析和会计检查。在此基础上还可加入其他信息来进行加工、改制、延伸，形成会计管理报表(见图12-1)。

下面就常用会计报表和报表中的有关会计科目做简单介绍。

1. 会计科目

会计科目有时也作为账户的同义语使用，它是对会计对象的具体内容分类核算的项目。会计科目的设置，以会计报表的要求为主要依据。一般按经济内容可分为五类：资产类科目、负债类科目、所有者权益类科目、收益类科目、费用类科目。

具体分析有以下几项：

(1)货币资金　是指企业在生产经营活动中停留在货币形态的那一部分资金(包括现金和各种存款)。

(2)应收款项　是指企业应该收取而尚未收到的各种款项(包括应收票据、应收账款和其他应收款等)。

(3)预付款项　是指企业因购买材料、物质和接受劳务供应而预付给其他单位的款项。

(4)存货　是指企业在生产经营过程中为销售或者耗用而储备的物质，包括原材料、园林用材料(种子、苗木、肥料、农药)、低值易耗品、在产品等。

(5)短期投资　是指各种能够随时变现、持有时间不超过1年的有价证券以及不超过1年的其他投资。

(6)长期投资　是指不准备随时变现、持有时间在1年以上的有价证券以及超过1年的其他投资。

(7) 固定资产　是指使用期限超过 1 年的房屋、建筑物、机器设备、运输工具以及其他与生产经营有关的器具、工具等主要劳动手段（单项价值在限额规定以上，如 1 000 元、1 500 元、2 000 元，由企业确定）。

(8) 固定资产折旧　固定资产因损耗而转移到产品上去的那部分价值。

(9) 无形资产　是无形固定资产的简称，有形固定资产的对称。一般是指不具有物质实体，能给企业提供某种特殊的经济权利，有助于企业在较长时期获利的财产（专利权、商标权、著作权、土地使用权、商誉）。

(10) 递延资产　包括开办费，以经营租赁方式租入的固定资产改良支出等。

(11) 其他资产　包括特准储备物质，银行冻结存款、冻结物质、涉及诉讼中的财产。

(12) 负债　是指企业所承担能以货币计量，需以资产或劳务偿付的债务。又可分为流动负债（如短期借款）、长期负债（如长期借款）。

(13) 实收资本（资本金）　是指企业在工商行政管理部门登记注册的资金，反映所有者权益。

(14) 资本公积　是由多种来源形成的资本积累（股本溢价、法定财产量估增值、接受捐赠资产价值等）。

(15) 盈余公积　是指按国家有关规定从利润中提取的公积金，可用于弥补亏损或转增资本。

(16) 未分配利润　是企业留于以后年度分配的利润和待分配利润。

(17) 产品制造成本　包括①直接材料（指企业生产经营过程中实际消耗并构成产品实体或有助于产品形成的各项原材料、辅助材料、燃料、动力等）。②直接工资：指企业直接参加产品生产的生产工人工资（包括奖金、津贴和补助）以及按生产工人工资总额和规定的比例计算提取的职工福利费。③制造费用：企业各个生产单位为组织和管理所发生的各项间接费用，包括生产单位管理人员工资、生产单位房屋建筑物、机器设备等的折旧费、租赁费、修理费等。

(18) 企业的期间费用　包括①管理费用：指企业行政管理部门为管理和组织经营活动的各项费用。如：公司经费、工会经费、职工教育经费、劳动保险费、董事会会费、咨询费等。②财务费用：指企业为筹集资金而发生的各项费用，如利息支出（减利息收入）、汇兑损失（减汇兑收益）等。③销售费用：指企业在销售产品、自制半成品和工业性劳务等过程中发生各项费用以及专设销售机构各项经费。如：运输费、包装费、保险费、广告费等。

2. 基本会计报表

(1) 资产负债表　见表 12-2。

表 12-2 资产负债表

编制单位：　　　　　　　年　月　日　　　　　　　　　　　　　　单位：元

资产	行次	年初数 十亿千百十万千百十元角分	期末数 十亿千百十万千百十元角分
流动资产：			
货币资金	1		
短期投资	2		
应收票据	3		
应收账款	4		
减：坏账准备	5		
应收账款净额	6		
预付账款	7		
应收出口退税	8		
应收补贴款	9		
其他应收款	10		
存货	11		
待转其他业务支出	12		
待摊费用	13		
待处理流动资产净损失	14		
1年内到期的长期债券投资	15		
其他流动资产	16		
流动资产合计	20		
长期投资：			
长期投资	21		
固定资产：			
固定资产原价	24		
减：累计折旧	25		

续表

资　产	行次	年初数											期末数											
		十	亿	千	百	十	万	千	百	十	元	角	分	十	亿	千	百	十	万	千	百	十	元	角	分
固定资产净值	26																								
固定资产清理	27																								
在建工程	28																								
待处理固定资产净损失	29																								
固定资产合计	35																								
无形资产及递延资产：																									
无形资产	36																								
递延资产	37																								
无形资产及递延资产合计	40																								
其他长期资产：																									
其他长期资产	41																								
递延税项：																									
递延税款借项	42																								
资产总计	45																								

负债及所有者权益	行次	年初数											期末数											
		十	亿	千	百	十	万	千	百	十	元	角	分	十	亿	千	百	十	万	千	百	十	元	角	分
流动负债：																									
短期借款	46																								
应付票据	47																								
应付账款	48																								
预收账款	49																								
其他应付款	50																								
应付工资	51																								
应付福利费	52																								
未交税金	53																								
未付利润	54																								

第十二章 物质金钱管理

续表

负债及所有者权益	行次	年初数 十亿千百十万千百十元角分	期末数 十亿千百十万千百十元角分
其他未交款	55		
预提费用	56		
1年内到期的长期负债	57		
其他流动负债	58		
流动负债合计	65		
长期负债:			
长期借款	66		
应付债券	67		
长期应付款	68		
其他长期负债	69		
其中:住房周转金	70		
长期负债合计	76		
递延税项:			
递延税款贷项	77		
负债合计	80		
所有者权益:			
实收资本	81		
资本公积	82		
盈余公积	83		
其中:公益金	84		
未分配利润	85		
所有者权益合计	88		
负债及所有权益总计	90		

补充资料:1.已贴现的商业承兑汇票_____元;
    2.已包括在固定资产原价内的融资租入固定资产原价_____元;
    3.库存商品期末余额_____元;
    4.商品削价准备期末余额_____元。

单位负责人: 财会负责人: 复核: 制表:

它列示一个企业一定时期(某年某月某日)的资产、负债和所有者权益的组成情况,可用来分析企业偿债能力和获利能力。

表头包括:①编制单位,②报表名称,③报表编制日期,④金额单位。

主体部分包括:①左方列示各项资产,②右方列示负债和所有者权益。有时也称权益方(负债是债权人权益,所有者权益是投资人的权益)。

本表一个重要特征是"资产总计"同"负债及所有者权益总计"相等,这个平衡关系被称为会计恒等式或会计方程式,即资产=负债+所有者权益。

(2)损益表　见表12-3。

它是反映一定期间企业经营成果的报表,用来分析企业盈利能力。

企业的收入来自产品销售,费用来自资产的耗用。收入减费用为净收益,依据权责发生制,收入是销售成立时确认而不是现金收到之时,费用是资产或服务耗用时确认而不是偿付之时。损益表可以把期初期末的资产负债表联系起来,说明利润形成的原因。

(3)现金流量表　表12-4。

现金流量表是反映企业会计期间内经营活动、投资活动和筹资活动对现金及现金等价物产生影响的会计报表(现金包括企业库存现金、银行存款等,现金等价物指企业持有期限短、流动性强、易于转换为已知金额的现金、价值变动很小的投资),反映资金的取得来源和流出用途。用来分析企业获得现金和现金等价物的能力。说明企业支付和偿债能力。

此表根据《企业会计准则》规定,为年度报表。采用垂直报告式结构,分三部分:

第一部分为表头:标明报表名称、编号、编制年度、编制单位的名称及货币单位。企业制表人、会计主管、单位负责人应在报表上签名盖章。

第二部分为基本内容:包括5项。其中1~3项分别为企业经营、投资、筹资活动产生的现金流量,第4项为汇率变动对现金的影响,该项目反映企业持有外币现金由于汇率变动而产生的对折算为人民币金额的影响数。第5项是现金及现金等价物净增加额,该项等于1~4项中现金流量净额相加之和(即:55行=19行+35行+53行+54行)。

第三部分为补充资料。包括三个内容:第一,不涉及现金收支的投资和筹资活动。虽不涉及现金收支,但却是企业重要的理财活动。第二,将净利润调节为经营活动的现金流量。第三,是现金及现金等价物净增加情况,用现金及现金等价物账户期末余额减期初余额计算而得。

＊注意:该表中75行应等于19行,80行应等于55行,否则制表计算有误。

表 12-3 损益表

编制单位：　　　　　　　　　　　　年　　月　　　　　　　　　　　　　单位:元

项　目	行次	本月数 十亿千百十万千百十元角分	本年累计数 十亿千百十万千百十元角分
一、商品销售收入	1		
减:销售折扣与折让	2		
商品销售收入净额	3		
减:商品销售成本	4		
经营费用	5		
商品销售税金及附加	6		
二、商品销售利润	10		
加:代购代销收入	11		
三、主营业务利润	14		
加:其他业务利润	15		
减:管理费用	16		
财务费用	17		
汇兑损失	18		
四、营业利润	20		
加:投资收益	21		
补贴收入	22		
营业外收入	23		
减:营业外支出	24		
加:以前年度利润调正	25		
五、利润总额	30		
减:所得税	31		
六、净利润	35		

单位负责人：　　　　　财会负责人：　　　　　复核：　　　　　制表：

表 12-4　现金流量表

编制单位：　　　　　　　　　　　年度　　　　　　　　　　　单位：元

项　目	行次	金额
一、经营活动产生的现金流量：		
销售商品、提供劳务收到的现金	1	
收到的租金	2	
收到的增值税销项税额和退回的增值税款	3	
收到的除增值税以外的其他税费返还	4	
收到的其他与经营活动有关的现金	7	
现金流入小计	8	
购买商品、接受劳务支付的现金	9	
经营租赁所支付的现金	10	
支付给职工以及为职工支付的现金	11	
支付的增值税款	12	
支付的所得税款	13	
支付的除增值税、所得税以外的其他税费	14	
支付的其他与经营活动有关的现金	17	
现金流出小计	18	
经营活动产生的现金流量净额	19	
二、投资活动产生的现金流量：		
收回投资所收到的现金	20	
分得股利或利润所收到的现金	21	
取得债券利息收入所收到的现金	22	
处置固定资产、无形资产和其他长期资产而收到的现金净额	23	
收到的其他与投资活动有关的现金	26	
现金流入小计	27	
购建固定资产、无形资产和其他长期资产所支付的现金	28	
权益性投资所支付的现金	29	
债权性投资所支付的现金	30	
支付的其他与投资活动有关的现金	33	
现金流出小计	34	
投资活动产生的现金流量净额	35	
三、筹资活动产生的现金流量：		
吸收权益性投资所收到的现金	36	
发行债券所收到的现金	37	
借款所收到的现金	38	
收到的其他与筹资活动有关的现金	41	
现金流入小计	42	
偿还债务所支付的现金	43	

第十二章　物质金钱管理

续表

项　　目	行次	金额
发生筹资费用所支付的现金	44	
分配股利或利润所支付的现金	45	
偿付利息所支付的现金	46	
融资租赁所支付的现金	47	
减少注册资本所支付的现金	48	
支付的其他与筹资活动有关的现金	51	
现金流出小计	52	
筹资活动产生的现金流量净额	53	
四、汇率变动对现金的影响额：	54	
五、现金及现金等价物净增加额：	55	

补充资料	行次	金额
1.不涉及现金收支的投资和筹资活动：		
以固定资产偿还债务	56	
以投资偿还债务	57	
以固定资产进行投资	58	
以存货偿还债务	59	
2.将净利润调节为经营活动的现金流量：		
净利润	62	
加:计提的坏账准备或转销的坏账	63	
固定资产折旧	64	
无形资产摊销	65	
处置固定资产、无形资产和其他长期资产的损失(减:收益)	66	
固定资产报废损失	67	
财务费用	68	
投资损失(减:收益)	69	
递延税款贷项(减:借项)	70	
存货的减少(减:增加)	71	
经营性应收项目的减少(减:增加)	72	
经营性应付项目的增加(减:减少)	73	
增值税增加净额(减:减少)	74	
经营活动产生的现金流量净额	75	
3.现金及现金等价物净增加情况：		
现金的期末余额	76	
减:现金的期初余额	77	
加:现金等价物的期末余额	78	
减:现金等价物的期初余额	79	
现金及现金等价物净增加额	80	

第七节　生产与经营

一、生产与经营的关系

经济效果既取决于有效生产量，又取决于无效消耗量。生产单位（农林生产单位及工矿企业，即第一产业与第二产业），致力于提高有效生产量，经营单位（第三产业）致力于减少无效消耗量，而生产经营型单位则兼有两者的功能。这三类经济实体都受到资源环境的约束及经济需求的牵引。

在受到较轻的资源约束的经济系统中，由于市场需求不足，产品的无效消耗常成为制约经济效益的主要因素，因此，经营单位对经济系统的边际效用往往大于生产单位，由此导致经营单位常能以较高的均衡价格提供服务。第三产业在欧美国家蓬勃发展，正是基于这一原因。

由于欧美等发达国家在世界经济中占有较大比重，世界市场的价格起伏受到欧美市场的左右，使得其他地区的发展中国家也同样抬高第三产业的市场价格。这使得经营单位获利较多，但却不一定与有关国家的资源条件相吻合——对于资源约束较重的经济系统，经营单位对经济系统的边际效用并不一定大于生产单位，而有可能小于生产单位。如果本来就是资源不足、供不应求，却受世界市场价格的左右而鼓励需求，其结果必然是更加供不应求，反而出现了更加有求于经营单位的局面。由于资源不足，经营单位往往是无源之水、无根之木，其结果就鼓励了假冒商品和劣质服务。由此导致的恶性循环必然使"二道贩子"猖獗。同时，也使得生产单位向生产经营型单位转化，减低了社会分工的强度——这是有关经济系统自发调节的一种方式。由于资源不足，过强的分工所引致的大规模消耗资源不仅是有害的，而且是不可能的。

一般说来，无效消耗的物质越小，金钱的亏损越少、盈利越多。但是，由于人类需求受到许多因素的影响，对于某些特定物质来说，有可能在较多的消耗（较长时间库存）之后再投入市场而使得金钱上的盈利较大。因此，掌握市场信息、预测市场需求，常决定商业性经营的成败。

二、园林经营特点

园林经营不是纯粹的商业性经营，而是包括生产、养护、服务等等，所以对于市场的依赖较小，而对于公共分配系统的依赖较大。此外，其经营的优劣在很大程度上取决于内部的管理水平。

对园林经营来说，特别是公共绿地、专用绿地养护管理及公园经营，约束条件有其特殊性，一般呈现市场需求不足，所以常是"公共产品（服务）"。其经济效益较多地相关

第十二章 物质金钱管理

于经营水平,除了前述的物质金钱管理之外,促进物与钱的周转的重要内容之一就是在市场调查和预测(表12-5)的基础上增加服务项目和提高服务质量,以此吸引顾客、激活需求。其中,又要在服务项目与服务质量之间进行适当安排——服务项目不应影响服务质量,服务质量又不应约束适度的服务项目。

表12-5 市场调查预测的内容和方法

查测项目		查 测 内 容	调查方法	预测方法
市场环境(一)	管理秩序	政府法令,管理体制,发展规划,价格、税收、财政政策,环保、保险及工商管理法规,违规率及纠正率、执法人员素质	资料检索,法律咨询,观察了解,公关刺探	政法专家意见,公关刺探
	经济技术	总人口,总产值,劳动生产率,人口结构,职业结构,产业结构,分层结构,消费结构,国民收入,存款,物价,通讯,交通能源供应	资料收集整理,实地考察	经济学家意见,统计模拟,经验估计
市场环境(二)	文化风俗	教育水平,家庭规模,语言风俗,思维方式,观念价值,宗教信仰,审美倾向	实地考察 资料检索 问卷调查	文化人类学家意见,史实时空参照
	资源生态	气候,地质地理,土地,水源,森林,矿藏,特有景观,其他资源	遥感调查及监测,实地考察,资料检索收集	动态评估,灾害(含人为)研究
市场需求	本企业	现有和潜在需求量,现售量,占有率	抽样询问(面谈,电话,函件),现场观察记录,问卷,小规模实验,公关刺探	经验判断(经理,销售人员,销售者,专家)统计分析,分割,时序,回归
	竞争企业	现售量,占有率,分布在几个企业及分布情况		
	产品或服务	整体质量(功能,档次),零部件供应,包装,商标,广告,交换渠道,方式及日期,付款方式,售后服务		

续表

查测项目		查测内容	调查方法	预测方法
消费者	类别	终端消费与中间购买,集团与个人,个人的年龄,性别,民族,职业,文化水平	现场抽样询问或问卷调查	经验判断(经理,销售人员,销售者,专家)统计分析,分割,时序,回归
	动机	必需,赶时髦,"摆搁",偏爱,广告,公关		
	习惯	时间,地点,常用同商标或常变换,一次购买量		
	购买力	工资水平,存款额		
竞争者	数量	生产企业数,销售单位数	向管理部门咨询,从商品逆推,公关刺探	经验判断(经理,销售人员,销售者,专家)统计分析,分割,时序,回归
	背景	生产能力及规模,技术水平,生产成本,运输成本		
	产品或服务	(同"市场需求"中的"产品或服务"栏)		

例如,在公园中举办"商品展销会",或出租部分场地给马戏团、杂技团,这类与园林功能相关甚少的项目就降低了服务质量,没有达到"借靠植物改善人们休憩环境"的目的。与此不同,花展、画展、工艺美术品展、养花品评会、植物知识普及讲座、划船、滑冰、儿童游艺、旅游纪念品出售、琴棋书画专室、茶座沙龙等项目就不会损害园林服务的质量。

又如,如果以高级餐厅的服务质量来要求公园内的饮食服务,就可能约束其他服务项目,因为公园的编制不可能过多。事实上公园内的服务受季节、气候的影响,不可能把较多的人员专用于饮食服务。公园内的其他商业部门,如小卖部、照相站等也与一般商业部门有显著的区别——需求有限且涨落幅度较大:每年只有春秋两季高峰,每周只有1个周末高峰,每天只有1个中午高峰等等。

总之,园林经营者必须结合自身的特点进行调度,安排好服务项目并提高服务质量。

随着经济发展和城市的发达,花木生产、绿化设计、施工、服务部门的产品市场需求呈上升趋势,于是园林经营中逐渐形成了对机关、企事业单位、私人住宅提供有偿服务的项目。其中的园林式院落在经营上主要是活物管理;而室内摆放花草则除了活物管理之外,还有较经常的采购业务。室内摆花质量要求较高、更换较频,因此,生产(花卉)与经营(服务)之间就由于其经常性而可能从定点协作、合同供应发展为经济联合体。这一类生产与服务通常提供法人产品,而不是公共产品。它们往往受到商品市场供求关系的较强影响,而经营者往往受到最大利润原则的支配,随着价格信号而调节其经营行为。

商品或服务的市场价格主要取决于它们的消费边际效用与单位有效生产量中各生产要素的货币成本。有些商品如珍禽异兽,由于稀缺度较大而具有较高的边际效用,所以尽管从局部(如产地)来看成本较低,但其市场价格很高。这往往促使各地开发本地特有资源,并以生产经营型方式提供配套产品或服务。对于高新技术产品,也有可能出现这种情况。由于后者受资源约束较少,随着更多的生产者和经营者参与追逐较高利润,以及越来越多的从业人员获取较高工资,整个经济系统的各种产品都会因需求增长而向上浮动价格,产生与产业升级相伴的通货膨胀现象。另一方面,有些商品如蒸汽机车,虽然成本很高,但在内燃机车及电气机车问世后,其消费边际效用锐减,因此市场价格下降,并逐步被消费市场所淘汰(淘汰之后,具有较高的博物市场价格,类似于古树名木)。

园林生产及服务接近于新型产业而不同于正在被淘汰的产业;另一方面,它又不像珍禽异兽或高新技术那样具有排他性或专利性,因此市场价格起伏有时很剧烈,导致一定的投机行为和盲目决策。例如,上海 2 年生五针松在 1985 年达到每株 50 元,但在 1984 年仅每株 15 元,1986 年为每株 10 元。其原因在于花农受一时一地的市场价格引导,盲目生产经营,使五针松产量骤增,然而市场需求有限,结果经营失败。总之,经营决策应该建立在较全面的市场信息分析(长短期需求、供应难易程度、价格等)基础上,而不应把价格作为唯一指标。至于园林业中作为公共产品的一部分,更不宜受市场左右而进行决策,如"以园养园"的说法,无异于扼杀园林业。当然,这是不可能的,因为园林业是经济发展的产物,只要城市化不后退,园林需求就不会减弱。

三、市场调查预测

市场调查预测的步骤如下:

1. 确定目标及相关项目(表 12-5)
2. 收集整理资料及非正式调查了解,如座谈、访问、整理来信意见等(以上是预备阶段)
3. 决定调查和预测方法(表 12-5)
4. 准备调查表格
5. 抽样设计(方案)

6. 实施调查(以上是正式调查阶段)

7. 整理调查资料及数据,进行定性、定量分析及预测

8. 提出调查和预测报告(以上是结果处理阶段)

9. 分析比较预测结果与后续实况的差异,改进预测方法及准确程度(如对各种预测方案进行优选、对不同加权方案予以修改等等。这是实践检验及误差调节阶段)

关于市场调查和预测的内容和方法,简介如下(表12-5):

表12-5"市场环境(一)"里的"经济技术"项中的"劳动生产率"是单位时间(日、时等)内的有效生产量。"人口结构"是年龄结构、性别比、职业结构、分层结构等的总称。对经济环境来说,主要是指分层结构,即被养人、受养人和供养人之间的比例关系。被养人是指未成年人、病残人、老年人;受养人包括正当职务者(如官吏、业主、党人、文人、艺人、僧人等)、无职无业者(如纨绔子弟、游民、乞丐、骗偷盗劫者等)以及非法职业者(如非法业主、黑社会首领等);供养人包括受雇于政府或法人的雇员、独立的个人或家庭以及受雇于非法业主的雇员。受养人和供养人按照1年中使用劳动工具或服务于他人的时间是否明显小于平均劳动时间来划分。在某些地区或城市,人口中流动人口所占比例以及种族、宗教结构也对经济环境影响较大。

表12-5"消费者·类别"项中的"终端消费"也称最终性购买,被购买的产品或服务用于社会成员或集团的福利需要,实现其效益,不再增加无效消耗。"中间购买"也称生产经营性购买,被购买的产品或服务用于新的生产环节或进入新的流通过程,其使用价值并未实现,无效消耗(如积压、自然损耗等)量继续累积增加。最终性购买具有非专家性、小型、分散、多变、随机性等,受到各种心理、时尚以及广告、季节等许多因素的影响,因此较难预测,同时又能提供许多出人意料的市场机会。生产经营性购买则以专业人员为主要消费者,具有集中、配套、计划、相对稳定性,主要受到专业技术、投入产出分析、成本利润分析以及相关商品知识等理智选择或系统权衡的影响。由于大多数终端消费在最后实现之前都曾从中间购买的环节中通过(如原材料),同时后者还包括决不会成为终端消费工具设备,因此后者的交换价值总额常大于前者(约为40:60)。二者之差随最后一次批零差价的增大则减少。

表12-5"调查方法"中的"公关刺探"对于难以从公开途径中调查的内容适用,例如为了吸引投资和旅游等目的,某些地方当局可能对本地违规率或纠正率加以保密或粉饰;又如竞争双方往往相互保密等等。对于一些将要出台的法规政策,公关刺探也可能比专家预测更为直接准确。"公关"或"公共关系"的第三项内容是争取各种类型的公众的理解和赏识。"公关刺探"即是由于被刺探者的理解与赏识而将有关调查内容透露给公关人员。"小规模实验"方法是在某一种商品改变品种、包装、商标、设计、价格、广告等因素时,以小规模投放市场,调查用户的反应,然后决定是否扩大规模。

表 12-5"预测方法"中的"动态评估"对于农林资源的消长及状态、气象变化、病虫害发生等较为适用。"经验判断"则多用于变化多样且复杂的市场需求等项内容。其中"专家意见法"又称德尔菲法,程序是:(1)在有关领域内选定 30 名左右属于不同小群体的专家,分别向每一个专家提出明确的有针对性的预测课题,附上尽量客观的背景材料,请他们书面答复;(2)将各位专家第一次的回答归纳成统计表,不注姓名;(3)将表格分别送给上述专家,询问是否修正自己原有答复,并请那些不同意多数意见的专家说明理由,仍然书面答复;(4)将第二次回答归纳成统计表;(5)同第(3)((4)和(5)的程序可以反复进行若干次);(6)把专家们逐渐一致的预测作为有关课题的预测结果。如下图所示:

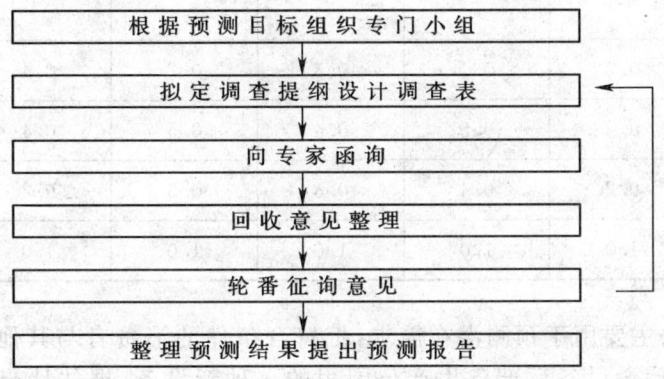

除了整理预测结果提出预测报告以外,还有主观概率法。主观概率不同于客观概率,它是预测对某一事件发展趋势可能性作出的主观判断的量度。其表示公式如下:

$$O \leqslant (E_i) \leqslant 1$$
$$\sum_{i=1}^{n} P(E_i) = 1$$

式中 P 表示主观概率;E_i 表示事件的样本空间。

主观概率法,就是先由观测专家对预测事件发生的概率作出主观的估计,然后计算它们的平均值,以此作为对事件预测的结论。

例如,某园林企业为预测 2000 年资金利润率提高的百分数,首先把该企业 1999 年 1~10 月的每月资金利润率的有关资料送给五位专家,而后请他们根据自己的经验作出预测。假定专家预测 2000 年资金利润率提高数值如表 12-6 所示。

则:$\overline{X} = \dfrac{1.2 \times 5\% + 2.4 \times 10\% + 1.4 \times 15\%}{5} = \dfrac{51\%}{5} = 10.2\%$

这个数值修正后,就可作为2000年资金利润率的预测值。

"统计分析"的预测方法也称定量法,它带有较多的科学性,即含有观察(计量数据)、假设(建立数学模型)、实验(统计检验)、推论(结果预测)这4个程序环节。其中,市场分割法、时间序列法和回归分析法比较简易、常用。

表12-6 2000年资金利润率提高数值预测

概率\预测 概预测率 资金利润率	甲	乙	丙	丁	戊	Σ
5%	0.2	0.1	0.3	0.2	0.4	1.2
10%	0.6	0.5	0.4	0.5	0.4	2.4
15%	0.2	0.4	0.3	0.3	0.2	1.4
Σ	1.0	1.0	1.0	1.0	1.0	1.0

市场分割法主要用于预测潜在需求,把符合条件的消费者与其他消费者"分割"开来。例如,某旅游设备厂准备生产公园用的一种新设备,据估计当公园达到年游人量百万人次的规模才可能买这种产品,年游人量200万人次才可能买两部,年游人量250万人次可能买3部。通过调查知道该企业所服务的地区内共有1 200个公园,其中年游人量在100万人次以下的有500个,100～200万的有400个,200～250万人次以上的100个。依此预测市场潜在需求为500×0+400×1+200×2+100×3＝1 100(部)。(这是一种"由下而上"的分割预测方法)又如,预测某省城市盆栽花卉市场的潜在需求,调查数据为:该省家庭总数2 000万个,城市占8%;城市家庭中已有20%的家庭购置了盆栽花卉,新婚家庭及其他零星购买只占无盆栽花卉总数的10%,而调查又显示只有30%的人口对盆栽花卉感兴趣,其中买得起的人只占20%。依此预测市场潜在需求为2 000万×0.08×(1－0.2)×0.1×0.3×0.2＝7.568千(盆)。(这是一种"由上而下"的分割预测方法,也称"连锁比例法")下面介绍时间序列法和回归法。

1. 时间序列预测

按照时间顺序排列的一组数据,称为时间序列。在时间序列受各种因素综合影响,难以分析影响事物的主要因素时,常采用这种方法。

由于时间序列变化不同,采用的方法亦有所不同,可分为移动平均法和指数平滑法等。现分别说明如下:

(1)简单移动平均法　这种方法是依据时间序列,按照一定的期数并逐期移动计算移动平均数,以消除偶然变动因素的影响,使时间序列数据修匀,以便显示事物发展的长期趋势,以求得下期预测值。

例如:某园林花卉苗圃本年度各月份的产品实际销售量如表12-7所示,假定移动期的项数为3,试采用简单移动平均法预测下年度1月份的销售量。

表12-7　某园林花卉苗圃各月份产品销售量　　　　　　　　单位:千株

月份	1	2	3	4	5	6	7	8	9	10	11	12
销售量	28	27	31	26	32	38	52	53	55	59	65	68

首先,根据表中的时间序列,计算三期移动平均数,并填入表12-8。简单移动平均数,其计算公式如下:

$$M_t = \frac{M_t + X_{t-1} + \cdots + X_{t-n+1}}{n}$$

式中:M_t——t期的移动平均数;X——时间序列的数值;t——移动平均数中末期的期数;n——移动期的项数。

如表12-7中,第3期的移动平均数为:(这时 $n=3, t=3$)

$$M_3 = \frac{M_3 + X_{3-1} + X_{3-3+1}}{3} = \frac{31 + 27 + 28}{3} = 28.7$$

第4期的平均数为:(这时 $n=3, t=4$)

$$M_4 = \frac{M_4 + X_{4-1} + X_{4-3+1}}{3} = \frac{26 + 31 + 27}{3} = 28$$

第5期的平均数为:(这时 $n=3, t=5$)

$$M_5 = \frac{M_5 + X_{5-1} + X_{5-3+1}}{3} = \frac{32 + 26 + 31}{3} = 29.7$$

其余类推。

然后,以t期的移动平均数作为$t+1$期的预测值,并将计算结果填入表12-8,其计算公式如下:$F_{t+1} = M_t$

式中:$F_{t+1} = t+1$期的预测值。

例如:$F_{12+1} = M_{12} = 64$(千株)

所以,下年度1月份的苗木销售量预测值为64千株。

表 12-8　用简单移动平均法计算的各月移动平均数和预测值　　单位：千株

月份	实际销售量	三期简单移动平均数(M_t)	预测值(F_{t+1})
1	28		
2	27		
3	31	$(31+27+28)\div 3=28.7$	
4	26	$(26+31+27)\div 3=28$	28.7
5	32	$(32+26+31)\div 3=29.7$	28
6	38	$(38+32+26)\div 3=32$	29.7
7	52	$(52+38+32)\div 3=40.7$	32
8	53	$(53+52+38)\div 3=47.7$	40.7
9	55	$(55+53+52)\div 3=53.3$	47.7
10	59	$(59+55+53)\div 3=55.7$	53.3
11	65	$(65+59+55)\div 3=59.7$	55.7
12	68	$(68+65+59)\div 3=64$	59.7
13			64

从上表的预测结果中可以看出简单移动平均预测值的滞后误差是显而易见的,也是不可克服的,因为它同等看待历史资料对未来预测值的影响。实际上历史资料对未来形势的影响是不相同的,近期资料的影响一般均大于远期资料的影响,所以这种方法的应用就有很大的局限性。

(2)加权移动平均法　就是对各期的实际统计资料分别给予不同的权数,求其平均数作为预测值。加权移动平均法中权数的规定,最简单的办法是用1、2、3等自然数加权。加权的目的也是为了加重近期资料在平均数中的影响。按上例数据,分别确定前3月的权数为1、2、3。加权移动平均数的计算公式如下:

$$F_{t+1}=M_t=\frac{W_t X_t+W_{t-1}X_{t-1}+\cdots+W_{t-n+1}X_{t-n+1}}{W_t+W_{t-1}+\cdots+W_{t-n+1}}$$

式中:W——权重。

如表 12-9 中,第 4 个月的加权移动平均数为:

$$M=\frac{1\times 28+2\times 27+3\times 31}{1+2+3}=29.2(千株)$$

用加权移动平均法计算的各月预测值如表 12-9 所示。

表 12-9　用加权移动平均法预测销售量　　　　单位：千株

月份		
1	28	
2	27	
3	31	
4	26	(1×28 + 2×27 + 3×31)÷6 = 29.2
5	32	(1×27 + 2×31 + 3×26)÷6 = 27.8
6	38	(1×31 + 2×26 + 3×32)÷6 = 29.8
7	52	(1×26 + 2×32 + 3×38)÷6 = 34
8	53	(1×32 + 2×38 + 3×52)÷6 = 44
9	55	(1×38 + 2×52 + 3×53)÷6 = 50.2
10	59	(1×52 + 2×53 + 3×55)÷6 = 53.8
11	65	(1×53 + 2×55 + 3×59)÷6 = 56.7
12	68	(1×55 + 2×59 + 3×65)÷6 = 61.3

加权移动平均法的预测值比简单移动平均法的预测值精确，它克服了简单移动平均法中各期比重相等的缺陷，使预测值以近期资料为主要依据，充分反映了事物的发展趋势。

（3）指数平滑法　是在加权移动平均法的基础上形成的，其基本思想是将前期预测值和前期实际值分别确定不同的权数，然后加权平均。

其计算公式如下：

$$\hat{x}_{i+1} = aX_i + (1-a)\hat{x}_i \tag{1}$$

或

$$\hat{x}_{i+1} = \hat{x}_i + a(X_i - \hat{x}_i) \tag{2}$$

公式（1）、（2）两式是指数平滑预测常用的两个基本公式，公式（2）由公式（1）展开整理而得，实质上计算结果一致。公式中符号代表的涵义是：

$\hat{x}_{i+1}$——新的预测值（下期预测值）；$\hat{x}_i$——旧的预测值（本期预测值）；X_i——t 期的实际值（本期实际值）；a——平滑系数，$0 \leqslant a \leqslant 1$。

公式（1）式中用文字说明的涵义为：

新预测值＝a（本期实际值）＋（1－a）旧预测值。即新预测值是本期实际值与旧预测值的加权平均数，权数分别为 a 和 $1-a$。

由（1）、（2）两式可知，指数平滑法比较简便，只要有平滑系数、本期实际值和本期预测值三种资料,就可以进行预测。

例如:某园林企业1月份的实际销售额为30 000元。设 $a=0.3$,用指数平滑法按公式(1)可求得各月销售额的预测值,见表12-10。其结果相同。

表12-10　××厂2～6月销售额预测值　　　　　　　　　单位:元

月份	实际销售额	预测值 $\hat{x}_{t+1}=ax_t+(1-a)\hat{x}_t$
1	30 000	
2	32 000	$\hat{x}_2=0.3\times 30\ 000+0.7\times 30\ 000=30\ 000$
3	34 000	$\hat{x}_3=0.3\times 32\ 000+0.7\times 30\ 000=30\ 600$
4	35 000	$\hat{x}_4=0.3\times 34\ 000+0.7\times 30\ 600=31\ 620$
5	32 000	$\hat{x}_5=0.3\times 35\ 000+0.7\times 31\ 620=32\ 634$
6	34 000	$\hat{x}_6=0.3\times 32\ 000+0.7\times 32\ 634=32\ 444$

根据上例数据如按(2)式预测 $\hat{x}_6$,则 $\hat{x}_6=32\ 634+0.3\times(32\ 000-32\ 634)=32\ 444$(元),如按公式(2)计算7月份预测值,则为: $\hat{x}_7=32\ 444+0.3\times(34\ 000-32\ 444)=32\ 911$(元)。

关于平滑系数的取值问题,一般情况是当事物的发展变动比较平缓的场合,可取小值(0.1-0.3),以加重旧预测值的权数,如果事物的发展变化较大,可取大值(0.6-0.8),以加大新的实际值的权重。在不易作出很好的判断时,可分别用几个不同的值加以试算比较,取其适用的用之。人们可以通过对平滑系数的控制,来适当地调整预测结果。

2. 因果关系预测分析

社会经济现象是互相联系的,其发展变化受一定因素的制约,都是由一定的原因造成的。例如,增加施肥量,在一定范围内可以提高苹果产量;提高劳动效率,降低成本费用,则可使企业利润增加。苹果总产量的增加,可以增加商品,因此,在经营预测中,有必要将有关资料联系起来,观其因,测其果,通过因果分析进行预测。

根据现象之间的数量关系,运用一定的数学模型,将一个自变量或几个自变量作为依据来预测因变量发展变化的趋势和水平的方法,称回归分析法。

回归分析法有一元回归和多元回归之分。只有一个自变量和一个因变量的称一元回归分析。如根据工人劳动生产率的提高来预测利润额可能达到的水平;根据产量的增加,预测单位产品成本降低水平等。凡是有多个自变量分析一个因变量变化趋势的,称多元回归分析。如根据施肥量、降雨量的变化预测果园苹果的未来收获量;根据企业劳动消耗量、耗电量和原材料耗用量的变化预测总成本的变化量等。一元回归分析，最基本、最简单的常用因果分析基本公式是：

$$y = a + bx$$

回归系数 a 与 b 根据最小二乘法原理导出：

$$a = \bar{y} - b\bar{x}$$

$$b = \frac{\sum x_i y_i - \bar{x} \sum y_i}{\sum x_i^2 - \bar{X} \sum x_i}$$

现举例说明回归预测方法如下：

设：某园林企业产品产量与单位成本资料如表 12-11 所示：

表 12-11　××厂产品产量与单位成本

项目\月份	单位	一	二	三	四	五	六
产量	千件	2	3	4	3	4	5
成本	元/件	73	72	71	73	69	68

首先，根据表 12-11 的资料设计一张计算表，求解回归系数 a、b 值。

求解回归方程计算见表 12-12。

表 12-12　回归方程计算表

项目\月份	产量（千件）x_i	单位成本（元/件）y_i	$x_i y_i$	x_i^2	y_i^2
一	2	73	146	4	5 329
二	3	72	216	9	5 184
三	4	71	284	16	5 041
四	3	73	219	9	5 329
五	4	69	276	16	4 761
六	5	68	340	25	4 624
合计	21	426	1 481	79	30 268

$$\bar{x} = \frac{\sum x_i}{n} = \frac{21}{6} = 3.5$$

$$\bar{y} = \frac{\sum y_i}{n} = \frac{426}{6} = 71$$

$$b = \frac{1\,481 - (3.5 \times 426)}{79 - (3.5 \times 21)} = -1.82$$

$$a = 71 - (-1.82) \times 3.5 = 77.37$$

其次,将解出来的 a、b 值代入回归方程:$y = a + bx$ $y = 77.37 - 1.82x$

当产量增加为 6 千件时,单位成本为:$y = 77.37 - 1.82 \times 6 = 66.45$(元/件)

最后,进行回归预测:

回归方程预测会产生误差,为了判断其可靠程度可以用相关系数进行检验,计算公式如下:

$$r = \frac{n\sum xy - \sum x \cdot \sum y}{\sqrt{n\sum x^2 - (\sum x)^2} \cdot \sqrt{n\sum y^2 - (\sum y)^2}}$$

将表 12-12 的有关数值代入公式得:

$$r = \frac{6 \times 1\,481 - 21 \times 426}{\sqrt{6 \times 79 - (21)^2}\sqrt{6 \times 30\,268 - (426)^2}} = -0.91$$

相关系数的取值范围在 -1 与 $+1$ 之间,r 值越接近于 1,不管 -1 还是 $+1$,表示相关关系越密切;越接近于零,表示相关关系越弱。本例 $r = -0.91$,说明单位成本与产品之间有着高度负相关。

由于 $S_{yx}^2 = \frac{\sum (y_i - y_c)^2}{n}$

数学推导证明 $S_{yx} = \sqrt{\frac{\sum y^2 - a\sum y - b\sum xy}{n}}$

将表 12-12 的有关数据及已知的参数值代入上式得:

估计标准差

$$S_{yx} = \sqrt{\frac{30\,268 - 77.37 \times 426 + 1.82 \times 1\,481}{6}} = \sqrt{\frac{3.8}{6}} = \sqrt{0.63} = 0.80$$

设 $t_0 = 2$,则该园林企业某产品单位成本预测值 66.45 元的相应置信区间为:
$y \pm 2S_{yx} = 66.45 \pm 2 \times 0.8$

故 y 值落在 64.85～68.05 之内,概率为 95.45%,也就是说,该产品的产量在 6 千件时,其预测单位成本在 64.85～68.05 元范围内的把握度为 95.45%。

最后应该指出,市场调查预测不仅可以用于国内市场,也可以用于国际市场。对于后者,"市场环境(二)"中的"文化风俗"和"资源生态"的差异常有重要意义。因此联合

第十二章 物质金钱管理

国粮农组织等国际机构常雇用文化人类学家与有关专家共同组成调查小组。

其中,"市场环境"中的"管理秩序"尤其重要,而它又是与"文化风俗"密不可分的。欧美市场经济的发展历程显示:市场秩序取决于经济增长、法制建设、人员素质这三者的互动。

人员素质主要是指执法人员的素质,因为法官和警员的平均收入,总是大大地少于商人资产者的个人可支配收入(见图2-2)的平均值。因此,法官和警员的公正性和积极性,决不可能只靠金钱"买"到,而是必须依靠制度建设和精神建设的均衡与有效。与此不同,商人资产者的积极性可以通过经济增长来"刺激",只要经济不断增长,他们就可以从现存的产业级差之中获取大于平均值的利益。

制度建设包括立下规矩(立法)、执行、监督、惩罚和修订规矩。精神建设的首要措施是优化法官和警员的队伍,也就是要尽量选拔那些既具有法律知识和执法能力,又能够在收入级差面前甘居中游地克尽职守的公民。这样,才能把违法行为控制在适度的范围之内,如果超过了这个范围,惩罚就难以进行,失去了"示警"作用的法律尊严就难以维持,伪劣假冒和贪污腐败就会成为"集体闯红灯"——合理不合法,管不过来,立法就变成了纸上谈兵。

能够在收入级差面前甘居中游的执法人员,必须在整个法律系统中占多数,甚至大多数,法律建设才会有效,因为执行和监督都涉及大量的人员,他们之中的多数不能互相包庇,也不能内外勾结。这样一个数量,是从更多的人口中选择出来的。

因此,社会凝聚力必须达到一定的程度,制度建设才会有效。而社会凝聚力在跨过温饱阶段之后,主要取决于精神文化建设——世上没有任何一个较大的国家只靠利益平衡来凝聚人心,中国更不可能。

英国在其发展早期,凝聚力的主要源泉是英国国教——基督教的文化背景使人们承认:"上帝帮助自助者",凭勤劳致富的人是"蒙上帝的恩准",主要不是靠投机害人。因此,尚未发财的人,应该"自助",而不是"骗人"——对于法官警员来说,就是在本职岗位上敬业、公正。即使如此,金钱的诱惑也会使许多人铤而走险。英国在当时的措施是:"大犯要犯"绳之以法;"集体闯红灯"的则逐出国门,向海外移民。对于城市中的无业人员,甚至加以拘捕或强制劳动。日本之所以迅速市场化,是因为它在经济增长和凝聚力这两个方面,全都具有较好的文化条件——明治维新之前的封建状态使得商人的沟通作用远较中国为大,从这一点出发就较易调动商人资产者的积极性去合法地推进经济增长;另一方面,儒家思想的浸染熏陶与大和民族自身的凝聚力大大地减少了执法队伍中的低素质人口。

对于中国来说,想要选择出必要数量的能够在收入级差面前甘居中游的执法人员,以及高素质的行政人员(因为中国的行政系统与法律系统相关甚密),不大可能依靠奠基于基督教精神的观念价值"矫情、抗争、自胀";也不大可能依靠奠基于武(士)道和苦(佛)道精神的日晒观念价值"实干、学强、自耻(拼命要强)";而是必须依靠植根于中国土地上的观念价值"知识、协调、自重"。这三类观念价值可以更通俗地表述为"个体原罪感"(或逆反为"个体自恋感")、集体危机感、群体历史感。

最后这一点,是重视知识的结果。因为,虽然"知识"的获取是从识别世上的个体、群体、事件,以及认定事实开始,并继之以寻找这些被识别的事物和现象之间的关联,但是,"知识"的确认却要根据是否有利于人们维护个体生存和群体延续来筛选——知识像人类本身一样,是进化的结果,即遗传(教育与积累)、变异(灵感与创新)、选择(汰劣存优)的结果。

这个观念价值使得在中国社会的各阶层中,把"赚钱"看得高于一切的人往往是这个阶层中综合素质较差的人。这些人倾向于和法律"兜圈子",甚至"练上两手"。另一方面,这些"赚钱内驱力"最大的人,又往往是最能"赚钱"的人。因此,仅仅依靠提高经济活力,不可能治理中国——无法约束行政权力、行业垄断力、假劣骗钱力、暴力、魅力、假学历、出国离心力等等。

人们过去低估了这些"力",就是因为没有重视"市场环境"的调查,既忽视了"文化制约",又忽视了在漫长的历史过程中形成这种文化的外因——环境资源制约。

中国的环境条件较严酷,是因为在亚欧古文明所处的中纬度地区,都受到常规西风的影响。中国地处太平洋之西,常规西风从大陆吹向海洋,海上湿气只在春夏之交因陆海温差而开始挺进大陆。造成中国降雨的季节性差异,以及频繁的水旱灾害。这种条件使得主张中庸之道的儒家组织管理学被"逼上"前台,由于汉武帝的父亲景帝险些在"吴楚七国之乱"中丧失皇权,所以他不得不采用"独尊儒术"的建议,而所谓的"文景之治",就是只顾经济活力,忽视了环境条件和社会秩序。与此类似,唐代"安史之乱"后开始把孟子上移到仅次于孔子的地位,也是因为唐玄宗的子孙认识到,"开元之治"中的经济活力,不足以治理中国。与此不同,地处大西洋东岸的西北欧,受西风所携带的海洋湿气的惠泽,降雨在1年中均匀分布,所以在一个相当长的时期内,人们没有意识到大自然的严酷和威力,常常想要"征服自然"。

第十三章 人力资源管理

第一节 人力资源概况

一、人力资源的基本概念

1. 人力资源的概念

第二次世界大战以后,世界经济得到迅猛的发展,经济学家为了找到经济发展的原因进行了广泛的研究。经过多年的探索,芝加哥大学教授、诺贝尔经济学奖获得者西奥多·T·舒尔茨(T. T. Schultz)在20世纪50年代末、60年代初提出了人力资本的理论并得到经济学界普遍的认同,他用这种理论成功地解决了古典经济学家长期以来未曾解决的经济增长的源泉之难题,解开了当代富裕之谜。他认为人力资本才是国家和地区的富裕之泉。这种理论突破了只有厂房、机器等物质性资源才是资本的概念,把国家、地区和企业在教育、保健、人口、迁移等方面投资所形成的人之能力的提高和生命周期的延长也看做为资本的一种形态。舒尔茨认为,人力资本是通过对人力资源投资而体现在劳动者身上的体力、智力和技能,它是另一种形态的资本,与物质资本共同构成了国民财富,而这种资本的有形形态则就是人力资源。这种资源是企业、地区和国家生产和发展的要素之一。当代经济学家普遍接受了舒尔茨的观点。经济学家认为,土地、厂房、机器、资金等已经不再是国家、地区和企业致富的源泉,惟独人力资源才是企业和国家发展的根本。

那么究竟何为人力资源?经济学家从不同的角度给出了不同的定义,常见的有以下几种:

广义地说,人力资源是指智力正常的人。

狭义上,有多种定义:

(1)人力资源是指能够推动国民经济和社会发展的、具有智力劳动和体力劳动能力的人们的总和,它包括数量和质量两个方面。

(2)人力资源是指劳动力资源,即一个国家或地区有劳动能力的人口总和。

(3)人力资源是指具有智力劳动或体力劳动能力的人们的总和。

(4)人力资源是指包含在人体内的一种生产能力,它是表现在劳动者身上的、以劳动者的数量和质量表示的资源,它对经济起着生产性的作用,使国民收入持续增长。

(5)人力资源是指能够推动整个经济和社会发展的劳动者的能力,即处在劳动年龄的已直接投入建设或尚未投入建设的人口的能力。

(6)人力资源是指具有为社会创造物质财富和精神财富、为社会提供劳务和服务的人。

由于本书所论述的是园林企业所需的人力资源,所以可将其定义为能够推动园林企业发展的、具有智力劳动和体力劳动的人们的总和,它包括数量和质量两个方面。

2. 相对数量和绝对数量

人力资源数量又分为绝对数量和相对数量两种。人力资源的绝对数量的构成,从宏观上看,指的是一个国家或地区中具有劳动能力、从事社会劳动的人口总数。对园林企业而言,企业中的人力资源的绝对数量一般由正在被企业雇佣的员工和欲从企业外人力资源市场招聘的即潜在的员工两部分构成,前者主要包括雇用的未成年员工、适龄员工和老年员工,但不包括即将离开企业的员工(如即将被解雇的员工、辞职的员工、退休、病退和死亡的员工);而后者则可能来源于人力资源市场中的任何一部分。

人力资源相对量即人力资源率,它是指人力资源的绝对量占总人口的比例,园林企业人力资源的相对量——企业人力资源率是企业人力资源总量与企业总员工数(包括离退休员工、因特殊原因不能工作的员工)的比率,它反映了企业的竞争力。这个比率越高,则企业人力资源可利用率就越高,企业的包袱也就越小,企业的竞争力就越强;相反,比率越低,企业人力资源可利用率也就越低,企业的包袱也就越大,企业的竞争力就越弱。目前一些大型国有企业就面临着人力资源率过低的问题。

3. 人力资源的质量

人力资源的质量是人力资源所具有的体质、智力、知识和技能水平,以及劳动者的劳动态度。它一般体现在劳动者的体质水平、文化水平、专业技术水平、劳动的积极性上,它们往往可以用健康卫生指标(如平均寿命、婴儿死亡率、每万人拥有的医务人员数量、人均日摄入热量等等)、教育状况(如劳动者的人均受教育年限、每万人中大学生拥有量、大中小学入学比例等等)、劳动者的技术等级状况(如劳动者技术职称等级的现实比例、每万人中高级职称人员所占的比例等等)和劳动态度指标(如对工作的满意程度、工作的努力程度、工作的负责程度、与他人的合作性等)来衡量。与人力资源数量相比较,其质量方面更为重要。随着社会生产的发展,现代的科学技术对人力资源的质量提出更高的要求。人力资源质量的重要性还体现在其内部的替代性方面。一般说来,人力资源的质量对数量的替代性较强,而数量对质量的替代作用较差,有时甚至不能替代。人力资源开发的目的在于,提高人力资源的质量,为社会经济的发展发挥更大的作用。

二、人力资源的特征

人力资源是园林企业进行管理和日常生产活动最基本最重要的资源,与企业其他资源相比较,它具有如下特点:

1. 能动性

这是人力资源区别于其他资源的最根本的区别。人力资源具有思想、情感和思维,具有主观能动性,能有目的地、有意识地主动利用其他资源去推动企业的发展,因而它在企业的活动中起到了积极的和主导的作用,其他资源则处于被动使用的地位。另外,人力资源还是唯一能起到创造作用的因素。由于人具有创造性思维的潜能,这种潜能可在两个方面发挥作用:一是人在企业活动中往往能创造性地提出一些全新的方法,加速企业的进步和经济效益的提高;二是人能适应环境的变化和要求,担负起应变、进取、创新发展的任务,从而使组织更加充满活力。人力资源的能动性可以体现在以下三个方面:

①自我强化。通过接受教育或主动学习,使得自己的素质(如知识、技能、意志、体魄等)得到提高。

②选择职业。在人力资源市场中具有择业的自主权力,即每个人均可按自己的爱好与特长自由地选择职业。

③积极劳动。人在劳动过程中,会产生敬业、爱业精神,能够积极主动地利用自己的知识与能力、思想与思维、意识与品格,有效地利用自然资源、资本资源和信息资源为社会和经济的发展创造性地工作。

2. 两重性

人力资源既是投资的结果,同时又能创造财富,或者说,它既是生产者,又是消费者。根据舒尔茨人力资本的理论,人力资本投资主要由个人和社会双方,对人力资源用于对教育的投资、用于对卫生健康的投资和用于对人力资源迁移的投资,人力资本投资的程度决定了人力资源质量的高低。由于人的知识是后天获得的,为了提高知识与技能,必须接受教育和培训,必须投入财富和时间,投入的财富构成人力资本的直接成本(投资)的一部分。人力资本的直接成本(投资)的另一部分是对卫生健康和迁移的投资。另外,人力资源由于投入了大量的时间用于接受教育来提高知识和技能,而失去了许多就业机会和获得收入,这构成了人力资本的间接成本(即机会成本)。从生产与消费的角度来看,人力资本投资是一种消费行为,并且这种消费行为是必需的,先于人力资本收益的,没有这种先前的投资,就不可能有后期的收益。另一方面,人力资源与一般资本一样具有投入产出的规律,并具有高增值性。研究证明,对人力资源的投资无论是对社会性还是对个人所带来的收益要远远大于对其他资源投资所产生的收益。舒尔茨用投资收益率法研究了美国1929年到1957年的经济增长贡献,结果表明,教育投资对经济增长率的贡献为33%。

3. 时效性

人力资源是存在于人的生命之中,它是一种具有生命的资源,它的形成、开发和利用都要受到时间的限制。作为生物有机体的人有其生命的周期,每个人均要经过幼稚年期、青壮年期、老年期,由于每个时期人的体能和智能的不同,其各个时期的劳动能力各不相同,因而这种资源在各个时期的可利用程度也不相同。从个人成长的角度来看,人才的培养也有幼稚期、成长期、成熟期和退化期的过程,相应地,其使用则经历培训期、试用期、最佳使用期和淘汰期的过程,这是由于随着时间的推移,社会将不断进步,科学技术也将不断发展,这是人的知识和技能相对老化而产生的结果。人力资源的开发与管理也必须尊重人力资源的时效特征。

4. 再生性

与物质资源相似,人力资源在使用过程中也会出现有形磨损和无形磨损。有形磨损是指人自身的疲劳和衰老,这是一个不可避免的、无法抗拒的损耗。无形磨损是指个人的知识和技能与科学技术发展相比的相对老化,我们可以通过一定的方式与方法减少这种损耗。物质资源在形成产品、投入使用并磨损以后,一般予以折旧,不存在继续开发问题。人力资源在使用过程中,有一个可持续开发、丰富再生的独特过程,使用过程也是开发过程。人在工作以后,可以通过不断地学习更新自己的知识,提高技能;而且,通过工作,可以积累经验,充实提高。所以,人力资源能够实现自我补偿,自我更新,自我丰富,持续开发。这就要求人力资源的开发与管理要注重终生教育,加强后期培训与开发,不断提高其德才水平。

5. 社会性

由于每一个民族(团体)都有其自身的文化特征,每一种文化都是一个民族(团体)的共同的价值取向,但是这种文化特征是通过人这个载体而表现出来的,由于每个人受自身民族文化和社会环境影响的不同,其个人的价值观也不相同,他们在生产经营活动、人与人交往等社会性活动中,其行为可能与民族(团体)文化所倡导的行为准则发生矛盾,可能与他人的行为准则发生矛盾,这就要求人力资源管理注重团队的建设,注重人与人、人与群体、人与社会的关系及利益的协调与整合,倡导团队精神和民族精神。

三、人力资源管理

1. 人力资源管理的意义

人力资源开发与管理指的是为实现园林企业的战略目标,利用现代科学技术和管理理论,通过不断地获得人力资源,对所获得的人力资源进行整合、调控及开发,并给予他们报偿而有效地开发和利用之。人力资源开发和管理是实现园林企业目标的一种手段。人力资源开发与管理的结果,就组织而言是组织的生产率提高和组织的竞争力的增加;就员工而言则是工作生活质量的提高与工作满意感的增加。

在组织中,人力资源开发与管理需要处理的管理范畴可以分为四个部分,分别是:

(1)人与事的匹配　要做到事得其才,人尽其用,有效使用。

(2)人的需求与工作报酬的匹配　使得酬适其需,人尽其力,最大奉献。

(3)人与人的协调合作　使得互补凝聚,共赴事功,强调团队精神。

(4)工作与工作的协调合作　使得权责有序,灵柔高效,发挥整体优势。

2. 人力资源管理的基本功能

(1)获取　主要包括人力资源的规划、招聘与录用。为了实现组织的战略目标,人力资源管理部门要根据组织结构确定职务说明书与员工素质要求,制定与组织目标相适应的人力资源需求与供给计划,并根据人力资源的供需计划而开展招募、考核、选拔、录用与配置等工作。显然,只有首先获取了所需的人力资源,才能对之进行管理。

(2)整合　这是使员工之间和睦相处、协调共事、取得群体认同的过程,是员工与组织之间个人认知与组织理念、个人行为与组织规范的同化过程,是人际协调职能与组织同化职能。现代人力资源管理强调个人在组织中的发展,个人的发展势必会引发个人与个人、个人与组织之间的冲突,产生一系列的问题,其主要内容有:①组织同化,即个人价值观趋同于组织理念、个人行为服从于组织规范,使员工与组织认同并产生归属感;②群体中人际关系之和谐,组织中,人与组织的沟通;③矛盾冲突的调解与化解。

(3)奖酬　是指为员工对组织所作出的贡献而给予奖酬的过程,是人力资源管理的激励与凝聚职能,也是人力资源管理的核心。其主要内容为:根据对员工工作绩效进行考评的结果,公平地向员工提供合理的、与他们各自的贡献相称的工资、奖励和福利。设置这项基本功能的根本目的在于增强员工的满意感,提高其劳动积极性和劳动生产率,增加组织的绩效。

(4)调控　这是对员工实施合理、公平的动态管理的过程,是人力资源管理中的控制与调整职能。它包括:①科学、合理的员工绩效考评与素质评估;②以考绩与评估结果为依据,对员工使用动态管理,如晋升、调动、奖惩、离退、解雇等。

(5)开发　这是人力资源开发与管理的重要职能。对于园林企业而言,其人力资源数量的开发方法有:招聘、保持等。人力资源数量的开发本书不作过多的讨论,只限于人力资源质量开发的讨论。如不作特殊的说明,我们所说的人力资源开发均指人力资源质量的开发。人力资源开发是指对组织内员工素质与技能的培养与提高,使他们的潜能得以充分发挥,最大地实现其个人价值。它主要包括企业与个人开发计划的制定、企业与个人对培训和继续教育的投入、培训与继续教育的实施、员工职业生涯开发及员工的有效使用。

第二节 人力资源规划

一、人力资源规划的概念

人力资源规划是根据组织的战略目标,科学预测组织在未来环境变化中人力资源的供给与需求状况,制定必要的人力资源获取、利用、保持和开发策略,确保组织对人力资源在数量上和质量上的需求,使组织和个人获得长远利益。

作为园林企业,进行必要的人力资源规划将使企业以及企业的员工都能得到长远的利益。具体作用体现在以下几点:

(1)人力资源规划可以根据组织目标的变化和组织的人力资源现状,分析预测人力资源的供需,采取必要的确保措施,平衡人力资源的供给与需求,确保组织目标的实现。再者,由于人力资源规划不断随环境的变化而变化,使得组织的战略目标更加完善,使得组织对于环境的适应能力更强,组织因而更富有竞争力。

(2)人力资源规划还能创造良好的条件,充分发挥组织中每个人的主观能动性,提高工作效率,使组织的目标得以实现。

(3)人力资源规划的一项基本任务是对组织的现有能力进行分析,对员工预期达到的能力与要求进行估计与分析。人力资源规划的各项业务计划将为工作分析提供依据。组织根据工作分析的结果与对员工现有的工作能力的分析,决定人员的配置的数量与质量,并对人力资源的需求作出必要的修正,然后组织根据人力资源的供需计划和人员配置的结果(即剩余人员或短缺人员的数量)来决定招聘与解雇员工的数量,因此人力资源供需计划是员工配置的基础。

(4)人力资源规划对员工的培训也有很大的影响。人力资源需求计划对人员的数量与质量提出了要求,组织上可根据目前的人力资源供给状况来决定对员工培训的范围(参加人数)与内容,决定培训的投资额度,达到以最小的人力资源成本获得最大的效益的目的。与此同时,对员工的培训使得员工的素质与能力得到提高,这又会对人力资源的供给产生影响。人力资源规划与员工培训是相互作用的。

(5)员工则可通过组织的人力资源规划看到组织未来对各个层次上的人力资源的需求,可参照组织人力资源的供给情况来设计自身的发展道路,这对提高员工的劳动积极性均是非常有益的。

二、人力资源规划的基本程序

一般来讲,园林企业人力资源规划的主要过程可分为四个阶段:

1. 调查分析准备阶段

即调查研究以取得人力资源规划所需的信息资料,并为后续阶段做实务方法和工具的准备。所调查的信息包括企业外在环境、经营战略、组织环境以及人力资源现状等。

2. 预测阶段

即在所收集的人力资源信息的基础上,通过主观经验判断和各种统计方法及预测模型,对园林企业人力资源供给和需求进行预测。

3. 制定规划阶段

即制定人力资源开发与管理的总规划,根据总规划制定各项具体的业务计划以及相应的人事政策,以便各部门贯彻执行。

4. 规划实施、评估与反馈阶段

企业组织将人力资源的总规划与各项业务付诸实施,并根据实施的结果进行人力资源规划的评估,并及时将评估的结果反馈,修正人力资源规划。

三、人力资源规划的编制

人力资源规划是一个连续的规划过程,它主要包括两个部分:基础性的人力资源规划(总规划)、业务性的人力资源行动计划。

1. 基础性的人力资源规划

基础性人力资源规划一般应包括以下几个方面:

(1)与组织的总体规划有关的人力资源规划目标、任务的说明。

(2)有关人力资源管理的各项政策策略及其有关说明。

(3)内部人力资源的供给与需求预测,外部人力资源的情况与预测。

(4)人力资源净需求。人力资源净需求可在人力资源需求预测与人力资源(内部)供给预测的基础上求得,同时还应考虑到新进人员的损耗。通常有两类人力资源净需求,第一类是按部门编制的净需求;第二类是按人力资源类别编制的净需求。前者可表明组织未来人力资源规划的大致情况,后者可为后续的业务计划使用。

2. 业务性的人力资源计划

(1)招聘计划包括:

①需要人员的类别、数目、时间。

②特殊人力的供应问题与处理方法。

③从何处、如何招聘。

④拟定录用条件。这是招聘计划的关键,条件有:工作地点、业务种类、工资、劳动时间、生活福利等。

⑤成立招聘小组。

⑥为招聘而作广告与财务准备。

⑦制定招聘进度表。进度表包括:开始日期、招聘地点、选定并训练招聘人员、确定

招聘准则、定出访问次数计划、做好活动预算。

(2) 升迁计划　由于招聘对现有人员及士气均有一定程度的负影响,所以升迁计划是人力资源规划中很重要的一项。包括:

①现有员工能否升迁。

②现有员工经培训后是否适合升迁。

③过去组织内的升迁渠道与模式。

④过去组织内的升迁渠道与模式的评价,以及它对员工进取心、组织管理方针政策的影响。

(3) 人员裁减计划包括:

①人员裁减的对象、时间、地点。

②经过培训是否可避免裁减。

③帮助裁减对象寻找新工作的具体步骤与措施。

④裁减的补偿。

⑤其他有关问题。

(4) 员工培训计划包括:

①所需培训新员工的人数、内容、时间、方式、地点。

②现有员工的再次培训计划。

③培训费用的估算。

(5) 管理与组织发展计划

(6) 人力资源保留计划　利用人力资源规划工作中的经验与有关资料,采取各种措施,挽留人才,减少不必要的人力资源损耗。措施包括:改进薪酬方案、提供发展机会、减少内部摩擦、加强沟通、减轻新进人员的适应危机、改善工作条件、实行轮岗制、提供再培训机会、改进升迁方法等。

(7) 生产率提高计划包括:

①生产率提高与人力资源的关系。

②建立生产率指标,提供具体的努力目标。

③劳动力成本对生产率提高的影响。

④提高劳动生产率的措施。

以上计划是相互影响、相互作用的。因此,各项计划必须考虑到综合平衡的问题。

第三节 人力资源吸收——员工招聘

一、工作分析

工作分析,亦称职务分析,就是对组织中各工作职务的特征、规范、要求、流程以及对完成此工作员工的素质、知识、技能要求进行描述的过程,它的结果是产生工作描述和任职说明。

工作分析是园林企业人力资源开发和管理最基本的作业,是人力资源开发和管理的基础。

1. 工作分析的内容

园林企业工作分析的内容主要包括四个方面:

(1) 工作性质分析 其目的在于确定某项工作与其他工作的质的区别。分析结果是通过确定工作名称而准确表达各项工作的具体内容。工作名称由工种、职务、职称和工作等级组成,如园林设计高级工程师,工种、职务、职称由劳动程序分工或专业分工所决定,工作等级则由工作分级确定。它们都反映了工作性质的差别。

(2) 工作任务量的分析 就是对同一性质的工作任务的多少进行分析。其结果往往表现为确定同一名称的工作所需人员的数量。

(3) 工作规范分析 包括岗位操作分析、工作责任分析、工作关系分析、工作环境分析、劳动技能分析、劳动强度分析等五项内容。岗位操作分析就是分析为完成某一任务而必须的操作行为,一定的岗位操作行为是形成独立的工种和职务的前提。工作责任分析就是确定某项工作的职责范围及在园林企业中的重要程度。工作关系分析就是分析某项工作与他项工作的协作内容及联系。工作环境分析就是对工作场所和条件的分析,工作环境分析是改善工作条件,调整员工适应能力的前提。劳动强度分析就是对工作的精力集中程度和疲劳程度的分析。

(4) 工作人员的条件分析 包括应知、应会、工作实例和人员体格及特性等方面的分析。应知就是工作人员对所从事的工作应具备的专业知识;应会是指工作人员为完成某项工作任务必须具备的操作能力和实际工作经验;工作实例就是根据应知、应会的要求,通过某项典型工作来分析判断从事某项工作的工作人员所必须具备的能力、智力及操作的熟练程度;工作人员的体格及特性是指身体方面的要求及性别、年龄和特殊能力的要求等。

2. 工作分析的方法

工作分析的方法一般可采用以下五种:

(1) 问卷调查法 即把结构化问卷发放给员工,由他们来确认各自要完成的任务。

(2)实地观察法　即对在现场工作的员工进行观察,做详细记录,然后进行系统的分析。

(3)面谈法　即工作分析人员同工作人员进行直接交谈,以了解工作的内容。

(4)记录法　即将工作中的有关事项及其动作、顺序加以记录,并进行统计整理,说明工作的性质和内容。

(5)实验法　即用生理的、医学的以及心理学的测定方法,对工作进行计量测定的分析。

3. 职位分类

(1)职位　所谓职位,是指一定的人员所经常担任的工作职务及责任。职位具有三个要素:

①职务。指规定担任的工作或为实现某一目的而从事的明确的工作行为。

②职权。依法赋予职位的某种权利,以保证履行职责,完成工作任务。

③责任。指担任一定职务的人对某一工作的同意或承诺。

职位具有五个特点:

①职位是任务与责任的集合,是人与事有机结合的基本单元。

②职位的数量是有限的,职位的数量又被称做编制。

③职位不是终身的,可以是专任,也可以是兼任,可以是常设,也可以是临时的。

④职位一般不随人走。

⑤职位可以按不同的标准加以分类。

(2)职位分类　是指将所有的工作岗位即职位,按其业务性质分为若干职组、职系(从横向上讲),然后按责任大小、工作难易、所需教育程度及技术高低分为若干职级、职等(从纵向上讲),对每一职位给予准确的定义和描述,制成职位说明书,以此作为对聘用人员管理的依据。

①职系。是指一些工作性质相同,而责任轻重和困难程度不同,所以职级、职等不同的系列。简而言之,一个职系就是一种专门职业。

②职组。工作性质相近的若干职系综合而成为职组,也叫职群。

③职级。职级是分类结构中最重要的概念。是指将工作内容、难易程度、责任大小、所需资格皆相似的职位为同一职级。

④职等。工作性质不同或主要职务不同,但其困难程度、职责大小、工作所需资格等条件充分相同之职级的归纳称为职等。

(3)职位分类的程序和方法　园林企业职位分类的基本原则是"因事设职"。其所依据的因素主要有四个,即工作的业务性质、难易程度、责任大小、对工作人员的资格要求。

职务分类的实施程序一般应遵循有前后衔接的三个步骤：

①职位调查。即对企业现有职位的工作内容、工作量、权责划分等实际情况作细致全面的调查，并在此基础上，确定基本分类的因素，建立分类标准。

②职位品评。即在职位调查的基础上，以基本分类因素为标准，对职位进行比较评价，区分职系、划定职级的过程。这是职位分类实施过程中的中心步骤。职位品评由互相衔接的两部分工作组成，一是职系区分：按工作的业务性质，并同区异（合并、相同、区分、差异），划分出职系，如技术系列、管理系列；二是职级划定：根据各职系、职位的工作简繁、责任大小、所需资格、技术高低等，把所有的工作职位定级、定等，并确定薪金待遇。所以，职位品评实际上就是一种工作评价。

③制定职级规范。制定职级规范，即对划分职级后的每一个职级或职位作标准化和定量化说明的书面文件。这一书面文件就是职级规范，又叫"职级说明书"或"职位说明书"。

二、人员招聘

人员招聘是指组织为了发展的需要，根据人力资源规划和工作分析的数量和质量要求，从组织外部吸收人力资源的过程。它是人力资源规划的具体实施。

园林企业的人员招聘大致分为招募、选拔、录用、评估四个阶段。

三、招募

1. 招募的基本内容和程序

人员招募是招聘的一个重要环节，其主要目的在于吸引更多的人来应聘，使得组织有更大的人员选择余地，避免出现因应聘人数过少而降低录用标准或随意、盲目挑选的现象；同时也可使应聘者更好地了解组织，减少因盲目加入组织而后又不得不离职的可能性。有效的人员招募可提高招聘质量，减少组织和个人的损失。人员招募主要包括：

（1）招聘计划的制定与审批 招聘计划是招聘的主要依据。制定招聘计划的目的在于使招聘更趋合理化、科学化。由于员工招聘直接影响到人力资源开发与管理的其他步骤，招聘工作一旦失误，以后的工作就难以开展，企业也将得不到最优秀的人力资源，企业的生存与发展则受到威胁。

招聘计划是用人部门根据部门的发展需要，根据人力资源规划的人力净需求、工作说明的具体要求，对招聘的岗位、人员数量、时间限制等因素作出详细的计划。招聘计划的具体内容包括：①招聘的岗位、人员需求量、每个岗位的具体要求；②招聘信息发布的时间、方式、渠道与范围；③招募对象的来源与范围；④招募方法；⑤招聘测试的实施部门；⑥招聘预算；⑦招聘结束时间与新员工到位时间。

招聘计划由用人部门制定，然后由人力资源部门对它进行复核，特别是要对人员需求量、费用等项目进行严格复查，签署意见后交上级主管领导审批。

（2）招聘信息的发布　招聘信息发布的时间、方式、渠道与范围是根据招聘计划来确定的。由于需招聘的岗位、数量、任职者要求的不同，招募对象的来源与范围的不同，以及新员工到位时间和招聘预算的限制，招聘信息发布时间、方式、渠道与范围则也是不同的。

发布招聘信息应注意以下问题：

①信息发布的范围。信息发布的范围是由招募对象的范围来决定的。发布信息的面越广，接受到该信息的人就越多，应聘者也就越多，这样可能招聘到合适人选的概率就越大。相应地，招聘的费用则会增加。

②信息发布的时间。在条件允许的情况下，招聘信息应尽早向人们发布，这样有利于缩短招聘进程，而且有利于使更多的人获取信息，使应聘人数增加。

③招募对象的层次性。招募对象均是处在社会的某个层次上的，要根据招聘岗位的要求与特点，向特定的人员发布招聘信息。

（3）应聘者提出申请　应聘者在获取招聘信息后，可向招聘单位提出应聘申请。应聘申请有两种方式：一是应聘者通过信函向招聘单位提出申请；二是直接填写招聘单位应聘申请表。无论是采用哪一种方式，应聘者应向招聘单位提供以下个人资料：

①应聘申请函（表），且必须说明应聘的职位。

②个人简历，着重说明学历、工作经验、技能、成果、个人品格等信息。

③各种学历、技能、成果（包括获得的奖励）证明（复印件）。

④身份证（复印件）。

个人资料和应聘申请表必须详尽真实，人力资源部门将在招聘工作的后续环节予以核实。

2. 招募的来源和方法

根据招募对象的来源我们可将招募分为内部招募与外部招募，它们各自采用的方法也不同。

（1）内部招募　当企业中出现职位空缺时，人力资源管理部门采取积极的态度先从组织内部中寻找、挑选合适的人员填补空缺，称为内部招募。

内部招募有以下优点：一是为组织内部员工提供了发展的机会，增加了组织对内部员工的信任感，这有利于激励内部员工，有利于员工职业生涯的发展，有利于稳定员工队伍，调动员工的积极性；二是可为组织节约大量的费用，如广告费用、招聘人员与应聘人员的差旅费、被录用人员的生活安置费、培训费等；三是简化了招聘程序，为组织节约了时间，省去了许多不必要的培训项目（如职前培训、基本技能培训等），减少了组织因职位空缺而造成的间接损失（如岗位闲置等待、效率降低等）；四是由于对内部员工有较为充分的了解，使得被选择的人员更加可靠，提高了招聘质量；五是对那些刚进入组织时被迫从事自己所不感兴趣的工作的人来说,提供了较好的机遇,使他们有可能选择所感兴趣的工作。

①内部招募对象的主要来源

a. 提升。从内部提拔一些合适的人员来填补职位空缺是常用的方法。内部提升给员工提供了机会,使员工感到在组织中是有发展机会的,个人职业生涯发展是有前途的,这对于鼓舞士气、稳定员工队伍是非常有利的。同时由于被提升的人员对组织较为了解,他们对新的工作环境能很快适应。这也是一种省时、省力、省费用的方法。但这种选拔由于人员选择范围小,可能选不到最优秀的人员到岗位上,另外还可造成"近亲繁殖"的弊病。一般地,当组织的关键职位和高级职位出现空缺时,往往采用内外同时招募的方式。

b. 工作调换。工作调换也称"平调"。它是指职务级别不发生变化,工作岗位发生变化。它是内部人员的另一种来源。工作调换可提供员工从事组织内多种相关工作的机会,为员工今后提升到更高一层职位做好准备。

c. 工作轮换。工作调换一般用于中层管理人员,且在时间上往往可能是较长的,甚至是永久的,而工作轮换则是用于一般员工,它既可以使有潜力的员工在各方面积累经验,为晋升做准备,又可减少员工因长期从事某项工作而带来的枯燥、无聊感。

d. 内部人员重新聘用。一些企业由于一段时期经营效果不好,会暂时让一些员工下岗待聘,当组织情况好转时,再重新聘用这些员工。对下岗员工而言,他们经历过下岗后,更加珍惜企业给予他们的机会,工作积极性会更高。据有关方面调查,80%的下岗员工表示若原单位情况好转,则愿意回到原来单位工作。这一方面表现出劳动愿望,同时也表示企业对他们的吸引和他们对企业的情感。对企业而言,由于员工对企业的熟悉与了解,对工作岗位能很快适应,为企业省去了大量的培训费用。同时,组织又以最小的代价获得有效的激励,并使组织更具有凝聚力,使企业与个人共同发展。

②内部招募的主要方法

a. 布告法。布告法的目的在于使企业中的全体员工都了解到哪些职务空缺,需要补充人员,使员工感觉到企业在招募人员这方面的透明度与公平性,并认识到在本企业中,只要自己有能力,通过个人的努力,是有发展机遇的。这有利于提高员工士气,培养积极进取精神。布告法是在确定了空缺职位的性质、职责及其所要求的条件等情况后,将这些信息以布告的形式,公布在企业中一切可利用的墙报、布告栏、内部报刊上,尽可能使全体员工都能获得信息,号召有才能、有志气的员工毛遂自荐,脱颖而出。对此职务有志趣者即可到主管部门和人事部门申请。主管部门和人事部门经过公正、公开的考核择优录用。

b. 推荐法。推荐法可用于内部招聘,也可用于外部招聘。它是由本企业员工根据企业的需要推荐其熟悉的合适人员,供用人部门和人力资源部门进行选择和考核。由于推荐人对用人部门与被推荐者均比较了解,使得被推荐者更容易获得企业与职位的信息,便于其决策,也使企业更容易了解被推荐者。因而这种方法较为有效,成功的概率也较大。

c. 档案法。人力资源部门都有员工档案,从中可以了解到员工在教育、培训、经验、技能、绩效等方面的信息,帮助用人部门与人力资源部门寻找合适的人员补充职位。员工档案对员工晋升、培训、发展有着重要的作用,因此员工档案应力求准确、完备,对员工在职位、技能、教育、绩效等方面信息的变化应及时做好记录,为人员选择与配备做好准备。

(2)外部招募　内部招募虽然有许多优点,但它明显的缺点是人员选择的范围比较小,往往不能满足企业的需要,尤其是当企业处于创业初期或快速发展的时期,或是需要特殊人才(如高级技术人员、高级管理人员)时,仅有内部招募是不够的,必须借助于企业外的劳动力市场,采用外部招募的方式来获得所需的人员。

①外部招募的主要来源与方法

a. 广告。招募广告是外部招募常用的方法。它通过新闻媒介向社会传播招募信息,其特点是信息传播范围广、速度快,应聘人员数量大、层次丰富,企业的选择余地大。

招募广告应力求能吸引更多的人,并做到内容准确、详细,聘用条件清楚。好的招募广告通过对企业的介绍,还能起到扩大企业影响的作用,让更多的人了解组织,起到一举两得的作用。

招募广告应包括以下内容:企业的基本情况;政府劳动部门的审批情况;招聘的职位、数量与基本条件;招聘的范围;薪资与待遇;报名的时间、地点、方式及所需的资料;其他有关注意事项。

b. 学校。学校是人才资源的重要来源,每年学校有几百万的毕业生走出校门,进入社会。学校毕业生一直是园林企业技术人才和管理人才的最主要来源。一些企业为了不断地从学校获得所需人才,在学校设立奖学金,与学校横向联合,资助优秀或贫困学生,借此吸引学生毕业后去该企业工作;有的还为学生提供实习机会和暑期雇用机会,以期日后确定长久的雇用关系,并达到试用观察的目的,而对学生则提供了积累工作经验、评估在该企业中工作与发展的价值的机会;有的则在学校中建立"毕业生数据库",对毕业生逐个进行筛选。

对学校毕业生最常用的招募方法是一年一度或两次的人才供需洽谈会,供需双方直接见面,双向选择。除此之外,有的企业则自己在学校召开招聘会、在学校中散发招聘广告等。有的则通过定向培养、委托培养等方式直接从学校获得所需要的人才(特别是高层次人才)。

c. 就业媒体。随着人才流动的日益普遍,应运而生了人才交流中心、职业介绍所、劳动力就业服务中心等就业媒体。这些机构承担着双重角色:既为企业择人,也为求职者择业。借助于这些机构,企业与求职者均可获得大量的信息,同时也可传播各自的信息。这些机构通过定期或不定期地举行人才交流会,供需双方面对面地进行商谈,增进了彼此的了解,并缩短了招聘与应聘的时间。实践证明,这是一条行之有效的招聘与就业途径。

猎头公司是近年来为适应企业对高层次人才的需求与高级人才的求职需求而发展起来的。猎头公司往往对企业及其人力资源需求有较详细的了解,对求职者的信息掌握较为全面,猎头公司在供需匹配上较为慎重,其成功率比较高。但其收费也非常高,一般收费标准为员工录用后的 1~3 个月的工资。

d. 信息网络招聘与求职。它是近年来随着计算机通讯技术的发展和劳动力市场发展的需要而产生的通过信息网络进行招聘、求职的方法。由于这种方法信息传播范围广、速度快、成本低、供需双方选择余地大,且不受时间、地域的限制,因而被广泛采用。招聘单位、求职者、就业媒体均通过信息网络来达到目的。

e. 特色招募。如电话热线、接待日等特色招募形式能吸引更多的人来应聘,通过电话,招募对象可非常迅速、方便地了解到企业及职位的信息;在接待日,通过对公司的访问、与部门领导和人力资源部门管理人员的交谈,可深层次地了解企业与个人,便于企业与个人作出决策。在招募过程中,有一个值得注意的问题是:用人单位要真实地向求职者介绍自己的企业,这被称为"工作真实情况介绍"。工作真实情况介绍要求招聘人员除了要介绍本企业有利的一面外,还要介绍不利的一面,如工作环境问题、交通问题等,应向求职者提供真实的企业状况和信息。若不向求职者提供不利的信息,则易使求职者产生过高的期望。研究表明,求职者在录用前,若对工作的期望高于实际情况时,会使他们在进入企业后产生失望的情绪,引起不满,使得新进人员的保持率降低;而对于接受工作真实情况介绍的求职者来说,进入企业后,其工作的满意度较高,不易引起离职。

工作真实情况介绍可采用多种方法,如参观、录像、资料介绍、面谈等。

四、人员选拔

人员选拔是指从对应聘者的资格审查开始,经过用人部门与人力资源部门共同的初选、面试、考试、体检、个人资料核实,到人员甄选的过程。人员选拔是招聘工作中最关键的一步,也是招聘工作中技术性最强的一步,因而,其难度也最大。选拔过程包括:

1. 资格审查与初选

资格审查是园林企业对求职者是否符合职位的基本要求的一种审查。最初的资格审查是人力资源部门通过审阅求职者的个人资料或应聘申请表进行的。人力资源部门将符合要求的求职者人员名单与资料移交用人部门,由用人部门进行初选。初选工作的主要任务是从合格的应聘者中选出参加面试的人员。由于个人资料和应聘申请表所反映的信息不够全面,决策人员往往凭个人的经验与主观臆断来决定参加面试的人员,带有一定的盲目性,经常产生漏选的现象。因此,初选工作在费用和时间允许的情况下应坚持面广的原则,应尽量让更多的人员参加面试。

2. 面试

由于人员资格审查与初选不能反映应聘者的全部信息,企业不能对应聘者进行深层次的了解,个人也无法得到关于企业的更为全面的信息,因此需要通过面试使企业与个人各自得到所需要的信息,以便企业进行录用决策,个人进行是否加入企业的决策。

面试是双向选择的一个重要手段,是供需双方通过正式交谈,达到企业能够客观了解应聘者的业务知识水平、外貌风度、工作经验、求职动机等信息,应聘者能够了解到更全面的企业信息。与传统人事管理只注重知识掌握不同的是,现代人力资源管理更注重员工的实际能力与工作潜力。进一步的面试还可帮助企业(特别是用人部门)了解应聘者的语言表达能力、反应能力、个人修养、逻辑思维能力等;而应聘者则可了解到自己在企业的发展前途,能将个人期望与现实情况进行比较,企业提供的职位是否与个人兴趣相符等。面试是员工招聘过程中非常重要的一步。

若从面试所达到的效果来分类,则面试可分为初步面试和诊断面试。初步面试是用来增进用人单位与应聘者相互了解的过程,在这个过程中应聘者对其书面材料进行补充(如对技能、经历等进行说明),企业对其求职动机进行了解,并向应聘者介绍企业情况、解释职位招募的原因及要求。初步面试类似于面谈,它比较简单、随意。通常,初步面试是人力资源部门中负责招聘的人员主持,不合适的人员或企业不感兴趣的应聘者将被筛选掉。诊断面试则是对经初步面试筛选合格的应聘者进行实际能力与潜力的测试,它的目的在于招聘单位与应聘者双方补充深层次的信息,如应聘者的表达能力、交际能力、应变能力、思维能力、个人工作兴趣与期望等,企业的发展前景、个人的发展机遇、培训机遇。这种面试由用人部门负责参与,它更像正规的考试。对于高级管理人员的招聘,则企业的高层领导也将参加。这种面试对组织的录用决策与应聘者是否加入企业决策至关重要。

五、人员录用

1. 人员录用过程

主要包括:试用合同的签定、员工的初始安排、试用、正式录用。

(1)试用合同 员工进入企业前,要与企业签订试用合同。员工试用合同是对员工与企业双方的约束与保障。试用合同应包括以下主要内容:试用的职位、试用的期限、员工在试用期的报酬与福利、员工在试用期应接收的培训、员工在试用期的工作绩效目标与应承担的义务和责任、员工在试用期应享受的权利、员工转正的条件、试用期企业解聘员工的条件与承担的义务和责任、员工辞职的条件与义务、员工试用期被延长的条件等。

(2)员工的安排与试用　员工进入企业后,企业要为其安排合适的职位。一般来说,员工的职位均是按照招聘的要求和应聘者的应聘意愿来安排的。人员安排即人员试用的开始,试用是对员工的能力与潜力、个人品质与心理素质的进一步考核。

2.人员录用的原则

(1)因事择人,知事识人　因事择人,要求企业招聘员工应是根据工作的需要来进行,应严格按照人力资源规划的供需计划来吸纳每一名员工,人员配备切莫出自于部门领导或人力资源部门领导的个人需要或长官意志,也不能借工作需要来达到个人的某种目的。知事识人,要求部门领导对每一个工作岗位的责任、义务和要求非常明确,应当学会对人才鉴别,掌握基本的人才测试、鉴别、选拔的方法,不但要使自己成为一个好领导,也应当成为一个"伯乐",应懂得什么样的岗位安排什么样的人员。

(2)任人唯贤,知人善用　任人唯贤,强调用人要出于"公心",以事业为重,做到大贤大用,小贤小用,不贤不用。在人员的安排使用过程中,有两种心态误差易影响任人唯贤的进行:一是亲近效应,与管理者、领导接触频繁或有过故交的人,易使管理者对他产生亲切感,因而会在工作上给予更多的关照、信任、器重,特别是在其刚进入企业时就给予特殊的照顾。这种效应,使某些管理者凭感情深浅为褒贬,看关系亲疏定升降,对亲属、好友、同学等给予过多的恩惠,也即"任人唯亲";二是月光效应。它是指管理者只看重某人的靠山、关系,而不察其绩效、能力与水平。某人看似月球,虽自身不会发光,但借助于太阳的光芒亦能闪光耀眼。其人虽平庸,奈何靠山坚实,故而身价倍增。重用此人可一时讨得领导人的欢心,但却易失去员工的信心。知人善用,要求管理者对所任用的员工了如指掌,并能及时发现人才,使用得当,使每个人都能充分施展自己的才能。

(3)用人不疑,疑人不用　这个原则要求管理者对员工要给予充分的信任与尊重。如果对部下怀有疑虑,不如干脆不用。事实上,试用人员与正式员工在使用上并无本质的差异,关键是管理者能不能给他们以充分的信任与权力,大胆放手让他们在其岗位上发挥自己的才能。

(4)严爱相济,指导帮助　员工在试用期间,管理者必须为其制定工作标准与绩效目标,对其进行必要的考核,考核可从几个方面进行:能力及能力的提高、工作成绩、行为模式及行为模式的改进等等;对试用的员工在生活上应当给予更多的关怀,尽可能地帮助员工解决后顾之忧,在工作上要指导帮助员工取得进步,用情感吸引他们留在组织中;同时,从法律上保证员工享受应有的权利。这些对员工是否愿意积极努力地、长期稳定地为组织工作是非常有利的。

3. 正式录用

员工的正式录用即我们通常所称的"转正",是指试用期满,且试用合格的员工正式成为该企业的成员的过程。员工能否被正式录用关键在于试用部门对其的考核结果如何,企业对试用员工应坚持公平、择优的原则进行录用。

正式录用过程中用人部门与人力资源部门应完成以下主要工作:员工试用期的考核鉴定;根据考核情况进行正式录用决策;与员工签订正式的雇用合同;给员工提供相应的待遇;制定员工发展计划;为员工提供必要的帮助与咨询等等。

第四节 绩效考评

一、绩效考评的程序和目的

绩效考评是企业根据员工的职务说明,对员工的工作业绩,包括工作行为和工作效果,进行考察与评估。考绩的程序一般分为"横向程序"和"纵向程序"两种。

1. 横向程序

是指按考绩工作的先后顺序形成的过程进行,主要有下列环节:

(1)制定考绩标准　这是考绩时为避免主观随意性而不可少的前提条件,考核标准必须以职务分析中制定的职务说明与职务规范为依据,因为那是对员工所应尽的职责的正式要求。

(2)实施考绩　即对员工的工作绩效进行考核、测定和记录。根据目的,考核可分全面的或局部的。

(3)考绩结果的分析与评定　考绩的记录需与既定标准进行对照来作分析与评判,从而获得考绩的结论。

(4)结果反馈与实施纠正　考绩结论通常应与被考评员工见面。使其了解企业对自己工作的看法与评价,从而发扬优点,克服缺点。但另一方面,还需针对考绩中发现的问题,采取纠正措施。因为绩效是员工主、客观因素的综合结果,所以纠正不仅是针对被考评员工的,也需针对环境条件作相应调整。

2. 纵向程序

是指按组织层次逐级进行考绩的程序。考绩一般是先对基层考绩,再对中层考绩,最后对高层考绩,形成由下而上的过程。

(1)以基层为起点,由基层部门的领导对其直属下级进行考绩。考绩分析的单元包括员工个人的工作行为(如是否按规定的操作规程进行工作,或一名干部在领导与管理其下级时是如何具体进行的等等),员工个人的工作效果(如原材料消耗率、出勤率等),也包括影响其行为的个人特征及品质(如工作态度、信念、技能、期望与需要等)。

(2)基层考绩之后,便会上升到中层部门进行考绩,内容既包括中层干部的个人工作行为与特性,也包括该部门总体的工作绩效(如任务完成率、劳动生产率、工程合格率等)。

(3)待逐级上升到公司领导层时,再由公司所隶属的上级机构(或董事会),对公司这一最高层次进行考绩,其内容主要是经营效果方面硬指标的完成情况(如利润、市场占有率等)。

3.绩效考评的目的

考绩的目的主要是进行行政管理,如制定调迁、升降、委任、奖惩等人事决策;但其目的也有培训开发性的,如考绩结果对被考评者的反馈,以及据此结果制定与实施培训计划等。考绩的主要目的包括:

(1)考绩具有激励功能,使员工体验到成就感、自豪感,从而增强其工作满意感。同时,考绩也是执行惩戒的依据之一,而惩戒也是提高工作效率、改善绩效不可缺少的措施。

(2)按照按劳分配的付酬原则,考绩之后应论功行赏,所以考绩结果是薪酬管理的重要工具。薪酬与物质奖励无论如何仍是激励员工的重要工具。健全的考绩制度与措施,能使员工普遍感到公平与心服,从而也增强其工作满意感。

(3)考绩结果又是员工调迁、升降、淘汰的重要标准,因为通过考绩可以评估员工对现任的胜任程度及其发展潜力。

(4)考绩对于员工的培训与发展有重要意义。一方面,考绩能发现员工的长处与不足,对他们的长处应注意保护、发扬,对其不足,需施行辅导与培训。另一方面,考绩不但可发现和找出培训的需要,据此制定培训措施与计划,还可以检查培训措施与计划的效果。

(5)在考绩中,员工的实际工作表现经过上级的考察与测评,可通过面谈或其他渠道,将结果向被评员工反馈,并听取反映、说明和申诉。这样,考绩便具有促进上、下级间的沟通,了解彼此对对方期望的作用了。

(6)考绩的结果可提供给生产、供应、销售、财务等其他职能部门,供制定有关决策时作为参考依据。

二、绩效考评的标准

绩效考评的标准是对员工绩效的数量和质量进行监测的准则。考评标准从不同的角度可以有不同的分类。通常的分类方法有四种:按考评手段分类;按考评的尺度分类;按标准的属性分类;按标准的形态分类。

1.按考评的手段分类

按考评的手段可把考评标准分为定量标准和定性标准,定量标准,就是用数量作为标度的标准,如工作能力和工作成果一般用分数作为标度;定性标准,就是用评语或字符作为标度的标准,如对员工性格的描述。

2.按标准的属性分类

按标准的属性可将考评标准分为主观标准和客观标准,相对标准与绝对标准。

3.按标准的形态分类

按标准的形态可分为静态标准与动态标准。

(1)静态标准　静态标准主要包括分段式标准、评语式标准、量表式标准、对比式标准和隶属度标准等五种形式。

①分段式标准。是将每个要素(评估因子)分为若干个等级,然后将指派给各个要素的分数(已赋予权重)分为相应的等级。再将每个等级的分值分成若干个小档(幅度)。

②评语式标准。运用文字描述每个要素的不同等级。这是运用最广泛的一种标准。

③量表式标准。是利用刻度量表的形式,直观地划分等级,在评估了每个要素之后,就可以在量表上形成一条曲线。

④对比式标准。就是将各个要素的最好的一端与最差的一端作为两极,中间分为若干个等级。

⑤隶属度标准。就是以隶属函数为标度标准,它一般通过相当于某一等级的"多大程度"来评定。

(2)动态标准　主要有:行为特征标准、目标管理标准、情景评估和工作模拟标准。

①行为特征标准。就是通过观察分析,选择一例关键行为作为考评的标准。

②目标管理标准。是以目标管理为基础的考评标准,目标管理是一种以绩效为目标、以开发能力为重点的考评方法,目标管理考评准则是把它们具体化和规范化。

③情景考评标准。是对领导人员进行考评的标准。它是从领导者与被领导者和环境的相互关系出发来设计问卷调查表,由下级对上级进行考评,然后按一定的标准转化为分数。

④工作模拟标准。通过操作表演、文字处理和角色扮演等工作模拟,将测试行为同标准行为进行比较,从中作出评定。

三、常用的考评方法

1.分级法

即按被考评员工每人绩效相对的优劣程度,通过比较,确定每人的相对等级或名次来。又可称为排序法,即排出全体被考评员工的绩效优劣顺序。排列方向由最优排至最劣,或反之由最劣排至最优均可。排序比较可以遵循某个单一的特定绩效维度(如工程质量、服务态度等)进行,但更常见的是对每人的整体工作状况进行比较。

2. 量表考绩法

此法用得最为普遍,它通常作维度分解,并沿各维度划分等级,设置量表(即尺度),可实现量化考评,而且操作也可称简捷。有时只用纯数字而不附文字说明,最简单的甚至只列有均等刻度与分段的标尺,令考评者适当勾选就行了。量表法考绩也需较多准备与设计工作,首先是维度的选定,维度应当力求纯净,即只涉及同一性质的同类工作活动;必须明确定义;可以取行为作基础,也可取品质,但必须是能有效操作化的。

3. 关键事件法

此法需对每一待考评员工每人保持一本"考绩日记"或"绩效记录",由考察与知情的人(通常为被考评者直属上级)随时记载。需要说明的是,所记载的事件既有好事(如某日提前多久完成了所分派给他的某项重要任务),也有不好的事(如某日因违反操作规程而造成一次重大的质量事故);所记载的必须是较突出的、与工作绩效直接相关的事,而不是一般的、琐细的生活细节方面的事;所记载的应是具体的事件与行为,而不是对某种品质的评判(如"此人是认真负责的")。最后还应指出,事件的记录本身不是评语,只是素材的积累;但有了这些具体事实作根据,经归纳、整理,便可得出可信的考评结论。从这些素材中不难得出有关考评者的长处与不足,在对此人进行反馈时,不但因有具体事实作支持而易于被接受,而且可充实那些抽象的评语,并加深被考评者对它们的理解,有利于以后的改进,因而培训功能较强。此外,在设计和开发其他考绩工具时,可有助于从这些记录中找出合理的考绩维度和行为性实例,供作标尺刻度说明词用。

4. 评语法

这就是最常见的以一篇简短的书面鉴定来进行考评的方法。考评的内容、格式、篇幅、重点等均不拘,完全由考评者自由掌握,不存在标准规范。通常将谈及被考评者的优点与缺点、成绩与不足、潜在能力、改进的建议及培养方法等。此法每篇评语各具特色,又只涉及总体,不分维度或任取粗略划分的维度;既无定义,又无行为对照标准,所以难作相互对比;加之几乎全部使用定性式描述,无量化数据,据此作出准确人事决策,相当不易。但因为它明确而灵活,反馈简捷,所以至今仍颇受欢迎。在我国,此法更是一种传统的考核方式。

四、绩效考核的实施

1. 考绩的执行者

合格的考绩执行者应当满足的理想条件是:了解被考评者职务的性质、工作内容、要求及考绩标准与公司有关政策;熟悉被考评者本人的工作表现,尤其是本考绩周期内的,最好有直接的近距离密切观察其工作的机会;当然此人应当公正客观,不具偏见。

(1)直接上级执行考绩　他们很符合上述条件中的头两条。授权他们来考评,也是企业组织的期望,他们握有奖惩手段,无此手段的考评便失去了权威。但在第三个条件即公正性上不太可靠,因为频繁的日常直接接触,很容易使考绩掺入个人感情色彩。所以有的企业用一组同类部门的干部共同考核彼此的下级,只有同意的判断才作为结论。

(2)同级同事　他们对被考绩者的职务最熟悉、最内行,对被评同事的情况也很了解。但同事之间必须关系融洽,相互信任,团结一致;相互间有一定交往与协作,而不是各自为战,独立作业。这种办法多用于专业性组织,如大学、医院、科研单位等,企业专业性很强的部门也可使用;也可用于考评很难由另一类人考评的职务,如中层干部。

(3)被考评者本人　这就是常说的自我鉴定。这可使被考评者得以陈述对自身绩效的看法,而他们也确是最了解自己所作所为的人。自我考核能令被考评者感到满意,抵制少,且能有利于工作的改进。不过自评时,本人对考评维度及权重的理解可能与上级不一致,常见的是自我考绩的评语优于上级的。

(4)直属下级给上级考绩　有相当一些人不太主张用此法。这是因为下级若提了上级缺点,怕被报复,给小鞋穿,所以只报喜不报忧;下级还易于仅从此上级是否照顾自己个人利益判断其好坏,对坚持原则,严格要求而维护企业利益的上级评价不良。对上级来说,常顾虑这会削弱自己的威信与奖惩权;而且知道自己的考绩要由下级来做,便可能在管理中缩手缩脚,投鼠忌器,充当老好人,尽量少得罪下级,使管理工作受损。但不应一概排斥这种考评,因为企业中采用此法,至少对改变干部工作作风有较好效果,并有利于形成政治上的平等气氛。为了消除下级顾虑,可以取无记名评价表或问卷作工具。

(5)外界考绩专家或顾问　这些人有考绩方面的专门技术与经验,理论修养也深;而且他们在公司中无个人瓜葛,较易做到公允。他们被请来,是会得到本应担任考评者的干部们的欢迎的,因为可以省去自己本需花费的考绩时间,还可免去不少人际矛盾。被考绩的下级也欢迎,因为专家不涉及个人恩怨,较易客观公正。公司也欢迎,因为专家们内行,在各部门所用的考评法与标准是一致的,具有可比性,而且较为合理。只是成本较高,而且他们对于考核专业可能不内行。

2. 考绩面谈

只作考评而不将结果反馈给被考评的下级,考绩便失去它极重要的激励、奖惩与培训的功能。反馈的方式主要是考绩面谈。一般这种面谈都由做过考绩并发现被考评的下级有些绩效上的缺陷而主动约见被考评者的。因为谈话具有批评性,又与随后的奖惩措施有联系,所以颇敏感,但却又是不可缺少的。因此掌握好此种谈话便需要某种技巧乃至艺术。现从人们的经验中归纳出下列几点原则:

(1)对事不对人　焦点置于以硬的数据为基础的绩效结果上,先不要责怪和追究当事者个人的责任与过错,尽量不带威胁性。针对个人的批评很易引起反感、强辩与抵制,这就达不到考绩的真正目的,所以要强调的是客观结果。考评者要表明他所关心的是哪方面的绩效,再说下级的实际情况与要求达到的目标间的差距;要上、下一起来找差距。

(2) 谈具体,避一般 不要作泛泛的、抽象的一般性评价,要拿具体结果出来支持结论,援引数据,列举实例。要用事例说明你想看到的改进结果,引导下级看到差距在哪里。

(3) 不仅找出缺陷,更要诊断出原因 要引导和鼓励被评者自己分析造成问题的原因,即使浅薄牵强,也切不可反驳和嘲笑,而要启发他继续挖原因,直到找准为止。

(4) 要保持双向沟通 要共同解决问题,必须是个双向过程,不能上级单方面说了算,教训下级。这样只会造就傀儡,不能造就人才;只会激起抵制心理而不是对克服缺点的热情。

(5) 落实行动计划 绩效面谈只有导致改进的实效,才算是成功。所以找出了病因,就得上下共同商量出针对性的改进计划;计划不能只列出干巴巴的几条,而要多想出一些备选方案。不过最后重点只能放在一两项最重要的行动计划上,而且由谁干、干什么、几时干,都得逐一落实。计划得写成书面的,要强调改正了缺点的好处,使计划带有激励性。

3. 影响考绩的因素

(1) 考评者的判断 他们的个人特点,如个性(是否怕伤害别人感情等)、态度(是否视考绩为不必要的累赘)、智力(对考绩标准、内容与方法理解与掌握会因之不同)、价值观(如性别、年龄歧视等)和情绪与心境(高昂愉快时考评偏宽、低沉抑郁时偏严)等常有影响。

(2) 与被评者的关系 除了考评者与被考评者间关系的亲疏、过去的恩怨外,对被评者的工作情况及其职务的特点与要求的了解程度,也颇有影响。

(3) 考绩标准与方法 考评维度选择的恰当性,是否相关和全面、定义是抽象含混还是具体明确,结果是否传达给被评者,都有影响。

(4) 组织条件 企业领导对考绩工作的重视与支持,考绩制度的正规性与严肃性,对各级主管干部是否进行过考绩教育与培训,考绩结果是否认真分析并用于人事决策,还是考完便锁进档案文件柜,使考绩流于形式,考绩是否发扬了民主,让被考评者高度参与,所用考绩标准与方法是长期僵守,还是随形势发展而修正、增删与调整等,对考绩效果的影响都很大。

(5) 考绩中常见的心理弊病 这些弊病造成主观性与片面性,影响考绩可信度与效度,实践中这种弊病很难完全避免,但事先了解和提醒,可最大限度地减少其消极影响。

第五节 企业员工的培训与发展

员工的培训与发展是园林企业人力资源开发的一个重要内容。从员工个人来看,培训和发展可以帮助员工充分发挥和利用其人力资源潜能,更大程度地实现其自身价值,提高工作满意度,增强对企业的组织归属感和责任感。从企业来看,对员工的培训和发展是企业应尽的责任,有效的培训可以减少事故,降低成本,提高工作效率和经济效益,从而增强企业的市场竞争能力。因此,任何企业都不能对员工的培训和发展掉以轻心。

一、培训的目的和方法

1. 培训的目的

园林企业培训的目的主要有四项:育道德、建观点、传知识、培能力,缺一不可,但是,前两者是软性的、间接的,后两者才是硬性的、直接的,是企业培训的重点。

企业培训中的知和能,反映了企业的经营管理实践的两个重要特征:一是强烈的应用导向性,即实用性。知,即有关的概念和理论,都是为解决实际问题而研究和建立的,决不是为理论而建理论,不是纸上谈兵,不是纯学术性结果;能,更应是可操作的,是对症下药的,是确能解决实际问题,能见实效。二是多元性、复杂性与动态性。企业的生产经营活动既涉及物,也涉及有感情的、受个人心理因素影响的人,所以在企业的生产经营工作中很少有一种万能的、统一的最佳方法,它是权变的,是因时因地因情制宜的能。

在企业培训中向员工传授的知识,就其性质看来,可分为三类:一是基础知识,如数理化、语文、外语等;二是专业知识,指的是有关企业生产经营的各种职能,如会计、财务、生产、科技、营销、人事等方面的理论和技术;三是背景性的广度知识。按传统的看法,似乎其中专业知识应最为重要。其实,由于信息爆炸,知识老化更新加速,新知识包括跨学科的边沿性新领域不断呈现,专业知识寿命缩短,而掌握新的专业知识需以扎实的基础知识作为基石;又由于生产经营活动涉及面宽而杂,使常识性的广度知识甚至比专业知识更重要,它不仅涵盖科技方面,还包括了许多人文、社会科学的内容。

至于企业培训中培养员工掌握的能力,不仅限于技术性专业能力,还涉及更多的与人有关的软因素。以管理人员的日常工作为例,据统计,70%~80%的时间是跟人打交道。因此,对员工的培训,尤其是对管理人员的培训,不能不重视人际技能,如沟通能力、协调能力、冲突处理能力等。另外,企业培训还应培养员工独立解决问题的能力。这里所说的解决问题,是由下述七个环节组成的一个完整的过程。这七个环节是:

(1)发现问题 管理者在实际工作中往往面临的是头绪万端的复杂情况,他必须首先找出存在哪些问题,才知道自己任务的具体内容。

(2)分清主次　一种管理情景往往包含着多种问题,想同时一起去解决是无效的,必须把这些问题按轻重缓急列出顺序。这就是要首先找出主要矛盾,从主要矛盾入手便能事半功倍。

(3)诊断病因　即通过分析,找出问题产生的原因,首先是那些最主要、最重要、最迫切问题的原因。

(4)拟定对策　找出了问题根源,便应针对这些原因,拟定解决办法。但为避免片面性,至少应想出两种备选方案。

(5)比较权衡　分析不同的备选方案的利弊、机会与风险,以及可能带来的收获、损失及其概率。

(6)作出决策　经过了以上步骤,便可从中选出最有利的一种方案,作为决策。

(7)贯彻执行　有了决策,便需要制定出可操作的具体行动计划,以付诸实施,把问题解决掉。

2.企业培训中的具体方法

园林企业培训的具体形式是多样化的,为了达到培训目的,其方法应符合企业经营管理实践的两个特征,除了采用传统的课堂讲授式教学外,更要注重亲验式的培训方法,如案例研究、讨论交流、现场学习、课堂作业、模拟练习、心理测试、角色扮演、游戏竞争、小组活动等等。下面着重介绍案例教学法和亲验式练习法。

(1)案例教学法　案例,是指用一定视听媒介,如文字、录音、录像等,所描述的客观存在的真实情景。它作为一种研究工具早就广泛用于社会科学的调研工作中,20 年代起,哈佛商学院首先把案例用于管理教学,称为案例教学法。

案例用于教学时,具有三个基本特点:首先,其内容应是真实的,不允许虚构。为了保密,有关的人名、单位名、地名可以改用假名,称为掩饰;但基本情节不得虚假,有关数字可以乘以某掩饰系数加以放大或缩小,但相互间比例不能改变。其次,教学案例中应包含一定的管理问题,否则便无学习与研究价值。再则,教学案例必须有明确的教学目的,它的编写与使用都是为某些既定的教学目的服务的。

作为管理案例的主体,应包含有尚待解决的问题,并无现成的答案。由于管理的权变性,别人的经验不能照搬,更不存在最佳方法。所以,案例教学的主要功能不是在于了解一项项独特的经验,而是在于在自己探索以及与同学切磋怎样解决管理问题的过程中,总结出一套适合自己特点的思考与分析问题的逻辑和方法,学会如何独立地解决问题,作出决策。这种学习是亲验性的,能有效地提高学员分析决策能力,并使他们在小组活动中通过与其他人的频繁交往,提高沟通、说服与群体协调等宝贵的管理技巧。

对刚开始接触案例学习的学员来说,应知道典型的案例课通常分为三个阶段,即个人学习、小组讨论及全班的课堂讨论。个人学习是后两个阶段的基础,学员必须首先认真自学。通常先需粗读一遍,快速浏览初步梗概;然后精读一遍,掌握细节后,再按解决问题的七个环节(找问题—列主次—诊原因—出对策—作权衡—定决策—付实施)去系统思考。分析案例必须摆脱旁观者身份,进入角色,从案例中主要当事者,即决策人的角度去考虑。小组讨论则是一个重要的中间环节,它不仅可使学员间交流观点,形成共识,集思广益,而且可以在查找文献、制作图形等方面进行分工配合,在培养学员个人决策能力的同时,也培养了他们的沟通和协作能力。但一堂案例课的成功主要还取决于最后一个环节,即全班课堂讨论的表现与结果,它是全体师生的集体贡献。对于大型综合性案例,有的还要求每一学员独立撰写和呈交一份书面分析报告。

(2)亲验式练习法　亲验式练习主要包括结构性练习、角色扮演与心理自我测试三类活动,都是独特而有效的教学方法。之所以使用这类练习,主要是因为它们本身在教学上体现出的有效性。尽管它们比课堂讲授多费时间,但经过学生在这些活动中的亲身体验,结论是自己在活动中观察归纳出来的,因而比单纯接受别人讲授的知识和原理要深刻得多;至于在能力培养方面的效果,更不是讲授所能取代的。

①结构式练习。这种练习事先安排和设计有十分明确而系统的程序,活动是按部就班进行的。此外,这种练习总是为某种明确的既定教学目的服务的。活动通常是在假设的某一模拟现实中进行的,这一模拟现实的情景较为简化或典型化。学生通过在此情景中的行为表现借此举一反三式的思考与推理,可获得一些有启迪性的结论。在这类练习中往往要求学生分成小组,并使活动带有组织竞赛的性质,因此有时被称为模拟性游戏或竞赛,这类练习不仅增加了活动的刺激性与趣味性,而且可培养和提供学生的进取精神。常见的结构式练习方法有公文处理法、管理游戏法、模拟决策法、小组竞赛法、无领袖小组讨论法等等。

②角色扮演。角色扮演活动需先设置某一管理情景,指派一定的角色,但却没有既定的详细脚本。角色扮演者在弄清所处情景及各自所扮演角色的特点与制约条件后,即进入角色,自发地即兴进行表演,如交往、对话、主动采取行动或被动作出反应,令剧情合情合理地演进,至教师(导演)发出中止信号时为止。表演虽是自发的,但却是按各自对所演角色的特点与条件的理解而进行的,并不能完全任意发挥。例如,一名"下属"的扮演者在"上级"在场时的举止言谈,便不会像在"同级同事"中那样随便。与结构式练习比,角色扮演的情景更具拟真性,与案例分析比,它要求学生更自发地投入,更认真地参与。同时,它给全体学生提供的是人们真实的言行而不是理论分析,也为人们提供了新行为方式的试验机会。角色扮演尤其能使人了解和体验别人的处境、难处及考虑方式,学会善于移情,即能设身处地从交往对手角度想问题,并能使人看出自己和别人为人处世的弱点。

③心理测试。这是利用一定的测量工具,通常是某种标准的或专门设计的特殊问卷,让学生各自填写,来测量自己的行为、心理,包括认识、感知、感情、态度等。这种测试与调查可以验证所学过的心理学与行为学的理论,增强学习的兴趣,而且通过自我测试及与别人的测试结果及常规模式、规范等的对照,深入地了解自己。

二、企业员工培训组织过程

员工培训既然这样重要,而培训活动的成本无论从费用、时间与精力上来说,又都是不低的,所以必须精心设计与组织。应把它视为一项企业的组织工作,要有效地做好这一工作,即采用一种系统的组织方法,使培训活动能符合企业的目标,让其中的每一环节都能实现员工个人、他们的工作及企业本身三方面的优化。

1. 培训需要的确定

只有先找出了企业在人力资源开发方面的确切需要,才能有的放矢,不致劳而无功,单纯地为培训而培训。这方面可通过组织分析、工作分析以及个人分析来得出培训的重点。培训是为了解决所发现的问题,所以对各企业的培训需要必须作细致的具体分析,照搬其他企业现成的培训计划,虽然省事易行,但往往效果不佳,因为别的单位的计划之所以是成功的,正是因为它针对了那个单位的需要。

2. 培训目标的设置

设置培训目标将为培训计划提供明确方向和依循的构架。有了目标,才能确定培训对象、内容、时间、教师、方法等具体内容,才能在培训之后,对照此目标进行效果评估。培训目标可分为若干层次,从某一培训活动的总体目标到某项学科直至每堂课的具体目标,越往下越具体。设置培训目标要注意必须与企业的宗旨相容,要切实可行,要用书面明确陈述,其培训结果应是可以测评的。

培训目标主要可分为三大类:一是技能培养。掌握技能当然也离不开思维活动,但在较低层的员工中,总要涉及具体的操作训练;在高层中,则主要是思维性活动了,如分析与决策能力,虽然也要涉及具体的技巧训练,如书面与口头沟通能力、人际关系技巧等;二是知识的传授,包括概念与理论的理解与纠正、知识的灌输与接受、认识的建立与改变等,都属于智力活动,但理论与概念也必须和实际结合,才能透彻理解,灵活掌握,巩固记忆;三是态度的转变,这当然也必须涉及认识的变化,所以有人把它归入上述"传知"这一类中,但态度的确立或转变还涉及感情因素,这在性质与方法上毕竟不同于单纯的知识传授。

3. 培训计划的拟定

就是培训目标的具体化与操作化,即根据既定目标,具体确定培训项目的形式、学制、课程设置方案、课程大纲、教科书与参考教材、任课教师、教学方法、考核方式、辅助培训器材与设施等。制定正确的培训计划必须兼顾许多具体的情景因素,如企业规模、用户要求、技术发展水平与趋势、员工现有水平、国家法规、企业宗旨与政策等,而最关键的因素是企业领导的管理价值观与对培训重要性的认识。

4. 培训活动的实施

培训活动的具体组织者与企业的规模和结构关系很大。大型园林企业往往设置有专门的教育与培训职能机构与人员,从个别或少数负责培训工作的职员或干部,到专门的科、处乃至部。培训部门的人员包括培训专家等职员或专业干部。他们负责分析调查培训需要、确定培训项目的目标、编写考核标准及开发、执行和评估各个培训项目。其中的培训专家还要亲自授课或组织训练活动。许多企业常请高层管理者或部门经理兼课,还要常请有经验的老师傅现身说法。这当然不失为一种有效且成本较低的方法,但培训部门必须意识到,懂得某种知识或掌握某种技能并不一定能很好地传授它们,会操纵一台机器与教会别人也能操纵毕竟是两种不同的能力,后者还需了解教学方法论的基本原理,因此不能忽视对兼职教师本身在教学法方面的训练。现在越来越多的企业,通过企校挂钩进行培训合作,与技工学校、专科学校、职业培训专门单位或高等学校达成培训承包协议,在学校或由学校派教师来企业进行各类员工培训,其内容可以是通用的,也可以是针对合作企业具体的特殊需要而专门设计的。对特殊需要的人才,选派员工脱产送往高等学府作定向的正规学制深造,也并不罕见。

5. 总结评估

与管理中的控制功能相似,在企业培训的某一项目或某门课程结束后,一般要对培训的效果进行一次总结性的评估或检查,找出受训者究竟有哪些收获与提高。这一步骤不但是这次培训的收尾环节,还可找出培训的不足,归纳出经验与教训,发现新的培训需要,所以又是下一轮培训的重要依据,这样可使企业培训活动不断循环。

第十四章 信息管理与计算机应用

第一节 信息管理概述

信息管理是法规管理、新闻管理、档案管理、通讯管理和情报管理的通称。它与物质管理的区别在于管理对象完全是由人类"生产"的,其"生产要素"除了时间(T)和空间(A)这两个必要背景外,全都是人类特有的,如文明水平(W,可分为天真、理智、科学、系统四大层次)、专家水平(C_{1i})、教育水平(C_{2i})、信息环境或社会放大谱段($L(A)$)等。与此不同,物质(含能源及信息源)生产中的立地质量或资源质量($L(A)$)在很大程度上取决于自然条件;"设备(W)"也比"文明水平"更具有"非人类"的侧面。应该指出,信息本身是与物质及能量并列的三种客观存在形式之一,其中"物质",如地球既有质量又有能量;而"能量",如阳光只有能量,其静止质量为零;至于信息,则既无质量,又无能量——信息的传输、加工、接收都离不开物质和能量,然而信息就是信息,不是物质也不是能量——信息是事物或现象的质或量的区分,在特定的事物及现象集合中被区分出来的事物或现象越多,信息量越大。信息不等于知识,正像物质不等于生物一样。知识是以语言为基础、以时空为纽带而形成的可被传承的有机信息结构;正如生物是以大分子为基础、以基因为纽带而形成的可进行新陈代谢的有机物质结构一样。信息管理的内容是对相关信息(法规、新闻、档案、情报等)的发生、收集、筛选、鉴定、序化、储存、取用、更新等作适当的安排(程序制定、执行与调节,参见"管理"概念)。

"管理"的六项成分(质量、数量、物质、金钱、人员、信息)是相互穿插、相辅相成的不同侧面——"你中有我、我中有你",如质量常以数量标准来体现一样;又如金钱本身就是一种关于总供给份额的信息等等。另一方面,六项管理又是各有侧重的,质量数量管理与经济需求及供给的关联较密切;物质金钱管理与经济效益(经营)关联较密切;人员信息管理则与经济秩序及人类发展的关联较密切。

第二节 档案(数据库)管理

一、档案概念及分类

档案(数据库)管理是为了给经济行为的程序制订及调节提供决策参照而进行的信

息收集、加工(滤波、复原、编码)、储存、取用和更新程序。

档案(数据库)是序化的备用信息,而信息是事物或现象的质或量的区分。在特定的事物及现象集合中被区分出来的事物或现象越多,信息量越大。一般来说,"事物"的大类区分是:无机物、有机物、生物、植物群落、动物群体、人类社会。"现象(即事物的时空变化)"的大类区分是:物理现象、化学现象、生命现象、动物行为、人类行为。以上两个序列中的后项都以前项为基础(组合、食物链或进化),所有各项都可进一步加以一级级细类区分。目前的档案(数据库)主要是关于人类的经济和社会现象及相关事物的序化信息。它们涉及其他各类现象及事物(因为"社会"项是最后项),但并不是包括全部细类,而是只包括与人类社会相关较密的类别,如可被人类利用的资源(生物、矿物、景观、信息、土地、水、海洋及空间资源如太阳能、风能、潮汐能、无重力空间等)、人类生存的基本生态环境(尤其是人口密度和植物群落如森林、园林)以及人类开发、分配利用资源和保护环境的现象(技术经济行为)。从经济发展的系统权衡趋势来看,档案(数据库)将越来越多地涉及社会文化行为。早期的人事档案,如汉代未央宫出土的皇家档案和明代的"黄库",除记录族谱之外,大多带有经济性质,即按人口征税,或按地位分配资源;另一方面,被载入"史册"中的事物及现象(史实),含有许多社会文化信息,值得加工整理并进行序化,这是文书档案中最重要的内容。

档案(数据库)可分为财物档案(数据库)、人事档案(数据库)、技术档案(数据库)、文书档案等四大类。其中各类又可进一步细分,如财物档案可分为物资、设备、活物、基础设施、财务等;人事档案可分为家庭、干部(官员)、专业(如科技)人员、劳动力、户籍、人才等;技术档案可分为资源、专利、工具设备、工程(工艺)设计、生产(施工)实施中的规程及调度定额和最后结果如质量、数量峻工图说明书等;文书档案可依重要性分为史实、法规、决议(如文件、条约)、建议(如会议记录、论文专著)等。其中,作为财物档案中的设备档案与作为技术档案中的工具设备档案有所不同,前者侧重于已有的生产要素组合的结果(有效生产量),后者侧重于将有的一个生产要素(如工具权重)。此外,在文书档案中,重要决策者的言论有时单列一类,其原因在于这些言论的重要性不仅大于一般的会议记录或专著论文,有时甚至大于某些决议或法规。它们对人类行为常产生十分重要的指令作用。

所有各类档案都是记录已存在的事物或已发生的现象,但不是也不可能全部记录。因此,必须通过档案(数据库)管理来收集那些具有保存价值的信息。另一方面,某类信息是否具有保存价值,也是随着经济及社会的发展而变化的。例如早期人类最重视的财物(化物为奴)及文书(共有图腾)信息中,前者已从以消费品为主,逐渐转向基础设施和工具设备,并分化出技术信息;后者则扬弃为皇朝世系家谱;并逐渐转向有政绩的官吏及其他人才,分化出专类的人事档案。

第十四章 信息管理与计算机应用

从现代来看,大多数相对独立的管理机构都设有财物档案和人事档案,在较大的经济实体中设有技术档案,而文书档案则只在国家档案中才占有较重的比例。从发展来看,技术档案和文书档案将对经济管理具有越来越大的参照价值,这是因为它们的有效期一般都大于财物档案和人事档案,后者的短期效用较大,但有效期较短;财物档案的保管期顶多是20年(20年前的失误甚至犯罪通常都不予追究);人事档案(世系家谱及人口统计除外)通常不超过50年(50年前的人才、劳动力等通常难以复壮)。技术档案和文书档案则可能具有长期的甚至无限期的效用。例如技术档案中有关水文、气象、地质、植被等资源的部分,其形成时间愈早,就愈加珍贵,对系统模拟及预测具有重要的参照价值;再如建设峻工图和产品说明书,不仅仅在有关设施或产品的使用期间对于维护、修理、改建、更新来说必不可缺,而且可能对同类的新设施或新产品具有参照价值。文书档案的某些部分甚至比技术档案更有长效,最早的文字记录如甲骨文、泥板文等几乎是字字玑珠;早期的史实(如《尚书》)和法规(如《周礼》)至今仍未失去其文化行为的参照价值。人类行为及其指令是一种积累和扬弃的结果,现存的大千世界中包含着渊源古老的行为和动因,真正"现代"的指令(如科学指令)在人们生活中所占的比例并非像缺乏文化人类学知识的人所想像的那么大。

二、档案管理环节

1. 收集与加工

确定了被收集信息的类别之后,就要确立相关制度以保证有关信息记录在案。例如财务、人事、户籍制度等等;又如技术文件材料(如图样、照片说明书、明细表)的保管制度、记录重大事件的文史制度,以及法规及文件的保管制度等等。这些制度使相关信息得以保存和收集。但是它们并不直接构成档案(数据库),只有对它们进行筛选(滤波)、鉴定(复原)和序化(编码)之后,才能形成档案。其中,筛选、鉴定、序化是通俗用语,滤波、复原、编码是信息加工领域(无线电通讯技术、图像处理技术等)的专业用语,后者的技术内涵更为明确。

筛选信息的标准(滤波器设计)通常都依有关信息对人类社会的重要性而定,即依"益、害、耗"的数量级,或依"合、离、闲"的程度而定。"合"是异域整合,其强度为综合覆盖度"个人覆盖度"总和之中与整合特征相关的部分;"离"是游离异动,其强度是游离覆盖度,即个人覆盖度总和之违背整合的部分;"闲"是个人闲暇,即与"合"、"离"无关的个覆盖度以及自我娱乐陶冶或麻醉,如琴棋书画或吸毒等。例如,将200元以上设备归档,是因其有益生产量较大;将重大火灾通报,是因其无效消耗量较大。又如,只把已执行的技术程序及相关图片报表作为档案,而把为了参考目的收集复制的技术文件材料作为一般资料,是因为只有前者贡献于有效生产量(即 C_i)。

鉴定信息的目的是去伪存真(复原)。在信息收集和筛选过程中,难以完全避免干扰(噪声)和失真(畸变),因此在条件许可时应设法去除噪声并将畸变复原。例如通过遥感调查曾发现 1983 年北京郊区少报农田种植面积,又如通过组织专业人员调查曾发现 1986 年福建林区少报木材产量等等。这一类"平行通道"的运用可以大大减少信息干扰和失真。虽然"双重通道"会增加受养人数,但对于信息文明来说,由此导致的经济效益和社会效益将大大提高。这正如早期的区域分层虽然增大了受养人数,但分化出来的管理人员使有效生产量大大提高,从而使社会总产值的增长快于受养人数的增长。总之,信息鉴定复原有赖于相对独立的信息收集渠道及参照信息,这正如财务监督常须从职能机构和审计机构两方面进行一样。在某些情况下,还需要更为特殊的鉴定或监督机构,如法律系统中的侦破机构等来进行侦察、判定,使"真相大白"(复原)。

信息编码是按照档案的大类、细类、时间、序号的顺序对每一项被筛选、鉴定过的内容进行编号。一般说来,大类及细类编码可以参照图书编目的程序,大类多采用一个英文字母,细类采用数字;时间编码依各类内容分为朝代或时代(百年以上或十年)、年代、月、日、时(如某些数据库);序号编码常依归档的先后,例如同一年代的若干份竣工图,最先筛选、鉴定并归档的案卷,其编号为"01"或"001"("1"之前的零的个数依机构大小及预估案卷多少而定,如 1 个 0 表示预估的年度案卷份数一定不会多于 99 份,2 个 0 则其上限为 999 份)。除此之外,编码的最后还可附加一位数字用来表示重复的份数或(和)重复份数的序号(重要的和使用频繁的档案,可以根据需要,重复一份或若干份副本,供日常借阅使用)。附加数字常用冒号或连字符与编码主体分开。

在上述编码程序中,比较复杂的环节是作为"细类"编号基础的细类划分。以技术档案为例,某钢铁公司曾将全部基本建设档案按照十万个流水号来编码,由于检索、取用困难,某项工程开始勘察工作之后,才又找到几十年前的原勘察档案,不仅浪费了 4 000 余元,并拖延了开工日期。如果把"资源(地质勘察)"和"施工(建设)"列为两类,再按"时代"进行检索,那么就能发挥档案的作用(该公司除未分细类外,也未按时间编码)。

一般说来,"资源"应按地域再分类。各域还可分为自然地理、经济地理、行政区划等,自然地理中又可分为地质图、土壤图、植被图、动物分布图等。对于较小的特定机构如钢铁公司来说,可能只为地质图建类。"施工"或"基本建设"应按工程项目及专业分工再分类,如首先分为厂矿、商贸、机关学校住宅、路桥、水库等项目,再分为建筑、结构、采暖、通风、给排水、电器、施工组织等专业。各专业还可再分,如结构分为砖石、木、混凝土、钢、玻璃及特种结构等。"生产"与"施工"有所不同,常按产品类型分类,如食品、纺织、机械、电子等大类,再分为不同细类规格型号,如机械分为机床、汽车、拖拉机等;机床分为车、铣、刨、磨等;铣床又分为卧式、立式、龙门等。"专利"或"研究"又与生产施工有所不同,常按"发明"、"实用新型"及"调查论证"分类,再细分为不同专题及作者,专题中的类别则与前述的"资源"(如土壤研究)、"施工"(如设计研究)、生产(如机械专利,又如可行性研究)等大致相符合。

2.储存

信息储存是将已编码的信息按照机密时效等级及类别分别存放于特定的处所(如科室)、位置(如柜架)及保管单位(如卷、册、袋、盒);每单位内的信息按照编码中的时间、序号排放。通常,将纸张(含微缩胶卷等)载体称为档案,将磁盘(含磁带、穿孔纸带等)载体称为数据库,数据库的保管单位还可以是计算机内的特定存储单位。机密等级一般分为绝密、机密、非密(一般)三种,时效等级一般分为永久、非永久(中期、短期)两种。

信息被储存(即归档或入库)之前,应予登记注册。这与物资管理中的登账立卡一样,不仅为了"内部清楚"(知己),也为了"外部取用"(利彼)。登记目录一般包括:信息编码(如档案号)、存储时间、保管单位名称及代号、信息量(如档案张数、磁盘比特数)、完成(初次被收集)日期、来源、备注。为了取用方便,除了将目录分为总目录、分类卡片目录、专题目录之外,还可编制各种索引,如题头拼音字母索引、题头文字笔画索引、作者索引等(专题目录有时也称为专题索引,其中与地域相关的类别还被称为地名索引)。

3.取用

信息取用是根据目录或索引将所需信息从档案或数据库中检索出来并加以利用。其管理内容包括介绍(简报、汇编、文摘、宣传)、咨询、协助检索、借出收回、分析统计等。其中,借出收回需办理一定手续,如填写借阅凭据(证、单)、出示证件、注销单据等。分析统计的目的是提高信息管理的质量,发挥更大效益。例如对于利用率较低的信息(尤其是新学科)加强介绍。

4.更新

信息更新是将失去效益的信息剔出或删除。一般说来应编制销毁清单或销毁清册。其内容除登记目录的内容(备注除外)外,还包括清单(册)自身的顺序号、保管期限规定的条款号,以及新加的备注和有关档案室或数据库的机构名称、负责人签章和清单编制日期。一式三份,一份留存,另二份上报。对于涉及机密的档案,一般都应在剔出后加以销毁。

除了档案(数据库)管理之外,信息管理中的"现用信息"对非信息中心的企事业来说都不是序化的,有关管理如"情报"、"通讯"及"法规"等比档案管理更为日常化,并作为质量、数量、物质、金钱、人员管理的有机组成部分。至于新闻管理,在我国主要由新闻部门实施。

第三节 园林经济管理信息系统简介

一、管理信息系统的概述

管理信息系统 MIS(Management Information System)对我们来说早已不是什么新名词了。如今,以计算机和通信技术为代表的信息科学技术,影响着全世界的经济、军事、科技、教育、文化、卫生等你所能想得到的方方面面。由此而兴起的信息产业已经成为全世界经济发展的支柱。那么究竟什么是管理信息系统?它又是如何影响城市园林业的呢?

1. 管理信息系统的定义

20世纪70年代初,随着计算机技术和现代管理方法的发展,计算机在管理上的应用日益广泛,管理信息系统也逐渐成熟起来。由于它是一门新学科,所以至今没有一个统一的定义。但可以肯定的是,人们对MIS的认识不断加深,日趋成熟。《中国企业管理百科全书》给出了这样的定义:管理信息系统是一个由人、计算机等组成的能进行信息的收集、传送、储存、维护和使用的系统,能够实测企业的各种运行情况,并利用过去的历史数据预测未来,从企业全局的角度出发辅助企业进行决策,利用信息控制企业的行为,帮助企业实现其规划目标。

首先,强调了管理信息系统是一个人机系统;其次,管理信息系统充分利用了计算机技术,当然还利用了网络通信、管理学、运筹学、统计学等各种优化技术,对收集的信息进行加工;最后,达到给管理者提供决策支持的目的(图14-1)。

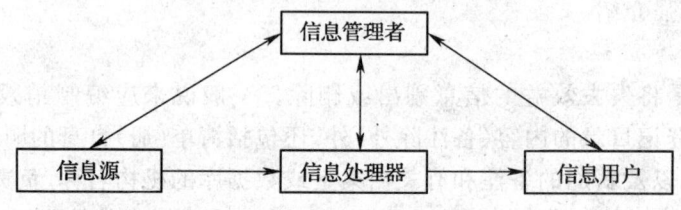

图 14-1 管理信息系统总体结构图

2. 管理信息系统中的几个概念

管理信息系统的三个要素是信息、系统、管理。

(1)信息 就是MIS的对象。信息是经过加工的数据,是对决策者有价值的数据。数据与信息在概念上是有区别的。单纯的数据并不能称做信息。信息是有用的数据,数据是信息的表现形式。信息是通过数据符号来传播的,数据如不具有知识性和有用性则不能称其为信息。例如2002年北京绿化覆盖面积达44.8%,其中城区占2%,这只是数据,当我们利用这些数据做出应该加大城区绿化面积的决定时,它便成为信息了。同一个数据,每个人的解释可能不同,做出的决策也可能不同。

①信息的来源分散,数量庞大。信息来源于生产第一线,来源于社会环境,来源于市场,来源于行政管理等部门。

②信息具有事实性。事实是信息的前提,不符合事实的信息毫无价值。

③信息具有时效性。时间间隔越短,使用信息越及时,使用程度越高,信息的时效性也越强。

除此之外,信息还具有等级性、变换性、价值性。

我们处于信息时代,信息量正以惊人的速度增长,给我们提出了新的挑战和威胁。计算机以及通信技术无疑成为迎接挑战的主力军。

(2)系统 系统是由相互联系、相互作用的若干要素按一定的法则组成并具有一定功能的整体。它是处于一定的环境中。系统按其组成可分为三大类:一类是自然系统,即系统是自然形成的,像生态系统、体内血液循环系统等;还有一类是人造系统,是人为了达到某个目的而将一系列的要素有规律地结合在一起,形成一个整体,像计算机系统、生产系统等;最后一类是复合系统,所谓复合,顾名思义,就是将自然和人造结合起来的系统。复合系统应用得最为广泛,如果有人参与的便是人－机系统,如管理信息系统。

①系统具有整体性。系统至少有两个以上要素结合,各要素和整体之间、整体和环境之间存在一定的有机联系,形成一个整体。

②系统具有功能性。系统的开发必须具有一定的功能,可以完成特定的任务,达到特定的目标。系统内要素之间的组合取决于系统的功能和目标。

③系统具有环境性。系统离不开环境,必须适应环境,随环境的变化而作相应的调整。

(3)管理 基本概念参见第五章。

管理信息系统中的三要素之间是什么关系呢?信息是管理的一种极为重要的资源,信息的质量直接关系到管理决策的正确程度;系统则是处理信息的一种手段,系统将收集的信息加工成各种统计报表、图形、曲线等,给管理提供便利;最终管理者利用信息和系统作出各种决策,"管理就是决策"。

3. 管理信息系统的基础

(1)管理信息系统的组成 现代社会,任何地方,只要有管理,就有信息,如果形成系统那就形成了管理信息系统。管理信息系统是一个人和计算机结合的系统,对一个组织或单位、企业进行全方面的管理。它利用计算机硬件、软件、通信设备、信息技术,甚至统计学、运筹学等结合现代的管理思想、方法和手段给管理者提供决策支持。它的组成主要包括：

①计算机硬件系统。硬件是计算机的可见部分，是计算机系统工作的基础。包括主机（CPU 和内存）、存储器、输入输出设备。

②计算机软件系统。软件是帮助用户使用计算机硬件以完成数据的输入、处理、输出以及存储等工作。包括系统软件和应用软件两大部分。操作系统、数据库管理系统、各种语言编译系统都属于系统软件。图形图像处理软件、各种科学计算软件、数据处理软件等都属于应用软件。

③通信系统。所谓通信系统就是利用通信介质将分布在各地的计算机连接起来，完成信息的传输、交换、存储和处理的设备总称。常见的有电缆线、光纤、卫星通信设施。

④工作人员。所有参与到系统中的工作人员，包括信息采集员、系统分析员、程序设计员、测试维护人员、数据库管理员等。

⑤规范制度。包括有关信息采集、存储、加工、传输的各种技术标准和工作规范，以及工作人员的职责、相互关系、工作规范等等。

(2)管理信息系统的作用　管理信息系统辅助完成企业日常结构化的信息处理任务，一般认为 MIS 的主要任务有如下几方面：

①对基础数据进行严格的管理，要求计量工具标准化、程序和方法的正确使用，使信息流通渠道顺畅。

②确定信息处理过程的标准化，统一数据和报表的标准格式，以便建立一个集中统一的数据库。

③高效低能地完成日常事务处理业务，优化分配各种资源，包括人力、物力、财力等。

④充分利用已有的资源，包括现在和历史的数据信息等，运用各种管理模型，对数据进行加工处理，支持管理和决策工作，以便实现组织目标。

(3)管理信息系统的特点　可以从七个方面来概括：

①MIS 是一个人机结合的辅助管理系统。管理和决策的主体是人，计算机系统只是工具和辅助设备。

②主要应用于结构化问题的解决。

③主要考虑完成例行的信息处理业务，包括数据输入、存储、加工、输出，生产计划，生产和销售的统计等。

④以高速度低成本完成数据的处理业务，追求系统处理问题的效率。

⑤目标是要实现一个相对稳定的、协调的工作环境。因为系统的工作方法、管理模

式和处理过程是确定的,所以系统能够稳定协调地工作。

⑥数据信息成为系统运作的驱动力。因为信息处理模型和处理过程的直接对象是数据信息,只有保证完整的数据资料的采集,系统才有运作的前提。

⑦设计系统时,强调科学地、客观地处理方法的应用,并且系统设计要符合实际情况。

(4)管理信息系统的应用　管理信息系统早已渗透到各个领域,计算机应用的主要领域有:

①科学计算:进行数值计算,针对计算数据量大和数值范围广的领域;

②数据处理:对数据输入或输出量尤其巨大而计算过程则相对简单的事务进行处理;

③过程控制:在工业生产过程中进行自动控制,使之具有良好的实时性和可靠性;

④计算机辅助设计(CAD)/计算机辅助制造(CAM):可使大量的图形实现交互式操作;

⑤计算机网络:现代计算机技术与通信技术紧密结合的产物。

对于特定的企业或单位而言,管理信息系统也已渗入到各个环节。信息的管理离不开管理信息系统。管理的任何一个环节都离不开信息系统的支持。比如:

在计划的过程中,通常需要对收集的大量的数据信息进行反复计算,拟定多种方案,工作量相当大。引进信息系统,就可以事先设计一些计划的模块,编写一些固定的计算公式,然后输入变量值去反复试算,这会大大减轻繁琐的工作量。信息系统还支持这些数据的快速、准确的存储,我们可以建立各种数据库,分类对数据进行管理。除此之外,还可以对计划进行优化。例如求企业利润的最大化,管理成本的最小化,这些都可以事先编好数学模型,然后通过人机交互的方式进行求解。

在组织方面,传统的企业组织结构往往分很多层,形成"金字塔"型,这种结构显然不利于信息的传递,增加管理成本。应用信息系统之后首先是组织结构从"金字塔"向"扁平式"转变,大大节省了管理成本;其次,使得企业或部门中的信息畅通,有利于上下级之间的沟通;最后,企业的网络使人更方便地接受更多、更新的信息和知识,使企业保持领先。

在领导的过程中,同样离不开信息系统。领导是信息的汇合点和神经中枢,建立并维持一个信息网络,可以沟通信息,及时处理矛盾,解决问题。

为了很好地实现控制功能,就应随时掌握反映管理运行动态的系统监测信息和调控所必需的反馈信息。随着计算机技术的发展,自动化、智能化的控制将逐渐取代传统的人工控制方式,不仅提高了准确程度,节省了时间,还降低了成本。

综上所述,信息系统在现代企事业中发挥越来越大的作用,应用也越来越广泛。

二、管理信息系统的开发过程

管理信息系统的开发工作过程是一项复杂的系统工程。首先需要信息技术（包括计算机硬件、软件、网络技术、数据库技术），它是管理信息系统的基础；其次，需要进行系统规划、系统分析、系统设计、系统实施，在这过程中要确定开发方法；最后，系统运行与维护。

1. 管理信息系统技术基础

技术基础包括计算机硬件技术、软件技术、网络技术以及数据库技术等几个方面。

（1）计算机硬件技术 从1946年第一台电子计算机 ENIAC 在美国宾州大学诞生以来，计算机经历了四个时代发展，分别是：第一代（1946—1958）电子管计算机；第二代（1959—1964）晶体管计算机；第三代（1965—1971）集成电路电子计算机；第四代（1971年以后）大规模集成电路电子计算机。计算机由主机和外围设备组成。主机包括中央处理机（CPU）、主存储器，外围设备包括输入、输出设备和外存储器。常用的计算机有三种类型：①微型计算机。包括台式计算机、便携式计算机及服务器三类。②工作站。具有很好的联网功能和图形处理功能。③大型机。功能强大并且齐全，速度快、存储容量大，主要用于企业集团、银行、国民经济管理部门等。

（2）计算机软件技术 管理信息系统依靠软件资源使用硬件资源。计算机软件是相对计算机整机设备以及元器件和相关外部设备而言的，指计算机赖以运行的语言、程序及所有相关文件。计算机软件技术是计算机技术的纵深发展以及为计算机技术开拓更广泛应用领域的关键技术。软件技术伴随着整个计算机技术发展的全过程。一个计算机如果只有硬件而无软件，就如同一个植物人，虽然维护生命的呼吸、消化和血液循环功能仍存在，但大脑的思维能力已经丧失，那就什么事也做不成了。当然，如果没有硬件的支持，再好的软件也不能发挥作用。

计算机软件包括系统软件和应用软件。

①系统软件是管理、维护计算机资源的软件。它包括操作系统、维护服务程序、程序设计语言、解释编译系统和数据库管理系统等。最基本的系统软件是操作系统（Operating System），它控制着计算机的所有资源并提供开发应用程序的基础，是统管计算机软硬件资源的核心。常见的操作系统有 Windows、Unix、Linux、Dos 等。

②应用软件指除了系统软件之外的其他所有软件，是直接服务于用户的程序系统。一般包含实用程序和工具软件两类。实用程序是只根据用户特定需要而开发的程序，如各种订票系统、教学演示系统、档案管理系统等。工具软件是为了方便用户提高效率所提供的软件工具，如文字处理软件 Word，网页设计软件 Dreamweaver，杀毒软件等。

第十四章 信息管理与计算机应用

由于计算机硬件设计的基本原理相当一段时间内还不会根本变化，缩短计算机同人之间的距离以及将现有计算机硬件设备更广泛地应用于经济和社会，主要还要靠软件技术的发展。

(3) 计算机网络技术　计算机网络就是利用通信设备和线路将地理位置不同的、功能独立的多个计算机系统互连起来，以功能完善的网络软件（即网络通信协议、信息交换方式、网络操作系统等）实现网络中资源共享和信息传递的系统。

计算机网络的功能主要有：硬件资源共享、软件资源共享、用户间信息交换、提高计算机的可靠性和可用性。

计算机网络的常见分类有：

①按网络的分布范围分类有局域网(LAN)、城域网(MAN)、广域网(WAN)、因特网(Internet)。

局域网一般指相互连接起来的分布的地理范围较小的网络，如某建筑物内、某个校园内等；城域网在地域分布上比局域网更广，如连接不同校园，不同建筑物的计算机网络；广域网用于连接同一国家内或不同国家之间甚至洲际间的局域网和城域网，相当于一个通信网络。因特网是分布在全球范围内用于连接各种网络的网络，即互联网络。

②按网络的拓扑结构分类有总线形、星形、环形。

总线形拓扑结构是最简单的计算机网络结构，它采用一条公共总线的传输介质，各个计算机直接与总线连接（图14-2）。

星形拓扑结构是利用集线器充当主节点，各个计算机充当从节点与主节点相连接，形成星的形状（图14-3）。

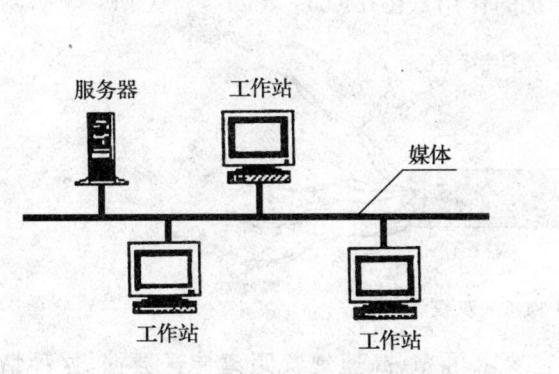

图14-2　总线形拓扑结构图

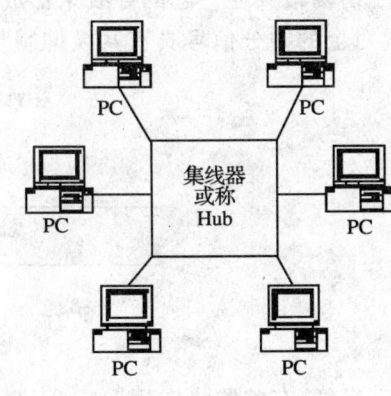

图14-3　星形拓扑结构图

环形拓扑结构,顾名思义,是将计算机连成一个环状,每台计算机按位置不同有一个顺序编号(图14-4)。

③按网络的传输介质分类:同轴电缆、双绞线、光纤、无线电。

a.同轴电缆:同轴电缆的中央是铜芯,铜芯外包着一层绝缘层,绝缘层外是屏蔽层,再往外就是护套表皮了。由于同轴电缆的这种结构,它对外界具有很强的抗干扰能力。同轴电缆是局域网最普遍使用的传输媒体(图14-5)。

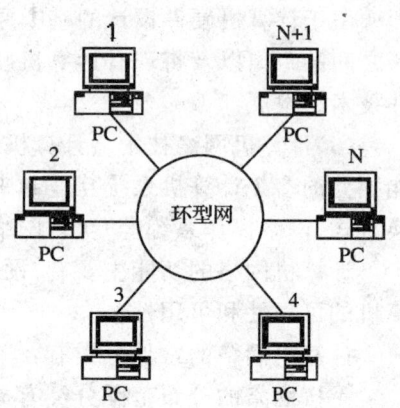

图14-4 环形拓扑结构图

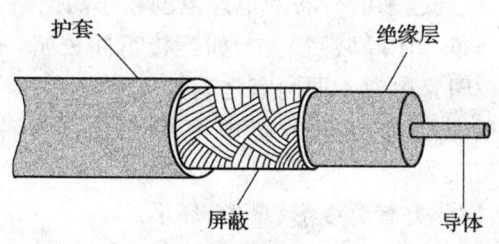

图14-5 同轴电缆

b.双绞线:在局域网中,双绞线用得非常广泛,这主要是因为它们低成本、高速度和高可靠性。双绞线有两种基本类型:屏蔽双绞线(STP)和非屏蔽双绞线(UTP),它们都是由两根绞在一起的导线来形成传输电路。两根导线绞在一起主要是为了防止干扰(线对上的差分信号具有共模抑制干扰的作用)(图14-6)。

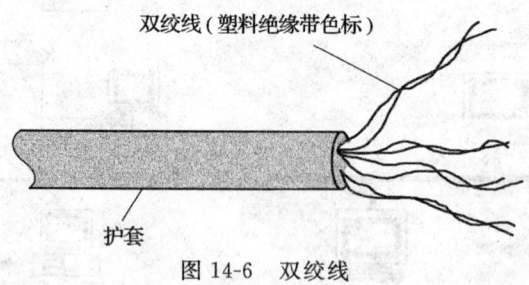

图14-6 双绞线

c.光纤:有些网络应用要求很高,它要求可靠、高速地长距离传送数据,这种情况下,光纤就是一个理想的选择。光纤具有圆柱形的形状,由三部分组成:纤芯、包层和护套。纤芯是最内层部分,它由一根或多根非常细的由玻璃或塑料制成的绞合线或纤维组成。每一根纤维都由各自的包层包着,包层是玻璃或塑料涂层,它具有与纤芯不同的光学特性。最外层是护套,它包着一根或一束已加包层的纤维。护套是由塑料或其他材料制成的,用它来防止潮气、擦伤、压伤或其他外界带来的危害(图14-7)。

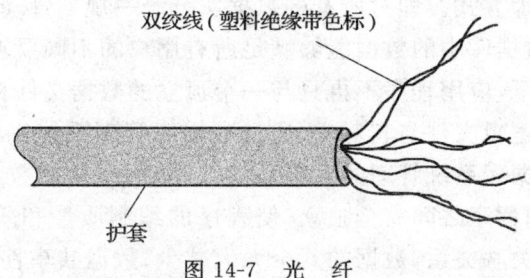

图14-7 光 纤

d. 无线电通信:传输线系统除同轴电缆、双绞线和光纤外,还有一种手段是根本不使用导线,这就是无线电通信,无线电通信利用电磁波或光波来传输信息,利用它不用敷设缆线就可以把网络连接起来。无线电通信包括两个独特的网络:移动网络的无线LAN网络。利用LAN网,机器可以通过发射机和接收机连接起来;利用移动网,机器可以通过蜂窝式通信系统连接起来,该通信系统由无线电通信部门提供。

④按网络的用途分类:教育、科研、商业、企业。

(4)计算机数据库技术 数据库是数据管理的技术,无论是一个单位的财务系统、一个工厂的库存管理系统、一个学校的学籍管理系统,还是一个部门的综合信息管理系统、期货交易系统乃至全国范围内的行业信息系统,都离不开数据库。现在,数据库技术已经成为信息系统和计算机应用系统的核心。

从数据管理的角度看,数据管理到目前共经历了人工管理阶段、文件系统阶段和数据库系统阶段。

①人工管理阶段。人工管理阶段出现在计算机应用于数据管理的初期。由于没有必要的软件、硬件环境的支持,用户只能直接在裸机上操作。用户的应用程序中不仅要设计数据处理的方法,还要阐明数据在存贮器上的存贮地址。

在这一管理方式下,用户的应用程序与数据相互结合不可分割,当数据有所变动时,程序则随之改变,程序的独立性差;另外,各程序之间的数据不能相互传递,缺少共享性,因而这种管理方式既不灵活,也不安全,编程效率很低。

②文件管理阶段。即把有关的数据组织成一种文件,这种数据文件可以脱离程序而独立存在,由一个专门的文件管理系统实施统一管理。文件管理系统是一个独立的系统软件,它是应用程序与数据文件之间的一个接口。

在这一管理方式下,应用程序通过文件管理系统对数据文件中的数据进行加工处理。应用程序的数据具有一定的独立性,也比手工管理方式前进了一步。但是,数据文件仍高度依赖于其对应的程序,不能被多个程序所通用。由于数据文件之间不能建立任何联系,因而数据的通用性仍然较差,冗余量大。

③数据库系统管理方式。即对所有的数据实行统一规划管理,形成一个数据中心,构成一个数据仓库,数据库中的数据能够满足所有用户的不同要求,供不同用户共享。

在这一管理方式下,应用程序不再只与一个孤立的数据文件相对应,可以取整体数据集的某个子集作为逻辑文件与其对应,通过数据库管理系统实现逻辑文件与物理数据之间的映射。在数据库系统管理的系统环境下,应用程序对数据的管理和访问灵活方便,而且数据与应用程序之间完全独立,使程序的编制质量和效率都有所提高;由于数据文件间可以建立关联关系,数据的冗余大大减少,数据共享性显著增强。

数据库就是存放数据的仓库,就好像堆货物的仓库,整整齐齐的货架上面摆放着各色货物,我们必须通过仓库管理员存取需要的物件。数据库也是这样,只不过那些货架和货物是由 0 和 1 组合起来的,仓库管理员也就成了数据库管理系统。与手工管理和文件系统相比,数据库管理系统有许多优点:查询迅速、准确;数据结构化且便于统一管理;数据冗余度小;具有较高的数据独立性;数据的共享性好。

数据库技术的发展至今大致经过了三个阶段:层次数据库、网状数据库和关系数据库、层次数据库阶段。其中,层次数据库是数据库系统的先驱,网状数据库则是数据库概念、方法、技术的奠基。层次和网状数据库的代表产品是 IBM 公司在 1969 年研制出的层次模型数据库管理系统——IMS(Information Management System)。这些数据库管理系统的运行,使数据库技术得到广泛地应用。同时也暴露了它们存在着的缺点,如结构比较复杂、操作比较复杂等。

1970 年,IBM 公司的研究员 E. F. Codd 在题为《大型共享数据库数据的关系模型》的论文中提出了数据库的关系模型,从而开创了数据库关系方法和关系数据理论的研究,为关系数据库技术奠定了理论基础。到了 20 世纪 80 年代,几乎所有新开发的数据库系统都是关系型的。关系数据库是以关系模型为基础的数据库,它利用关系来描述现实世界,一个关系既可以用来描述一个实体及其属性,又可用来描述多个实体间的联系。关系模式是用来定义关系的,一个关系数据库包含一组关系,定义这些关系的关系模式的全体就构成了该数据库的模式。

因特网正在改变着世界,同时也在全面而深刻地改变着企业的信息化建设。数据库技术越来越趋向于因特网上的应用。现在用户可以通过因特网直接访问远程的数据库服务器,也可通过 Web 服务器或中间服务器访问数据库。

2.管理信息系统开发方法

管理信息系统开发方法常用的主要有两种,一种是结构化生命周期法,一种是快速原型法。

(1)结构化生命周期法 是最常用的管理信息系统开发方法,分为五个步骤,即系统规划、系统分析、系统设计、系统实施、系统运行与维护。

这五个阶段也称之为"瀑布式方法"。表示各阶段工作顺序展开,恰如奔流不息拾级而下的瀑布,总是从上面的台阶依次流向下面的台阶(图14-8)。

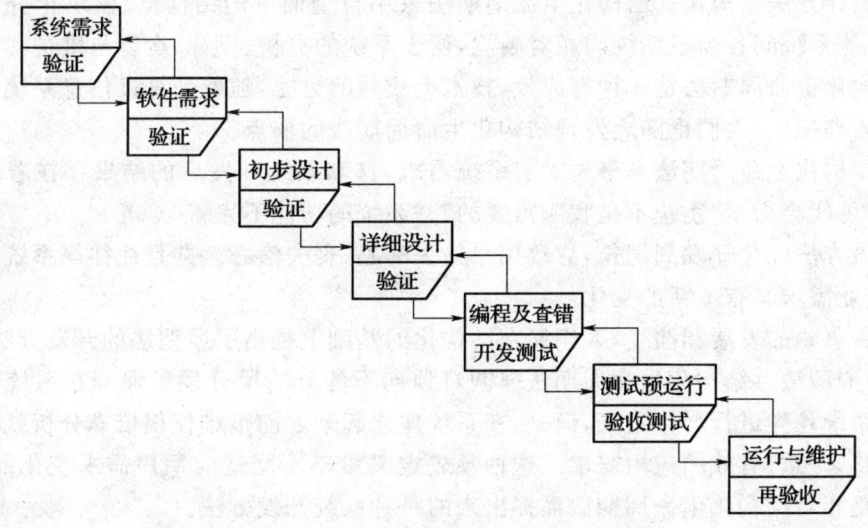

图14-8 结构化生命周期法(瀑布模型)

①系统规划。分析用户要求,确定管理信息系统的主要目标和总体功能结构。

②系统分析。分析现有的系统业务和数据处理要求,从而回答开发的管理信息系统"要做什么",即确定系统的"逻辑功能"和"信息需求"。

③系统设计。主要是根据系统的分析,完成对系统的功能模型设计,信息模型设计,完成对系统的性能、接口及系统配置设计。系统设计主要包括初步设计与详细设计两个阶段。

④系统实施。主要任务包括购置系统运行所需的硬件设备,并对设计的程序进行组装、测试、切换等工作。

⑤系统运行与维护。这一时期的主要工作包括信息系统的运行维护、运行管理,并对新系统从目标、功能、性能及经济效益方面的评价。

结构化生命周期法主要特点是:

①开发目标清晰化。结构化生命周期法的系统开发以"用户第一"为目标,开发中要保持与用户的沟通,取得与用户的共识,这使管理信息系统的开发建立在可靠的基础

之上。

②工作阶段程式化。结构化生命周期法每个阶段的工作内容明确,便于开发过程的控制。每一阶段工作完成后,要根据阶段工作目标和要求进行审查,使工作有条不紊,也避免为以后的工作留下隐患。

③工作文件规范化。结构化生命周期法每一阶段工作完成后,要按照要求完成相应的文档报告与图表,以保证各个工作阶段的衔接与系统维护工作的便利。

④设计方法结构化。结构化生命周期法采用自上而下的结构化、模块化分析与设计方法,使系统间各个子系统间相对独立,便于系统的分析、设计、运行与维护。

结构化生命周期法是一种有成效、技术上成熟的方法,随着计算机信息系统开发实践的深入和拓广,人们也随之发现结构化生命周期法的弱点:

①结构化生命周期法是事先确定系统需求,这和系统开发后的结果存在着一定差距,用户可能会指出"系统不是我所需要的"、"系统的功能不完善"等等。

②该方法往往开发周期长,导致用户失去耐心,丧失信心。并且往往等系统开发完成时,企业需求又有了新的变化。

随着事物的发展和演变,人们又在结构化的基础上提出了原型法的开发方法。

(2)原型法　结构化生命周期法强调自顶向下的分阶段开发。强调在系统开发前必须对系统预先进行严格定义,但是,在系统建立起来之前很难仅仅依靠分析就确定出一套完整、一致、有效的应用需求。这种预先定义策略不能适应用户需求变化的情况。原型法是相对结构化生命周期法而提出来的一种系统开发方法。

原型法突破了自顶向下的开发模式,该方法是一种根据用户需求,利用系统快速开发工具,建立一个系统模型,在此基础上与用户交流,最终实现用户需求的快速管理信息系统开发方法。

原型法的基本思想是在系统开发的初期,在对用户需求初步调查的基础上,以快速的方法先构造一个可以工作的系统雏形(原型)。将这个原型提供给用户使用,听取他们的意见。然后修正原型,补充新的数据、数据结构和应用模型,形成新的原型。经过几次迭代以后,可以达到用户与开发者之间的完全沟通,消除各种误解,形成明确的系统定义及用户界面要求,直到生成一个用户满意的应用系统。

原型法的特点有:

①原型法最显著的特点是引入了迭代的概念。

②原型法自始至终强调用户的参与。

③原型法在用户需求分析、系统功能描述以及系统实现方法等方面允许有较大的灵活性。用户需求可以不十分明确,系统功能描述也可以不完整,对于界面的要求也可以逐步完善。

④原型法可以用来评价几种不同的设计方案。

⑤原型法可以用来建立系统的某个部分。

⑥原型法不排斥传统生命周期法中采用的大量行之有效的方法、工具,它是与传统方法互为补充的方法。

原型法最大的优点是能将问题消灭在系统开发的早期,从而降低大型软件系统的开发风险,提高系统的成功率。

3. 管理信息系统的规划

总体规划是管理信息系统开发的第一步,主要任务是解决"系统是什么"的问题。简单地说,总体规划的目的就是进行可行性分析,为今后的系统开发提供一份"蓝图"。具体讲,总体规划的目的可以概括为:保证信息共享;协调子系统间的工作;使开发工作有序进行。

总体规划阶段的主要步骤是:对当前系统进行初步调查,分析和确定系统目标;分析子系统的组成以及基本功能;拟定系统的实施方案;进行系统的可行性研究。

管理信息系统规划的方法主要有,(1)关键成功因素法(critical success factors,CSF),(2)战略目标集转化法(strategy set transformation,SST),(3)企业系统规划法(business system planning,BSP)。

(1)关键成功因素法(CSF) 1970年哈佛大学教授William Zani在MIS模型中用了关键成功变量,这些变量是确定MIS成败的因素。过了10年,MIT教授John Rockart把CSF提高成为MIS的战略。所谓关键因素,是指一个企业运营管理中的一些因素或领域,这些因素或领域的状态决定着企业的运营状况,这些因素或领域成为关键成功因素。

关键成功因素法源自企业目标,大致可以分为三个步骤:①确定企业目标。②识别关键成功因素。③确定关键信息需求(图14-9)。

图14-9 关键成功因素法的步骤

如何评价这些因素中哪些因素是关键成功因素,不同的企业是不同的。对于一个习惯于高层人员决策的企业,主要由高层人员在此中选择,是决策者经常关注的领域。关键成功因素法在高层应用,一般效果好,因为每一个高层领导人员日常总在考虑什么是关键因素。对中层领导来说一般不大适合,因为中层领导所面临的决策大多数是结构化的,其自由度较小,对他们最好应用其他方法。

(2)战略目标集转化法(SST) 由William King于1978年提出,特点是:把整个战略目标看成是一个"信息集合",管理信息系统的战略规划过程是把组织的战略目标转变为管理信息系统的战略目标的过程。

这个方法的第一步是识别企业的战略集;第二步是将企业战略集转化成管理信息系统战略集,这个转化的过程包括对应企业战略集的每个元素识别对应的 MIS 战略约束,然后提出整个 MIS 的结构。最后,确定管理信息系统的关键功能需求(图14-10)。

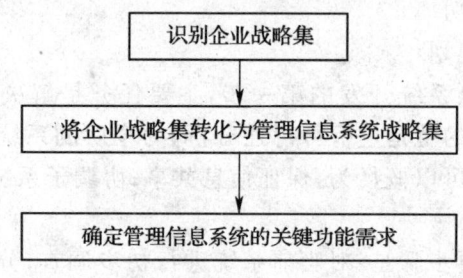

图 14-10　战略目标集转化法(SST)的步骤

(3)企业系统规划法(BSP)　是 IBM 公司 20 世纪 70 年代用于内部系统开发的一种方法,它主要是基于用信息支持企业运行的思想。在总的思路上它和前述的方法有许多类似之处,它也是先自上而下地识别系统目标,识别企业过程,识别数据,然后再自下而上地规划管理信息系统的总体功能结构。

BSP 方法的特点是把企业目标转化为信息系统(IS)战略的全过程。BSP 方法所支持的目标是企业各层次的目标。BSP 的工作步骤有:

①定义企业目标。在全面了解企业的基础上,确定各级管理的统一目标,各个部门的目标要服从同一目标。

②识别企业过程。识别企业过程是 BSP 方法的核心。企业过程定义为逻辑上相关的一组决策和活动的集合,这些决策和活动是管理企业资源所需要的。整个企业的管理活动由许多企业过程所组成。识别企业过程可对企业如何完成其目标有个深刻的了解,也可以作为信息识别的内容从而成为信息系统的基础,按照企业过程所建造的信息系统,在企业组织变化时可以不必改变,或者说信息系统相对独立于组织。

③建立数据类。在识别企业过程的基础上,分析每一个过程利用什么数据,产生什么数据,或者说每一过程的输入和输出数据是什么,然后将所有的数据分成若干类。

④定义信息结构。实际上是划分子系统,BSP 方法是根据信息的产生和使用来划分子系统,它尽量把信息产生的企业过程和使用的企业过程划分在一个子系统中,从而减少了子系统之间的信息交换。

(4)三种规划法的比较　CSF 方法能抓住主要矛盾,使目标的识别突出重点。由于管理者比较熟悉这种方法,用这种方去确定目标,管理者乐于去实现,或者说它和传统的方法衔接得比较好,这种方法最有利确定管理目标。

SST方法从另一个角度识别管理目标,它反映了各种人的要求,而且给出了按这种要求的分层,然后转化为信息系统目标的结构化方法。它能保证目标比较全面,疏漏较少,但它在突出重点方面不如CSF。

BSP方法虽然也首先强调目标,但它没有明显的目标引出过程。它通过管理人员酝酿"过程"创出了系统目标,企业目标到系统目标的转换是通过组织/系统、组织/过程以及系统/过程矩阵的分析得到的。这样可以定义出新的系统以支持企业过程,也就是把企业的目标转化为系统的目标,所以我们说识别企业过程是BSP战略规划的中心。

我们把这三种方法结合起来使用,把它叫CSB方法(即CSF、SST和BSP结合)。这种方法先用CSF方法确定企业目标,然后用SST方法补充完善企业目标,并将这些目标转化为信息系统目标,再用BSP方法校核两个目标,并确定信息系统结构,这样就补充了单个方法的不足。当然这也使得整个方法过于复杂,而削弱了单个方法的灵活性。可以说至今为止信息系统战略规划没有一种十全十美的方法。由于战略规划本身的非结构性,可能永远也找不到一个唯一解。进行任何一个企业的规划均不应照搬以上方法,而应当具体情况具体分析,选择以上方法的可取的思想,灵活运用。

4. 管理信息系统的分析

系统分析的目的概括说就是在总体规划的基础上,回答"新系统应该做什么"的问题。其主要任务可归纳为3个方面:详细调查收集和分析用户需求;确定新系统初步的逻辑模型;编制系统说明书。具体讲系统分析的步骤是:现行系统调查;建立当前系统的物理模型;建立当前系统的逻辑模型;提出改进意见和新系统目标;建立新系统逻辑模型;编写系统分析说明书。

(1) 现行系统分析 主要包括业务流程分析和数据流程分析两大部分。业务流程分析的目的是建立当前系统的物理模型,数据流程分析则是在此基础上建立当前系统的逻辑模型。

绘制业务流程图是业务流程分析的重要步骤。业务流程图(Transaction Flow Diagram,TFD),就是用一些规定的符号及连线来表示某个具体业务处理过程。业务流程图的绘制基本上按照业务的实际处理步骤和过程绘制(图14-11)。

数据流程分析的主要工具是数据流程图(Date Flow Diagram,DFD)、数据字典和处理说明。数据流程图描述了整个系统的数据处理逻辑,而数据字典和处理说明则分别对数据流程图中的数据流、文件、处理等进行说明。上述三种工具是紧密相联的,它们是系统分析说明书的主要部分(图14-12)。

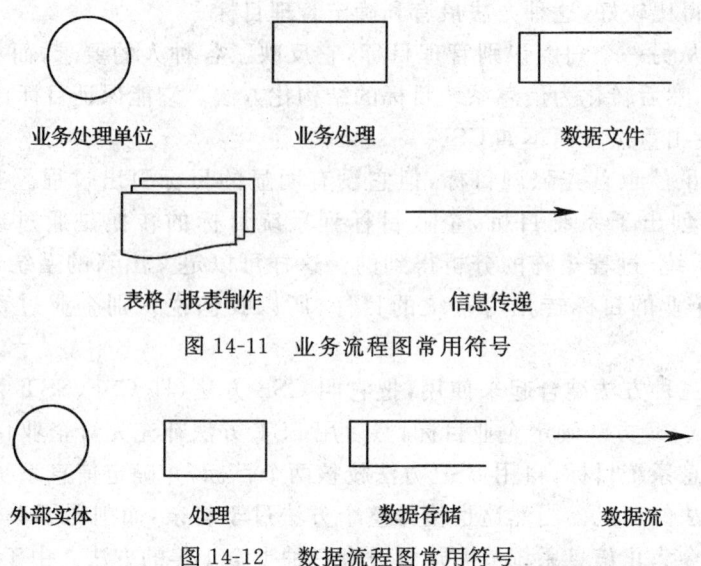

图 14-11　业务流程图常用符号

图 14-12　数据流程图常用符号

（2）新系统逻辑模型　在完成了对现行系统的分析后，就应着手建立新系统的逻辑模型了。简单地讲新系统的逻辑模型就是一套在现行系统数据流程图的基础上，改进了的数据流程图。

新系统的逻辑方案主要包括：对系统业务流程分析整理的结果；对数据及数据流程分析整理的结果；子系统划分的结果；各个具体的业务处理过程，以及根据实际情况应建立的管理模型和管理方法。同时新系统的逻辑方案也是系统开发者和用户共同确认的新系统处理模式以及打算共同努力的方向。

（3）系统分析报告　系统分析阶段的成果就是系统分析报告，它反映了这一阶段调查分析的全部情况，是下一步设计与实施系统的纲领性文件。系统分析报告是一件非常重要的文件，必须非常认真地讨论和分析之。一方面用户可以通过系统分析说明来验证和认可新系统的开发策略和开发方案；另一方面，系统设计师可以用它来指导系统设计工作和以后的系统实施标准。一份好的系统分析报告应该不但能够充分展示前段调查的结果，而且还要反映系统结果——系统的逻辑方案。

5. 管理信息系统的设计

如果说系统分析解决了"系统做什么"的问题，那么系统设计是在此基础上，解决"系统怎么做"的问题。在进行系统设计时应遵循一些原则，一般包括简单性、系统性、灵活性、可靠性、经济性等。系统设计可分为总体设计和详细设计两个阶段。

（1）系统总体结构设计　是在系统的分析工作的基础上，从软、硬件两方面描述系统的总体结构，完成下述的几个任务：

①设计新系统的硬件结构,确定网络拓扑结构,如何进行设备和网络的配置等。

②设计新系统的软件结构。包括操作系统、数据库管理系统、应用服务器系统、开发工具软件等。

③根据选定的硬件机系统软件的特点,确定新系统的数据处理流程和数据字典。

④由新系统的数据处理流程确定新系统的应用软件结构。

⑤完成新系统的数据库设计和编码设计。

(2)系统详细设计　又称物理模块设计,一般包括:功能模块的输入/输出设计、功能模块的处理过程设计、人机界面设计等。

(3)系统设计报告　系统设计阶段的主要成果是系统设计说明书,既是目标系统的物理模型,也是新系统实施的主要依据。包括以下内容:

①系统硬件结构图及设备技术参数。

②系统软件结构图。

③系统分类编码方案(分类方案、编码和校对方式)。

④系统的数据流程图及数据字典。

⑤数据库设计及编码设计结果。

⑥每个功能模块的处理流程描述及输入、输出描述。

6. 管理信息系统的实施

所谓实施指的是将系统设计阶段的结果在计算机上实现。将原来纸面上的、类似于设计图式的新系统方案转换成可执行的应用软件系统。从管理信息系统的生命周期来看,系统实施阶段已经到了系统研制开发的后期,是前面阶段工作的目的。系统实施阶段的主要任务是:

(1)按总体设计方案购置和安装计算机网络系统。

(2)建立数据库系统。

(3)程序设计与调试。

(4)整理基础数据,培训操作人员。

(5)投入切换和试运行。

7. 管理信息系统的运行、维护与评价

(1)系统的运行与维护　新系统正式投入使用,便进入运行维护阶段。系统维护的工作相当重要。

①系统维护内容。主要包括硬件维护、数据维护和软件维护3个方面。

②系统维护的步骤。由于系统维护工作涉及的内容多、周期长、费用高,因此为了保证工作质量,系统维护应遵循一定的步骤进行。

③系统维护的分类。按维护的目的可以分为改正性维护、适应性维护、完善性维护

和预防性维护等。

(2)系统的评价　目的有两个,一是检查一下系统是否能满足实际需要;二是总结经验,以指导今后系统的开发。

到目前为止,还没有一个比较实用的定量分析方法来进行系统的评价工作。因此实际工作中,系统评价多是从定性的角度进行的。一般可从以下几个方面考虑:新系统是否达到了预期的目标、新系统是否具有较好的适应性和安全性、新系统是否为企业带来了良好的间接效益、新系统是否为企业带来了良好的直接效益。

三、管理信息系统在风景园林经济管理中的运用

风景园林业建设已成为国内外共同关注的主题,园林景观被视为现代文明城市的一个重要标志。在国际上,园林业发展如火如荼。进入 21 世纪,园林业得到了更广泛的关注。许多国家已把发展城市风景园林、建设生态城市作为实施城市可持续发展战略的一项重要内容。正因如此,管理信息系统在园林业中得到了广泛的运用,并且产生了巨大的经济效益。

园林管理信息系统可以实现对土地的管理、资源的管理、城市绿化施工建设的管理、园林规划设计的管理、人员的管理、资金的管理等等。利用计算机技术、管理信息系统、遥感技术等可以实现对整个城市甚至全国的园林生态环境的监测,例如对森林资源、湿地资源、荒漠化林火等等的监测工作。管理信息系统在生态环境建设中发挥着愈来愈重要的作用。它为园林发展提供现代化信息服务和辅助决策的能力。通过利用信息技术改造提升传统的企业,抓住信息化带来的难得机遇,实现园林业跨越式发展。

管理信息系统集中体现了先进生产力的发展要求,是利用现代信息技术改造了传统的经营管理模式的创新实践,实现了由粗放性经营到集约化、现代化管理的飞跃,实现了企业经营理念、管理模式、管理体制和经营机制的创新。

参 考 文 献

1. 阿.德芒.人文地理学问题.北京:商务印书馆,1993
2. 巴林顿.摩尔.民主和专制的社会起源.北京:华夏出版社,1987
3. 程大昌,雍录.园林与中国文化.上海:上海人民出版社,1990,52
4. 崔连仲.世界史、古代史.北京:人民出版社,1985
5. 费.E.卡斯特等(1970).组织与管理——系统方法与权变方法.北京:中国社会科学出版社,1985
6. 高树藩.正中形音义综合大字典.台北正中书局,1984
7. 关百钧.世界林业出版社,1989
8. 赫.乔.韦尔斯.世界史纲,生物和人类的简明史.北京:人民出版社,1982
9. 简明不列颠百科全书,第九卷,北京:中国大百科全书出版社,1986
10. 卡洛.M.奇波拉.世界人口经济史.北京:商务印书馆,1993
11. 康少邦,张宁等(编译).杭州:浙江人民出版社,1986
12. 李京文等.国际技术经济比较——大国的过去.现在和未来.北京:中国社会出版社,1990
13. 刘易斯.芒福德城市发展史——起源、演变和前景.北京:中国建筑工业出版社,1989
14. R.E.帕克等.城市社会学.北京:华夏出版社,1987
15. W.C.丹尼尔.科学史,北京:商务印书馆,1979
16. 王焘.园林经济管理.北京:中国林业出版社,1997
17. 王延林.常用古文字字典.上海:上海书画出版社,1987
18. 肖斌.城市园林经济管理学.西安:陕西科技出版社,2001
19. 亚诺什.科尔内.短缺经济学上册.北京:经济科学出版社,1986
20. 张静娴.《考工记.匠人篇》浅析.建筑史论文集第七辑.北京:清华大学出版社,1985
21. 张祥平.美好的中国人.北京:华夏出版社,1995
22. 张祥平.同源同功同构的两类经济系统——科举竞争系统和市场竞争系统.数量经济技术经济研究,1993(11)65~70
23. 张祥平."园"和"园林"的沿用史.中国园林,1995(3)20~23
24. 周文.郑州发现华夏第一城.《郑州晚报》引自《北京晚报》1995.9.15(17)
25. 朱铁臻,张载伦.中国城市手册.北京:经济科学出版社,1987
26. Adoch,C& Vayda,A.P.,1983. Patterns of resource use and human settlement in tropical forests in: F. B. Golley& H. Lieth(eds), Tropical rain forest ecosystems, structure and function.
27. Aintree, J. B., 1986. Agroforestry pathways for the integral development of shifting cultivation. Agroforestry Systems 4: 39~54
28. Clarke, W. C., 1966. From extensive to intensive shifting cultivation: a succession from New Guinea. Ethnology

29. Douglas, J. J., 1983. A reappraisal of forestry development in developing countries. Martinus Nijhoff, the Hague
30. Erfurth, T., 1988. Tropical countries as suppliers of timber to international and domestic markets. In: J. A. Johnsonn and W. P. Smith (Eds); Forest products trade: Market trends and technical developments, University of Washington Press, Seattle and London, pp. 198~210.
31. FAO, 1985, Tropical forestry action plan, FAO, Rome
32. Lanly, J. P. 1982, Tropical forest resources. FAO Forestry No. 30, FAO Rome
33. Mies, M. & Shiva V., 1993. Ecofeminism, Zed Books, 7 Cynthia St., Lon
34. Ostrom, E., 1987. Institutional arrangements for resolving the commons dilemma: some contending approaches, In: B. Mckay and J. Acheson (eds), The Question of the commons, pp. 250~265